京师教育研究
JINGSHIJIAOYUYANJIU

重庆文理学院科研启动经费课题资助

教师品质修养

Jiaoshi Pinzhi Xiuyang

裴跃进 · 著

北京师范大学出版集团
BEIJING NORMAL UNIVERSITY PUBLISHING GROUP
北京师范大学出版社

图书在版编目(CIP)数据

教师品质修养／裴跃进著.—北京：北京师范大学出版社，2010.5（2012.4重印）
（京师教育研究）
ISBN 978-7-303-10973-9

Ⅰ. ①教… Ⅱ. ①裴… Ⅲ. ①教师－道德修养－研究 Ⅳ. ①G451.6

中国版本图书馆CIP数据核字(2010)第068157号

营销中心电话 010-58802181 58805532
北师大出版社高等教育分社网 http://gaojiao.bnup.com.cn
电子信箱 beishida168@126.com

出版发行：北京师范大学出版社 www.bnup.com.cn
北京新街口外大街19号
邮政编码：100875
印　　刷：北京京师印务有限公司
经　　销：全国新华书店
开　　本：170 mm × 230 mm
印　　张：17.5
字　　数：232千字
版　　次：2010年5月第1版
印　　次：2012年4月第3次印刷
定　　价：30.00元

策划编辑：倪　花　　　责任编辑：陶　虹
美术编辑：毛　佳　　　装帧设计：毛　佳
责任校对：李　菡　　　责任印制：李　啸

•前　言

品质修养：内心深处的粲然洗礼

作为一名教师，可以有千峰万壑的生活样态，也可以有风月独具的情趣爱好，这既是文明时代的重要标志，也是个体生命的必然要求。但我们还应注意到，在持有一份人格自由、选择自由的同时，恐怕还得有一个不约而同、殊途同归的期望与追求——内在品质的提升与完善，这既是职业进步的基本诉求，也是个体价值彰显的主要使命。

行进在人生旅途，难免身上会贴附一些尘泥污渍，视野遭遇阴霾浓雾遮蔽，认识出现狭隘短浅，情感萌生急躁偏执，面对这些生活中的风风雨雨，如何是好呢？工作在教育职场中，难免出现工作环境不尽如人意、教育效果差强人意、课堂教学不如人意、学生顽皮不遂人意的尴尬郁闷现象，面对这些工作中的纷纷扰扰，又该如何是好呢？埋怨责备显然无助问题解决，求得他人帮助也不是长久之计，寄希望外部环境改善又不是短期能为，明智稳妥、持久深远的根本途径，是将目光收回到自身，关注、提升、完善内部品质。

综合而论，笔者以为当下教师品质修养应在如下几个方面开展进行：

修养哲学品质。有人问犬儒派创始人安提斯泰尼，哲学给他带来了什么好处，回答是："与自己谈话的能力。"教师注重哲学品质修养，并不是要教师探究哲学奥秘，构建哲学体系，思索哲学创见，而是希望教师具备一种自我追问、自我反省、自我觉悟的意识与习惯，不断培养一种阳光快乐、博大悲悯、理性批判的世界观，逐渐形成一种思考推理严谨、论证表述缜密、逻辑通达顺畅的思维素养，以便在纷扰浮华的尘世中安放好自己的灵魂。

修养思想品质。公元2世纪，马库斯·阿勒留在《沉思录》中有这么一句话："生命是由思想组成的。"现在看来，这句话在今天也仍然正确无疑。学生是有思想的生命，教师也应是有思想的生命。大量教育事实表明，仅仅停留在实践者与执行者层面而远离探索与思想的教师，不是一个完整丰满的教师。只有当思想不再被看成是思想家的专利时，只有当思考、思维与思想成为普通教师自觉习惯与日常行为时，我们的教育活动与日常教学才会有真正的希望。

修养智慧品质。英国著名诗人艾略特在《岩石》一诗中说："我们在信息中失去的知识，到哪里去了？我们在知识中失落的智慧，到哪里去了？"对于智慧内涵的解读，见仁见智，众说不一，但艾略特深情呼唤与期待智慧的降临，确是人类普遍的心声。教师智慧修养的价值意义，哲学家罗素曾做过这样透彻的阐述："没有智慧，我们这个复杂多变的现代世界不能继续存在；缺乏智慧，这个世界一点也不能取得进步。因此，我认为智慧的培养，是教育的主要目标之一。"

修养读书品质。世界上读书最多的是哪一个民族？是犹太人。马克思是犹太人，弗洛伊德是犹太人，爱因斯坦也是犹太人。有一句口头禅是这样说的："世界上的钱在美国人口袋里，美国人的钱在犹太人头脑里。"犹太人何以如此优秀？关键是文化的作用。他们一年人均读书64本，是世界之最。期盼着中国繁荣强大，首先得让我们的学生热爱读书；而要实现这一美好愿望，我们的教师应当责无旁贷地做出表率——酷爱读书。关于喜好经典、阅读经典的文化意义，教育学者肖川曾做过这样的阐释："在阅读中，思想的火花才能得以撞击；在阅读中，人才可能去经历另一种世界；也只有在阅读中，人才可能找到一种永恒，那就是精神之火的延续。”

修养人格品质。关于人格之于人生的重要性，文化学者余秋雨曾做出这样的判断：“人间全部的美好，都来自于人格的中转。因此，要捍卫美好，就必须捍卫人格。在人格不受尊重的年代，一切所谓美好，只是空洞的欺骗。”教育家夏丏尊也有过这样的论述：“‘以言教者讼，以身教者从’，教育者必须有相当的人格，被教育者方能心悦诚服。只靠规则是靠不住的。”由此看来，人格品质的修养，是教师不可忽视的一项重要使命。

修养专业品质。教师专业品质修养的重要性，教育家蔡元培曾明确指出：“教育是专业的事业，不是人人能担任的。譬如诸位有一块美玉，要琢成佩件，必要请教玉工。又如有几两黄金，要炼成首饰，必要请教金工。断不是人人自作的。现在要把自家子女造成适当的人物，敢道比琢玉炼金容易，人人可以自任的么?”考察中外教育现实，若想将学生真正培养成人、成器、成才，教师还真得在专业信仰、专业精神、专业素养、专业能力等方面勤奋不懈地修行与修炼。

当然，上述之外，艺术、科学等方面的修养，也应是教师具备的基本品质。不过，那是日后思考研究、完善补充的内容了。

2010年3月12日于清闲斋

目　录

●第一章
教师哲学品质修养

如果从哲学研究的角度来认真探索和严格厘定哲学的系统概念与基本框架，将是一个非常艰巨而复杂的系统工程，因为从古至今，多少哲人文士为此倾注了终身的激情与精力，但最终却并未创造出一个世人普遍认可的观念体系。如果要从日常生活、职业工作、专业事业等的角度来探讨如何使人生更为明晰而有意义，如何使工作更有效率而有快乐，如何使思维更为活跃而有条理的话，这几乎是人人都可以做到的事情。

从社会公众的视野来理解和把握哲学，我们认为，哲学就是一种周到而深刻地把握世界、探求人生、洞察自己的生活态度和生活方式。认识事物能够做到周到而深刻，就算是领悟到哲学的本质内涵了；能将世界、人生、自我自觉有机地纳入到视野之中统筹考虑，就可以说是充分完整把握住了哲学的作用对象了；能积极调整和完善自我的生活态度和生活方式，就可以表明掌握了哲学的社会实践功能了。无数事实表明：具备哲学意识与修养的人，其生活有序有度，言行举止得体恰当；其精神达观爽朗，格调气质远离庸俗；其头脑清晰明白，思维判断有条有理。

因此，无论是从社会角色或职业角色的角度来讲，哲学意识、哲学素养、哲学情趣都不应当远离教师，换言之，教师应当是哲学的爱好者、维护者和追随者。“社会上有些人认为，小学教师根本不需要什么哲学。对哲学一无所知，才会口出此言。没有哲学，我们的教育和教学终究是不能进行的。”①但为何多数的教师不喜欢谈哲学，不愿亲近哲学，不想学习哲学，这大概出于如下几个缘由：

一是认为哲学太抽象、太玄妙，离日常生活距离太远，不能直接解决实际问题。这种现象充分说明了千年古老传统中的实用主义、实惠主义、现实主义的遗留仍然具有顽强的影响力，同时，也更加清晰地反映出一些教育工作者的哲学态度、哲学素养和哲学精神的先天缺失与营养不良。他们还未能真正从人之为人的层面来考虑：除了满足当下现实生存的直接需要之外，人还应当进行一些形上抽象的、精神心灵的关注、思考与修炼，这样才能逐步成为一个既具有现实力量与实践能力，又充盈着精神气质与思想智慧的完整而丰富的专业工作者。

二是由于20世纪后半叶意识形态方面的原因，人为地将哲学狭隘化与片面化了，将某一家、某一流派的哲学观念当做人类全部的哲学，使人觉得哲学内容枯燥、形态单一、观念片面。这的确是一幕历史的悲剧和哲学的闹剧。青山遮不住，毕竟东流去。伴随着历史新一页的开始，如今的哲学园地中万象更新、色彩缤纷，不仅还原了哲学世界的真正面容，而且各种学说流派以独有的视角和思维自由言说、竞相争鸣，为哲学世界的繁荣与发展贡献各自的思想智慧与精神财富。因此，现在的哲学内涵、意蕴、观念、形态较以前是大为丰富完整、生动活泼了，也愈能引发人们学习的趣味与兴致。

三是近代哲学发展趋势朝着更细化、更专业的方向挺进，哲学家们忙于建造创立自己的哲学体系与哲学门户，研究的内容更加深奥，研究的语言更为抽象，哲学的社会认知意义与人生指导价值为哲学家逐渐边缘化

---

① [日]小原国芳：《小原国芳教育论著选》(上卷)，刘剑乔、吴光威编译，233页，北京，人民教育出版社，1993。

了，哲学“爱智”的原始内涵渐渐淡泊了，结果造成哲学也渐渐地远离普通大众而成为一小群专业人士书桌案头与会议演讲的专门之事了。此现象对于哲学自身的学术研究来讲也许不是一件坏事，但对于哲学精神的普及与哲学素养的提升肯定就不是一件好事了。但毕竟还有一些趣味高雅而表述通俗、理念先进而语言浅显的哲学故事、哲学修养、哲学简史等一些哲学普及读物，向普通民众介绍哲学观念、哲学智慧、哲学功能、哲学价值，使人们逐步明白，在追求现实物质生活的满意舒心的时候，还不能忘记精神心灵世界的除弊祛昧、脱愚离俗。

20 世纪初期，哲学大师胡塞尔创立了现象学，提出了“回到事情本身”的口号，使西方哲学发生了重要转向。此后经过海德格尔、伽达默尔等一大批哲学家一次次的转折与发展，使哲学逐步地转向生活现象、转向人生社会，哲学的指导生活、关注人生的功能渐渐复元。加之今日的中国政治日趋清明、思想日渐开明，各种富有见地、生机与活力的哲学思想可以任意流行与传播，多元的价值取向、生活方式、工作形态自由选取，这些无疑为哲学从象牙塔里、从学舍中、从书案旁回归社会、回归人生、回归生活创造了适宜的环境与众多的需求。

作为一名有思想感、有责任感的教师，不仅要昌明道理、传授学识、培训技能，而且还要思考昌明、传授、培训的内容与价值；不仅要培育学生、帮助学生、引导学生，而且还得追问培育、帮助和引导的策略与意义。而要想圆满恰当地解决上述问题，仅靠教育学、心理学方面的知识是远远不够的，还需要哲学观念的思辨与哲学方法的运用。从更广阔的角度来讲，作为世界观和人生观，哲学教育的意义在于，它激发教师的求知欲望，拓宽教师的生活视野，撞击教师的理论思维，催化教师的生命体验，升华教师的人生境界。它激励教师变革既定的世界图景、思维方式、价值观念和审美意识，从而创建教师的新的生存状态。关于哲学于人的根本目的，丹麦著名哲学家维特根斯坦的判断给了我们很大的启示：“哲学的目的是从逻辑上澄清思想。哲学不是一门学说，而是一项活动。哲学著作从本质上来看是由一些解释构成的。哲学的成果不是一些‘哲学命题’，而是命题的澄清。可以说，没有哲学，思想就会模糊不清：哲学应该使思想清晰，并且为思想划定明确的界限。”①

一、反思

反思，又可称为“反省”、“反映”，是西方近代哲学的一个基本概念。意指不同于直接认识的间接认识。在不同哲学家那里，反思有不同的具体含义。英国哲学家洛克认为，反思或反省是人心对自身活动的注意和知觉，是知识的来源之一；人通过反省心灵的活动和活动方式，获得关于它们的观念，如知觉、思维、怀疑、信仰的观念等。荷兰哲学家斯宾诺莎认为，反思是认识真理的比较高级的方式。德国哲学家黑格尔认为反思是一个把握绝对精神发展的辩证概念，认为反思是从联系中把握事物内部的对立统一本质的概念。真正理解和准确把握反思，首先应当了解何谓“构成思想”与“反思思想”。

“构成思想”与“反思思想”，是人类思想的两个最基本的维度。“构成思想”，是以某种具体的方式(如常识的、神话的、宗教的、艺术的、伦理的和科学的方式)，去形成某种认知的、价值的、审美的关于存在的思想，并把这种思想作为某种目的性要求，以实践活动的方式获得某种形式的现实性。“反思思想”，则是以人类把握世界的诸种方式(如常识、神话、宗教、艺术、伦理和科学)及其全部成果(知识形态的常识、神话、宗教、艺术、伦理和科学)作为“反思”的对象，去追问“思维和存在”统一的根据，去考察断定“思维和存在”相统一的标准，去揭示“思想与存在”之间的更深层次的矛盾，从而实现人类思想在逻辑层次上的跃迁。②

在教师教育设计、教育实践的过程中，教学目标的确立、教学方案的制订、课程教材的使用、课堂教学的实施、作业设计安排、课后活动部署等，可称为教师的“构成思想”，而对上述实践活动的合理性、有效性进行

---

① [奥]维特根斯坦：《游戏规则》，唐少杰等译，206页，西安，陕西师范大学出版社，2006。

② 孙正聿：《哲学通论》，修订2版，92页，上海，复旦大学出版社，2008。

自觉内省、考量、审查的过程，可称为教师的“反思思想”。没有教师的“构成思想”，一切教育活动都无从有序地开展和实施；而没有教师的“反思思想”，一切教育活动都无从有效地改进和完善。只有“构成思想”而缺乏“反思思想”的教师，就只能按部就班、遵循程序地开展教学工作，至于工作效率和效果究竟如何，一般是不会用心思考的。而具有哲学反思意识的教师，不仅会合理地依据现实需要，来有序地“构成思想”，而且还会主动自觉、积极理性地“反思思想”：教学设计合乎教育规律吗？教学进度合乎学生理解水平吗？教学方法合乎学习需求吗？还有哪些更合理、更有效、更人性的选择与途径？等等。

在教育生活中，反思意味着教师对自己的教育设计、教育内容、教育对象、教育策略以及教育效果如期开展一种内在自觉、富有深度的检视与反省。它既是一种工作态度，也是一个良好习惯。持有这种态度与习惯的教师，能够促使自己对工作方向、质量、效率始终保持警戒、选择与修正的正常状态。正如加拿大教育学者马克斯·范梅南所说：“在教育学的理论中，反思是一个基本的概念，从某种单义上说它是‘思考’的另一表达形式。反思就是思考。但是在教育学的领域，反思含有对行动方案进行深思熟虑、选择和做出抉择的意味。”①

具体地说，值得教师反思的领域或问题一般有哪些呢？学者杨骞认为教师应当每日向自己提出十问：“(1)上课前还有哪些方面我没有准备好？(2)课堂上我组织教学的情况怎么样？(3)课堂上我充分调动学生主动参与的积极性了吗？(4)课堂上我尊重、激发、引导学生的学习了吗？(5)课堂上学生在知识、能力、方法、情感等方面有什么收获？(6)课堂上我恪尽职守、投入激情了吗？(7)我的教学设计在课堂上落实得怎么样？(8)今天我的‘得’与‘失’在哪里？(9)明天我还有哪些工作和任务？(10)今天我快乐吗？”②倘若教师对自己的教学课程经常进行自我反思，就会不断发现存

① [加]马克斯·范梅南：《教育机智——教育智慧的意蕴》，载《现代教师读本〈教育卷〉》，340页，南宁，广西教育出版社，2006。

② 杨骞：《教师专业发展“五步曲”》，载《教育研究》，2006(4)。

在的问题，因而也就促使自己不断地解决问题，进而不断地改进教学行为。但如果教师对那些“累死人的课”不作任何反思，这种“课”(如果还可以称为“课”的话)不仅会“累”及老师，而且可能持久地以“45 分钟”为单位一直折磨他的学生。如果教师对那些“气死人的课”不作任何反思，那么，生气的人不只是教师，还有那些无辜的学生。如果教师对那些“乐死人的课”不作任何反思，那么，做教师的人就会一再丢失自己开心的理由和继续创作的冲动与激情。如果教师对那些“回味无穷的课”不作任何反思呢？教师的生活就只剩下一些零碎或杂乱的片段，失去了整体改进的希望。

教师的自觉省察反映了教师的积极自我教育意识，是教师人格的一项重要职业品质。在追求教师专业发展更高境界的过程中，教师自觉省察的职业品质，体现在以下几个方面。

倾听大师心声。倾听大师心声，即教师潜心研读教育大师的名著，细读、慎思、明辨，从中悟出改进自己教育实践、提高教学水平的真实感受和心得。教育名著之于教师，其意义不言自明。但广大中小学教师涉猎其间者并不多见，或者把教育活动当做教师个人的经验性任务；或者因为其理论阐述过于宏大，不易把握；或者因工作繁忙、紧张，无暇顾及。凡此种种，根源大抵是由于尚未解读教育名著的真谛，没有感受到大师的思想之明彻，更没有体悟出和大师交流后教育实践的升华。在浩如烟海的教育名著中，中小学教师至少应该读一读《学会生存——教育世界的今天和明天》《教育——财富蕴藏其中》《陶行知教育文集》、孔子的《论语》、苏霍姆林斯基的《给教师的建议》、杜威的《民主主义与教育》、赞可夫的《教学与发展》等。

解读名家课例。在学习教育专著、提高理论素养的基础上，重视对优秀教师和特级教师典型课例的研究、解读，是教师成长过程中必不可少的工作之一。解读名家的典型课例，不仅可以学习他们娴熟的教学经验，感受他们鲜活的教育思想，更能领略他们崇高的师德和人格，学习他们锐意进取、不断超越自我的创造精神。解读名家课例的要义有三：一是从课例中透视出名家渗透在教学过程中的教育观念和教育思想；二是梳理出课例中蕴涵的教学方法和教育智慧；三是探寻出其教学设计对学生认知规律的准确把握和对教学程序的科学预设。这些无不是教师形成良好专业素养、提高专业水平的高质量营养。

注重实践积淀。学者朱永新教授在谈到中小学教师的教育科研时说过："中小学教师搞教育科研，就是应该从记录教育现象、记录自己的感受、记录自己的思考开始，把这一串串的'珍珠'串起来，那就是一根非常美丽的项链。这样的教育科研应该鼓励。"教师注重实践积淀，就是朱永新教授所说的坚持记录自己的教育现象、感受和思考。这样的实践积淀，是教师的一种自我洞察，可以帮助教师有效地形成自我对话的研究机制，从而真正发现自己、解读自己、反思自身实践，进而调整提升自己，使自己的教育观念与时俱进，教育行为同步优化。这正是朱永新教授所说的"这样的教育科研应该鼓励"的原因所在。

在形成反思意识、培养反思能力的过程中，教师应当注意以下几个问题：

一是戒肤浅。如果教师对自己所教学科的了解大多只是停留在知识和能力的表象上，没有对学科本身的渊源有更深层次的把握和了解，就很难真正在教学过程中体现学科的人文内涵；如果教师只是了解知识的结果而不懂得知识的形成和发生，就容易使得本来可以妙趣横生的事实变得枯燥乏味，没有一丁点儿思想的流动和灵感，更谈不上思想的深度和风骨。如同学者石中英所指出的："如果说，哲学是对事物的寻根究底的反思，那么教育哲学就是对教育问题的寻根究底的反思，其目的是不断提高教育者对教育生活的感受力、理解力和判断力。"①

二是要瞻前。在行动前——筹划、设计、备课、辅导前进行反思，可以从方案设计、信息利用、资源选择、方式确立等领域就教育行动开展进一步的比较、选择与优化，从而确立更为合理的内涵与形态。如同马克斯·范梅南所说的那样："行动前的反思能使我们对各种可能的选择仔细

① 石中英：《教育哲学导论》，修订2版，36页，北京，北京师范大学出版社，2004。

地反思，决定行动路线，计划我们需要做的各种事情，以及期望我们和他人由于我们计划的行动结果而可能得到的经历。行动前的反思有助于我们以一种有组织的、决策性的、有备无患的方式处理情境和与人相处。”①

三是要回顾。在行动后——讲授、训练、实践、探索后进行反思，针对历历在目、清晰可见的事件过程、感受经历、行为后果、学生收获，开展及时的回顾检视与反省剖析，既能鲜明验证先前计划的周密性与合理性，又能概括提升行动过程中的经验与体会，还能发现意外的问题与障碍，使得反思更具有深化认识、丰富与提升自我的哲学意义。以充分达成回顾性反思的本质价值：“追溯型的反思有助于我们理解过去的经历，从而对我们与孩子的经历的含义获得更加深刻的理解。由于追溯的反思，我们作为教师或父母可能会成为更加有经验的实践者，因为我们的生活由于给我们提供了新的或更深的理解的反思经历而变得更加丰富了。”②

四是要更新。反思是教师获取实践性知识、增强教育能力、生成教育智慧的有效途径。反思不只是对已经发生的事件或活动的简单回顾和思考，而是用新的理论重新认识自己的过程，是一个用社会的、他人的认识与自己的认识和行为做比较的过程，是一个不断寻求他人对自己认识、评价的过程，是一个站在他人的角度反过来认识分析自己的过程，是一个在解构之后又重构的过程，是一个在重构的基础上进行更高水平的行动的过程。

思想者必须保持自己思维的锋利。“要么思考，要么死亡。”这句话虽然是夸大之辞，却不失为对思想者责任的警醒。教师作为人类文化思想的拥有者、传递者和创造者，理所当然地对于人类思想有着自己的体认与选择，对于传授什么及如何传授，培养什么及如何培养，关注什么及如何关注，等等，都建立在先思考、先判断、先选择的基础之上。没有思考的教

① [加]马克斯·范梅南：《教育机智——教育智慧的意蕴》，载《现代教师读本〈教育卷〉》，76页，南宁，广西教育出版社，2006。

② [加]马克斯·范梅南：《教育机智——教育智慧的意蕴》，载《现代教师读本〈教育卷〉》，342页，南宁，广西教育出版社，2006。

学、没有反思的课堂，要么是不存在的，要么是没有意义的。对于思考的先导性和预期性，石中英有过如下逻辑的推理：“可以肯定地说，在哲学的源头，生活的问题先于哲学的问题，哲学的问题先于哲学的思考，哲学的思考先于哲学的知识。”①

我们倡导教师应具备哲学反思意识，养成哲学反思习惯，其目的不是要教师必须系统习得和掌握哲学知识、哲学概念、哲学逻辑，而是要激励教师在教育活动中积极运用哲学观念和哲学精神来指导教育实践，这其中的关键在于理解“运用”哲学与“指导”实践的新思维与新理念内涵。“传统的哲学教学模式总的来说就是教授哲学的知识而不是启发人们的哲学思考，灌输哲学的教条而不是提高人们的哲学反思能力。”②

哲学确认自己的“反思”的思维方式，并确认“思想”为反思的对象，经历了漫长的过程：在古代，“哲学”曾经充当包罗万象的“知识总汇”，也就是关于“世界”的全部“思想”；在近代，“哲学”曾经充当凌驾于科学之上的“科学的科学”即“全部知识的基础”，也就是关于“世界”的最具普遍性的“思想”；只有当“科学”能够提供关于“世界”的各种“思想”的时候，“思想”才真正成为“思想”的对象，哲学才能够确认自己的思维方式及其反思的对象。③

反思是教师应然的一种教育生活。但不见得反思的生活就一定过得快乐，反思其实是一种痛苦，智慧本身就隐含了痛苦，人一旦进入思考状态，人就开始折磨自己。水至清则无鱼，人至清则无友。其实，人至清不仅无友，而且很可能“无我”。人活得太清醒，幽思太多，可能会伤身，也可能会伤心。反倒是那些不喜欢思考的人，他们虽然活得稀里糊涂，但这种难得的糊涂生活反而容易获得幸福感。

也有另一种可能：反思的人虽然自己痛苦，但它把痛苦的范围只限定在自身，尽可能不让这种痛苦伤及他人。一个做教师的人，如果他不善于

---

①　石中英：《教育哲学导论》，修订2版，7页，北京，北京师范大学出版社，2004。

②　石中英：《教育哲学导论》，修订2版，7页，北京，北京师范大学出版社，2004。

③　孙正聿：《哲学通论》，修订2版，98页，上海，复旦大学出版社，2008。

反思自己的教学或管理中的问题或障碍，那么，他自己可以因此而免去反思的忧虑之苦，但他很可能把那些本应得到及时修缮、改良或根除的危害转移给他的学生或他的同事。这样看来，苏格拉底说的“非反思的生活不值得过”，这个结论应当是可信的。

总体而论，有反思习惯的人虽然在反思的当下痛苦，但它维护了将来的幸福。不反思的人之所以不痛苦，常常是因为他们将痛苦推迟到不确定的将来。将来什么时候痛苦，这很难说，但那种被延迟的痛苦会像肿瘤一样在不确定的未来某一天爆发一个更大的痛苦。

二、整体

由于个人经历、生活阅历、学养背景、工作环境诸因素的影响，使得不少教师看待问题的角度过于狭窄片面，处理问题的方式过于简单机械，常常以“头痛医头，脚痛医脚”的片面、局部、简单的方式来应对现实中的复杂现象，结果往往令人不甚满意。而只有当教师从哲学的角度——整体的、系统的观念来洞悉和处理棘手矛盾与麻烦事件时，才能准确有效地把握问题的症结，令人满意地解决问题。

曾经有一位教师在课堂上向学生提出这样一个问题：“你们认为，将人、马和汽车相比，谁跑得快?”学生异口同声地回答：“当然是汽车跑得快，马次之，人最慢。”从日常思维角度上看，这个问题并没有什么纰漏，因为，车快于马，马快于人，是一个人人皆知的生活现象。但是，如果从整体性思维的角度来考察这个结论，就会发现问题：得出此结论有没有条件？有没有限制？如果没有条件或限制，此结论可以成立，如果有条件或有限制，此结论不能成立。果然，当教师限定范围、限制条件之后，答案就完全不一样了。教师继续接着问：“如果在十米之内，谁跑得快?”学生答：“当然是人最快，马次之，汽车最慢。”教师再问：“如果在五十米之内，谁跑得最快?”学生答：“当然是马最快，人次之，汽车最慢。”教师再追问：“如果在千米之外，谁跑得最快?”学生答：“当然是汽车最快，马次之，人最慢。”由此不难看出，当条件与限制出现了不同的变化，结论随之发生变化。哲学整体性特征告诉我们：无论遇到什么现象，一定要通盘周到地考察伴随着现象存在，是否还有其他时间性、空间性的条件限制，是否还有与此现象密切相关的其他联系，如果有，一定不要轻视和忽略。只有将事物周围相关的一切联系都考虑齐全了、洞察透彻了，所做之事才会顺利圆满，所得结论才会正确无误。

苏联著名教育家苏霍姆林斯基在其著作中讲述了这样一个真实的故事：一日，一位五六岁模样的小姑娘来到帕夫雷什学校花房中摘取了一朵美丽的花，边笑边朝校外走去。很多师生看到了这“不文明”的一幕，苏霍姆林斯基也看到了这一切。但是，他没有简单地责备、制止小姑娘的“破坏”行为，而是来到了小姑娘的身旁，蹲下身子，和蔼地问：

“为什么要摘掉这美丽的花朵?”

小姑娘稚气地回答，我奶奶病在床上，听说学校里的花儿开得很漂亮，她很想看一看，于是我就来摘上一朵，拿给奶奶看看。等奶奶看完了，我就重新把花还给学校。

听完小姑娘的一番话，苏霍姆林斯基领着小姑娘回到花房，亲手摘了两朵漂亮的花儿递给小姑娘，说道：“这一朵花送给你，因为你是一个有孝心的好姑娘；另一朵送给你的母亲，感谢她培育出你这样心地善良的好姑娘。”苏霍姆林斯基牵着小姑娘的手，亲自把她送到了学校门口。

这是一个富有人性内涵和人文情怀的经典案例，也是一个具有哲学整体意识的教育案例。它的哲学意义在于看待与处理问题时，不是从局部着眼、现象着眼，而是从整体入手、从系统入手，力图搞清楚、弄明白现象、局部背后的本质与整体究竟是什么？彻底理清导致现象产生的真正原因是什么？就此案例而言，如以表面、局部、片面的思维方式来看，小姑娘的摘花行为无疑是不文明的、不可取的，是应当予以制止的；但如从系统整体的思维方式来进一步深入考察，不难发现，这“不文明”的行为里面包含着一个令人非常感动的善良动机，里面有一颗美丽的心灵在生成、跳动。如果不用整体系统的哲学理念去探索、去考察、去发现，而是用片面的眼光与简单的行为去对待，那结局将一定是令人非常遗憾的。

回溯历史，我们中华文化很懂得客观世界是整体的和系统的，都江堰是个典型的例子。李冰建造了都江堰，带来了一个至今仍然富饶的成都平原，这不但没有破坏与危害自然环境，而且使自然环境更好。因为李冰是全面而彼此协调地按照所有有关的客观规律办事，不是顾此失彼、顾近失远。当然中华文化也懂得主观世界是整体的。典型事例之一就是孔子的教育。孔子六艺施教：礼、乐、射、御、书、数。礼，德育；乐，美育；射御，体育；书、数，智育；这是对一个人德美体智全面发展的教育，而且德育为先。

教师如想全面周到、整体有序地观察事物与处理问题，应当注意以下几点：

一是敏于事。通常情况下，当看到学生学习成绩下降时或学生出现不良行为时，教师才发现问题的存在，才采取各种措施来引导纠正，而这往往已错过了改进的最佳时机。其实，成绩下降或不良行为的发生，只是诸多因素导致事情发生到一定阶段的结果，如果教师能够在导致事态形成的诱因刚刚形成，但尚未促成事态进一步形成之时就敏锐及时地予以洞察且采取必要的措施，那么，不良的现象也就不容易出现。正如美国学者彼得·圣吉所言："因为大部分的动态性复杂都是处于缓慢渐变的过程，极不易察觉，即使察觉了，不是为时已晚，就是不知如何有效处理。"①

二是慎分解。在学习西方科学的演绎法同时，我们应当珍惜我们东方精美的归纳法，即在探究一棵棵具体树木的时候，还应当审视一片片的树林，应当养成一个良好的思维方法：把一个问题、一个现象、一个行为放到更大的背景或环境中去考察，切忌孤单零散地只对某一具体问题纠缠不休。有时候人们不分青红皂白地把一头大象分为两半，但这样做绝对不会得到两只小象，只会搞成一团糟。"自幼我们就被教导把问题加以分解，把世界拆成片片断断来理解。这显然能够使复杂的问题容易处理，但是无

---

① [美]彼得·圣吉：《第五项修炼——学习型组织的艺术与实务》，郭进隆译，4页，上海，上海三联书店，2002。

形中，我们却付出了巨大的代价——全然失掉对‘整体’的连属感，也不了解自身的行动所带来的一连串后果。”①

三是自反省。当教学出现问题或遇到麻烦的时候，我们先不要在学校或学生身上去寻找原因，而应当首先深刻地反省自己：是主观努力不够，还是方法策略失当？是准备过程不足，还是时机尚不成熟？等等。“当问题发生和绩效无法如愿达成的时候，通常我们会怪罪于某些人或某些事情。然而我们的问题或危机，却常常是由我们所处系统中的结构所造成，而不是由于外部的力量和个人的错误。”②

“我们把头脑和心灵分离，其结果是：头脑不知道如何去感知，而心灵不知道如何去思考。我们把事实与感觉分离，其结果是：如今使世界冷漠和疏远的冷酷事实和把事实降低成跟着感觉走的盲目情感。我们把理论和实践分离，其结果是：理论跟生活无关，而实践也未得益于理论。我们把教与学分离，其结果是：老师只说不听，学生只听不说。”③促成教师以整体性、系统性的视野看待工作与人生，关键在于心中应有结构思维，即凡世间事物、社会现象、人际关系，都存在着一定的、有序的结构。事物的规律源于结构，事物的意义存于结构，事物的组织缘于结构，事物的变化也出于结构。总之，结构变了，事物的性质、价值、形态必将随之变化。“结构一词来源于拉丁文，其原意是‘部分构成整体的方法’。结构主义理论的核心是结构概念，认为结构是一种关系的组织，是由各个部分相互依存而构成的整体，部分只能在整体中获得意义。一切由人类行为构成的现象，表面上似乎杂乱无章，其实都蕴藏着某种结构。”④

---

① [美]彼得·圣吉：《第五项修炼——学习型组织的艺术与实务》，郭进隆译，3页，上海，上海三联书店，2002。

② [美]彼得·圣吉：《第五项修炼——学习型组织的艺术与实务》，郭进隆译，43页，上海，上海三联书店，2002。

③ [美]帕克·帕尔默：《教学勇气——漫步教师心灵》，吴国珍等译，68页，上海，华东师范大学出版社，2005。

④ 任友群：《建构主义学习理论的哲学社会学源流》，载钟启泉等主编：《多维视角下的教育理论与思潮》，21页，北京，教育科学出版社，2004。

“在一定的情况下，发现真理不是靠非此即彼地割裂世界，而是靠既此既彼地拥抱世界：在一定的情况下，真理是表面对立事物的似非而是的联系。如果我们想认识那一真理，我们必须学会把对立事物作为整体来接受。”①一种动物在它的天敌被除去以后，会迅速繁殖成长，结果数量超过草原容纳的上限，最后这种动物会因饥饿而大量减少。一个班的纪律过于严明、过于细致，固然有利于教学秩序的有效保持，但无疑将会压抑、限制、影响到个性的丰富发展、精神的自由成长与学习的自主进行。正如彼得·圣吉所告诫的那样：“要达到你的理想体重，只有控制饮食或许是不够的，你需要加快身体新陈代谢的速度，可能需要做有氧运动。要使爱情关系历久弥坚，需先放弃‘完美伴侣’的想法，因为这个隐含的目标限制了任何关系的持续改善。”②

三、透彻

众所周知，对于同一事物，总会有不同的意见或看法。造成这一现象的一个重要原因，即人的眼界视野远近有所不同，思考的深刻透彻与肤浅模糊有所不同。一个具有哲学素养与受过思维训练的人，在思考问题的深度与长远性方面无疑要胜于其他人一筹。正如林贤治感慨陀思妥耶夫斯基作品的思考深度：“深邃的灵魂比峡谷还深。多少人读陀思妥耶夫斯基，望不见他那黑暗的底部，然而却又同时感受到从谷底升腾起来的温暖的雾气。”③

著名语文教师李镇西在他的《做最好的老师》一书中讲述过这样一个真实的事件：一个冬天的早晨，他和学生正在早读，教室门外响起了一声

① [美]帕克·帕尔默：《教学勇气——漫步教师心灵》，吴国珍等译，65页，上海，华东师范大学出版社，2005。

② [美]彼得·圣吉：《第五项修炼——学习型组织的艺术与实务》，郭进隆译，109页，上海，上海三联书店，2002。

③ 林贤治：《看灵魂》，载《现代教师读本〈人文卷〉导语》，22页，南宁，广西教育出版社，2006。

“报告”，李镇西一看，是任安妮，眉头一皱：她又迟到了！于是，便对她说：“在外面站一会儿！”这个任安妮是初一下学期转到李镇西班上的，她身体瘦弱，脸色苍白，说话细声细气，学习较差，常请病假，也常迟到，为此，李镇西曾找她谈过多次。今天又迟到了，必须通过罚她站给她一个教训。就这样，任安妮在教室门外站了5分钟，又在教室后面罚站了10分钟。上午两节课后，任安妮说头有点昏，请假回家了。后来再也没有来上课，任安妮母亲告诉李镇西，医生要任安妮休学养病。

半年之后，任安妮返校复学，降了一个年级学习。在校园不时碰到李镇西，总是羞怯而有礼貌地问候李镇西：“李老师好！”不久，在学期考试结束后，和任安妮同住一个院子的学生前来告诉李镇西：“李老师，任安妮今天早晨……死了……”当李镇西带着学生赶到殡仪馆，任安妮的母亲连忙迎了上来：“李老师，您这么忙还赶来，真是感谢您和同学们了！任安妮6岁就患上了白血病，医生说她最多能活3年。为了让她能有个宁静美好的生活，我们一直没有告诉她，也没有告诉任何人。在许多人的关心下，她奇迹般地活了8年。谢谢您啊，李老师！任安妮在最后几天，还在说想念李老师，想念同学们。她多次对我说，妈妈，等我病好了以后，你一定要去请求校长允许我回到原来的班级。我想念原来的同学们，想念李老师！”

听到任安妮母亲的这番话，站在任安妮的遗体旁，李镇西想到那个冬天的早晨，让任安妮站了15分钟，想到她那天上午请假时他的冷淡，想到他对她其实并不好，想到任安妮休学时他曾暗自庆幸总算甩掉了一个包袱……而她在生命的最后日子里却还在“想念李老师”……李镇西终于忍不住失声痛哭起来！这是他第一次也是唯一的一次因愧对学生而嚎啕痛哭……

当天晚上，李镇西含泪写下了一篇近5000字题为《你永远的14岁——写给任安妮》的文章，投给报刊并公开发表。在文章中，李镇西不仅真实描叙了事件的前后经过，而且就自己的思想与行为进行了一番严肃的自警内省与深刻的剖析批判：“任何时候，我们都不应该以学生尊严的伤害作为代价，去换取所谓的‘教育效果’！教育，绝不能为了目的而不择手段！尊重学生，并不能代替教育本身——这只是教育的前提：但剥夺了学生的尊严，就剥夺了教育的全部！一刻也不能没有人情、人道和人性！”①

这个事例告诫我们：学生一切行为的背后，总有这样或那样意想不到的因素，表面的现象，并不一定表征和显示出内在的初衷与本质。如果我们想要了解掌握事物的真相，就需要培植涵养出一颗明敏灵活、细腻聪颖的“慧心”和一双深刻敏锐、洞察犀利的“慧眼”，如此，方能不为假象所欺骗、不为表象所蒙蔽，不为一时所迷惑。

如果说“整体性”是用“加法”，即考虑问题时要尽可能全面地、系统地综合各方面的因素，不要漏掉事物的任何一个重要方面或重要因素，如此思考才能客观周到、全面细致的话，那么“透彻性”则是用“减法”，即探索事物规律、找出问题症结时，需要将一些无关紧要的、细枝末节的表面现象摒弃清除，深入细致、由表及里、入骨三分地直逼事物的本质与矛盾的关键所在，如此才能准确地认识事物。

养成观察问题、思考问题的“透彻性”，教师应当注意如下几个事项：

一是要有学养。此间所言的看问题的“透彻性”，是在一定的通识知识与专业学识的背景下所形成的敏锐眼光与深刻洞见，而不是不顾其他条件，不要学养基础，一味地钻牛角尖、死胡同，只言一点，不及其余。如果那样的话，“洞见很深刻，可是有可能只是‘以管窥天’、‘坐井观天’，像长筒望远镜一样，看得很深，但有可能是深刻的片面；‘不见’很正常，不过常常也是‘一叶障目，不见泰山’，或者干脆是‘视而不见’。”②

二是要有闲暇。要想对问题有透彻深刻的思考与体认，需要时间的成本和精力的付出。闲暇对于无所事事的人是一种无聊，而对于有思考、有判断的人来讲是一种财富与资源，如同学者肖川先生所言：“闲暇是一个人自由发展的空间。没有闲暇，就没有自由发展；没有自由发展，就没有

---

① 李镇西：《做最好的老师》，修订2版，91～94页，桂林，漓江出版社，2008。

② 葛兆光：《思想史研究课堂讲录》，80页，北京，生活·读书·新知三联书店，2005。

对世界深刻、独到的感悟、体认、理解与把握。兴之所至的自由阅读，超功利的精神漫游，没有外在压力的沉思冥想，最有可能创生独到的思想。思想的自由翱翔，需要广阔的心理空间。”①

三是要有勇气。透彻的思考不仅需要新颖的角度与别致的眼光，而且有时还需要冲破思想的禁锢与习俗的偏见。人们对于苦难表示同情是很容易的，要他们对思想怀有同情则非常困难。是的，一般人对究竟什么是思想了解得太少了，他们以为只要他们说那种思想是危险的，就等于给那种思想定了罪，其实正是这些思想才具备真正的才智价值。大凡不危险的思想都是根本不配叫做思想的。

对于透彻性的思考，需要的是宽容与接纳，大可不必对之求全责备或置之不理。因为有时透彻的思考不那么全面、不那么周到，甚至可能有时还呈现出某些片面与偏颇，但“偏激的思想往往有着‘片面的深刻’，它较之于四平八稳的平庸，对于思想与学术的发展都有着更多的价值。它带给我们的是警醒，是理智的挑战和内心的震撼，是新的视界的凸现。”②

综合而论，世上的思想者大抵有三种命运。一种思想是与潮流同步，因而最功利，也最稳当，尽管瞻之在前，忽焉在后，转瞬就有可能化作明日黄花。一种思想是超前半步，属于不乏新鲜，也不乏风险，然而，当卫道士们正要抡起大棒申斥，已被社会前进的脚步裁判为真理。一种思想是领先百家，超越时代，注定要被视为异端邪说，大逆不道，常常要等上几十年，甚至几百年，才为后来者逐渐认识、接纳。检视前两种思想，其认识层次、感悟能力是称不上“透彻”的，充其量只能算是肤浅的感觉与想法，而第三种才属于思维的“透彻”层面，而正是由于思想的“透彻”，其认识才能“领先百代、超越时代”。无论是古代的孔子、孟子、朱熹等教育大师，还是当代的李吉林、李镇西、魏书生等教育名师，他们之所以能够在教育领域有所创造、有所发现、有所树立、有所标榜，重要的一点，就是

① 肖川：《教育的理想与信念》，73 页，长沙，岳麓书社，2002。

② 肖川：《教育的理想与信念》，195 页，长沙，岳麓书社，2002。

源于对教育现象、教育活动思考判断的透彻性与深刻性。“实际上，正如熟睡和浅睡之间存在着差异一样，存在着深刻显现的思想和表面喧闹的思想。”①如果我们的教师凡事都能望得远一程，看得深一层，想得透一成，才能够养成并保持对教育活动持久地、透彻地观察与思考，那么其专业品质与教学质量肯定能够得到大幅度的提升。

四、人道

“认识你自己”，这句脍炙人口的古希腊名言，也许是最为简洁而精辟地揭示了哲学的奥秘——认识人性、关爱人生、成就人业和完善人道。人的奥秘，是哲学的奥秘所在；探索哲学的奥秘，就是在求解人的奥秘。教师的教育对象，是一个个天真无邪、活泼好动、性格迥异的学生，要想启发、引导、帮助这些生命个体内心健康、精神丰盈、行为端庄地茁壮成长，教师应当了解和通晓人性的主要元素，洞察和把握人生的价值形态，尊重和崇尚人道的基本尊严与权利，努力使自己的一切教育活动围绕着培养人、服务人、成就人的基本宗旨而进行。

人道主义(humanism)一词首先出现于西方文艺复兴时期，英文的“humanism”来源于拉丁文的“humanitas”，其本义为“人性”、“仁爱”、“教养”、“文明”。然而，早年在罗马帝国的格利乌斯时代，就有与“humanitas”的基本含义相对应的两个词，一个是“philanthropy”，意即“善行”，另一个是“paideia”，即身心的全面训练，即人的教化。历史文明，罗马文化承传于更早的希腊文化，在有的学者看来，古希腊的“善行”属于荷马时代的英雄伦理，经过“毕达哥拉斯—柏拉图”为代表的努力，形成了与教化密切相关的道德形而上学。其中包括两个方面：一类教育内容是技艺(arts)，如逻辑学、数学、修辞学、几何、天文、音乐、辩证法等，以利参与城邦事务；另外一类是以“毕达哥拉斯—柏拉图”为代表的南意大利学派，认为

① [奥]维特根斯坦：《游戏规则》，唐少杰等译，243页，西安，陕西师范大学出版社，2006。

教育要让人们净化灵魂，为净化灵魂而求知，也就是灌输人道主义精神。我们倡导教师注重人道的哲学修养，主要强调在其教育活动充分体现以人为目的取向、与人为善和弘扬个体的人道精神。

人道精神首先体现为“以人为本”的理念，即教师应始终将学生作为开展一切教育活动的主旨或目的，而不应当有意或无意地将学生看做是另外一种观念口号、集团利益、物质需求的应用工具。

我们为何提出将学生视为教育的主旨和目的，主要原因就是现代社会在很大程度上将人异化为抽象化的牺牲品，各种各样的因素都可以分割人、分裂人、异化人、破坏人自身的和谐统一。一个学生并不仅仅是名册上的姓名、成绩单上的分数、奖励书上的位次，一个好学生或坏学生，在算术上或语法上没有才能的学生，他首先应当被视为是一个具有个性并值得尊重的人，一个具有完整意义的人。他有自己的心灵与精神，有自己的选择与表达，有自己的情趣与爱好，有他的生理学意义与社会学意义……

人的存在总是在三个层面展开，最基本的层面是作为实体的人，生活在现实社会之中；其次是作为精神的存在，展开个人丰富的心灵生活；人的存在的最高层面乃是作为文化—生命—人格的存在，在这个层面显明个体人生在世的基本品格。

一是人事，即人可见的现实活动层面，在这个层面教育关注的是人如何做事，人在现实生活中怎样活动，主要包括授人以知识、技能，开发人的智力，启迪人的思维，规范人的行为，使个体作为社会的一分子在其中得以生存……

二是人心，即人的心灵活动的层面，它关注人的情感、态度、兴趣、爱好、基本价值观、心灵的美感、精神的愉悦。与做事相比，这个层面的关注重心是做人，比做事提高了一个层面，这是人与动物的根本区别之所在，心灵生活是人之为人的生活的根本与核心。

三是人文，即人的核心价值观、人生信仰、人的精神气质层面，它关注的核心就是人生在世的生存姿态，或者说生命姿态。如果说人事更多地关注的是做事，人心层面关注的是做人，那么人文层面关注的是做一个置身历史与文化、现实与理想之中的真实个人，关注的是个体人生在世的生命品质。

人道精神其次表现为深刻理解和透彻把握人性本质。著名学者和翻译家傅雷先生曾就人的复杂与神秘发出过如下的感慨："了解人是一门最深的艺术，便是最伟大的哲人、诗人、宗教家、小说家、政治家、医生、律师都只能掌握一些原则，不能说对某些具体的实例——个人——有彻底的了解。人真是矛盾百出，复杂万分，神秘到极点的动物。"①

众所周知，人在生物学意义上永远是"未完成"、"未特定化"的生物。人没有像动物那样的天然毛发层或皮肤去对付严寒或是酷热的气候环境，也没有锐利的攻击器官(爪、角、齿等)去获取食物，人更没有适应快速奔跑的肌肉组织去逃避意外伤害的技能，人天生有着本能的"匮乏"，而正是这种"匮乏"，这种"未特定化"为人的通过教育而获得发展敞开了无限多样的可能性。对此，法国著名哲学家萨特，有一个著名的哲学命题："存在先于本质。"人以外的所有的存在都是本质先于存在，而人这种存在是存在先于本质。除了人之外，我们中国人有一句俗话，叫做"种瓜得瓜，种豆得豆"。本质先于存在，本质就规定了它的存在。但是，人就不是这样了。生下来的无论是男孩女孩，我们说他是人，但是长大了，未必就成为人。为什么？人是一个人化的产物，是一种人化的结果，是一种历史性的存在。这是人和动物的不同。动物是一代又一代地复制自己，而人是一代又一代地发展自己。如果教师真正懂得人是"未完成"和"未特定化"的生物这一人类特征，就会自觉避免以有色眼镜、机械思维、固定心态来对待自己或对待学生，而以一种持续探索、持续求新、持续转变的意识来不断提升自己和发展学生。

人道精神还有一个重要内涵就是为人要善。新中国成立六十年了，学校德育虽然口号连篇，但是效果不大，常常是形式主义的东西多，"假大空"的东西多。纠正这些虚假现象，教师应当从真诚善良的角度出发，在

---

① 傅敏编：《傅雷家书》，修订2版，219页，天津，天津社会科学出版社，2006。

各种场合、很多时候一以贯之地坚持尊重学生、善待学生。

著名语文教师李镇西曾谈过这样一件事情：一天，他抱着一摞作文本往教室去准备上课，走到楼道的拐角，忽然发现他班上的一个男生与一个女生正在接吻。怎么办？瞬间他做出一个决定：右手一松，作文本撒落在地上，然后他弯腰低头去捡拾作文本，两个同学闻声见状，立即终结亲密状态，赶忙伏身帮老师捡拾作文本。李镇西当做什么也没有发生，两个同学也以为李老师什么也没看见。过了一段时间，李镇西以“早恋的认识”为题，在班上进行了一次主题讨论会。通过一番畅所欲言、真诚热烈的讨论以及李镇西诚挚认真、深刻透彻的剖析，逐渐端正了学生们对个人感情的认识态度，将学生的时间与精力转移到课业和学业上来。这种既巧妙制止行为，又不伤及颜面隐私，还事后深入引导教育的举措，融教育于自然的人性与怡悦的人情之中。从这一教育案例中，我们看到了尊重人、善待人的哲学修养。这也正如教育家杜威所期望的那样：“一个人光做好人还不够，他还必须做一个有用的好人。所谓做一个有用的好人，就是他能生活得像一个社会成员，在和别人的共同生活中，他对社会的贡献和他所得到的好处能保持平衡。”①

人道精神的另一个重要内涵就是应当高度尊重个体。肇始于西方的文艺复兴，经过以卢梭为精神领袖的启蒙运动和以康德为代表的哲学革命，一直延续到西方的现当代，有一个重要的思想主题，那就是个人自由与独立意识的觉醒，其核心内容是强调个体与群体的区别，强调个人对社会的本位地位和个体的独立、自由。

日本有个地方叫奈良，那里有座古庙叫法华寺。参与法华寺维修保护的一位老木匠对于如何维护法华寺曾有过这样的见解：他说到为了要保护和维修法华寺，使其成为世界上最重要的木结构寺庙，首先要考虑这样一件事，就是在购买木材之前要买下一座山，这样才能买到真正的好木料。

① ［美］约翰·杜威：《民主主义与教育》，王承绪译，378页，北京，人民教育出版社，1990。

因为如果我们只买木材的话，就能根据木材的情况来建造期望的房子。虽然这样做未尝不可，但是要建造能留存千年的文化遗产，只买木材是远远不够的。在一座山上由于位置的不同，可能生长着各种不同材质和特点的树木。只有发现每棵树的与众不同之处并在建筑过程中适材所用，这样才能建成能抵御千年风雨的寺庙。从“发现每棵树的与众不同之处并在建筑过程中适材所用”这句话中，我们不难体味到老木匠那因材而用、材尽其用的相得益彰的非凡智慧与独到见解。非但每棵树都与众不同，而且我们每个人由于遗传基因的不同也都具有独特的相貌和个性。由于每个人、每棵树存在着差异，这样在灾害发生或疾病流行时，就可以保持物种的延续。社会的进步，文明的昌盛，教育的发展，“其根本关键乃在于尊重个人，从历史上可以得到证明，欧洲的文艺复兴从一个意义上讲，可以说是一个‘人的发现’的运动。唯其发现的每个人都能，也能应有其独立的感情、要求、思想、意见，有其独立的生活价值，才能冲破中世纪的黑暗，而建立近代民主主义的文化。”①

从人道的角度看，中国几千年至今的教育，大概可以发现对学生有三大剥夺：独立性剥夺、自主性剥夺、自由精神剥夺。或者从教育心理学看，还可以归结为八大剥夺：体验剥夺、情感剥夺、想象力剥夺、兴趣剥夺、好奇心剥夺、直觉剥夺、顿悟剥夺、灵感剥夺。为了顺应学生成长的自然天性，同时也是为了能给学生提供一个自由活泼、盎然有趣的发展环境，教师要加强对自身人道精神和人道主义元素的精心培植，努力使自己的教育实践沐浴在人性与人道的灿烂光辉之中。

五、自由

自由，在被奴役和被囚禁的人那里，是一个朝思暮想、期盼已久的夙愿；在课业繁重、学习劳累的学生那里，是一个挣脱束缚、“复得返自然”

---

① 胡绳：《人的改造》，载刘铁芳主编：《新教育的精神》，207页，上海，华东师范大学出版社，2007。

的美妙境界。然而，在教师那里，自由，似乎显得不是那么珍贵与迫切。对此，我有着一种深深的忧虑：作为人类良知的守望者、建设者与文化的担当者、传授者，教师更需要自由——在基本规划背景下的课程设计、课程讲授、作业安排的自由，教学空间与时间、教学形态与策略、教学内容与进度的选择自由，职业成长、专业发展、学术探讨的自由，等等。因为“只有不断地、自觉地争取外在的自由和内心的自由，精神上的发展和完善才有可能，由此，人类的物质生活和精神生活才有可能得到改进。”①

然而，在很多场合与很多时候，我们教师的教育思想与教学行为是不太自由的，其教育行为是沿着被事先规范好的、预设好的轨道向前滑行。教材、教室、时间、方法、过程等涉及教育的方方面面都是安排规划好的，甚至连培养对象获取何种成绩、名次也都事先预定好的。教师只管照计实施、按表上课就是了，不需要也不准许教师有额外的想法和作为。其实，教育是人类文化活动类型中最有创意、最富生机、最有随机性的一种实践活动，因为它的服务对象是地球上最独特、最具个性、谁与谁都不一样的鲜活生物个体。难怪美国学者乔尔·斯普林格在其学术专著中特别强调教与学的自由：“人们渐渐地认识到，任何教学活动都必将传输一定的思想和信仰——知识不会被客观地加以传授。既然所有知识背后都潜藏着某种思想和信仰，那么，要提供一种不强加特定思想和信仰的教育，其办法就是给教师和学生自由，让他们去选择教与学的内容。”②

记得《读者》上曾讲了一个故事，说一位瑞士的钟表匠参观完金字塔后，说金字塔肯定不是奴隶所建，而应该是平民的功绩。随后，考古学者的考察，居然验证了这位钟表匠的推论。好奇的考古学者去问这位钟表匠，怎么会通过简单的观察就认定金字塔是平民所建？钟表匠的回答将这个故事推向顶峰。原来他曾经是一位非常著名的手工钟表匠，他制作的钟

---

① ［美］爱因斯坦：《规格统一的个人所组成的是不幸的社会》，载《现代教师读本〈科学卷〉》，许良英译，137页，南宁，广西教育出版社，2006。

② ［美］乔尔·斯普林格：《脑中之轮：教育哲学导论》，贾晨阳译，84页，北京，北京大学出版社，2005。

表误差可以达到每天百分之一秒；可有一次因为特殊的原因，他进了监狱，并继续从事他的制表工作，只是这不是为他自己工作，而是为监狱工作。在这种情况下，不管他多么的努力，他制作的钟表的误差怎么也低不到每天十分之一秒之下。可是在监狱里让人努力的目标，等到回到家里自然而然地就实现了，甚至做得更好。于是他得出结论，只有自己在自由的情况下才可能将这项事业做到极致。当他参观金字塔时，发现石头与石头之间缝隙窄得连刀片都插不进去，一项工作能够精细到如此程度，没有人身自由的奴隶是根本无法实现的。此事表明：自由是展示才智、施展才华、表现才能的必要条件。

教师的自由精神与自由意识主要表现在如下三个方面：一是有主体意识。所谓的主体意识，主要是指教师对自身职业价值的高度认同，对自身工作意义的充分理解，对自身专业发展的深刻认识等。教师只有坚持和弘扬主体性，才能有效地、有针对性地吸收他人的优点长处，不断地滋润和完善自己、促进专业持续发展。天天期待着领导的指示，机械照搬他人的方法，年复一年地雷同施教，这是精神尚未断奶的标志，这是丧失主体意识的标志。正如胡适所指出的那样："自由的真义，是要使人人有创造的能力，自思，自行，自决，自裁，不靠旁人丝毫的帮助。解除外界的束缚，是消极的自由；养成创造的能力，才是积极的自由。"①二是心灵独立。作为社会的基本成员，遵循维护社会公共秩序与伦理规范，是教师必须恪守的社会价值观，自由在这个层面是永远从属于公共秩序的。但在人的心灵、思想、精神的层面上，那是一块永远绝对自由的浩渺天空，奇特的遐想、大胆的推测、精妙的构思、美好的期盼，等等，都可以在这片自由的蓝天中任意遨游。事实上，许多优秀教师的教育革新、教学创造都是在心灵自由的精神独立中产生的。正如爱因斯坦所畅谈的那样："科学的发展，以及一般的创造性精神活动的发展，还需要另一种自由，这可以称为内心

---

① [美]杜威：《杜威五大讲演》，修订2版，胡适口译，314页，合肥，安徽教育出版社，2005。

的自由。这种精神上的自由在于思想上不受权威和社会偏见的束缚，也不受一般违背哲理的常规和习惯的束缚。”①三是有好奇心。平常我们倡导关注和重视儿童的好奇心的培养，其实，教师的好奇心更值得关注与研究。因为只有确保教师好奇心不消失、不泯灭，儿童的好奇心才有滋养和培育的可能。正是基于这样的逻辑认识，卢梭深有感慨地指出：“问题不在于教他各种学问，而在于培养他有爱好学问的兴趣，而且在这种兴趣充分增长起来的时候，教他以研究学问的方法。”对于教师忽视淡漠学生兴趣与好奇心的现象，爱因斯坦也有过谆谆告诫：“现代的教学方法，竟然还没有把研究问题的神圣好奇心完全扼杀掉，真可以说是个奇迹。因为这株脆弱的幼苗，除了需要鼓励以外，主要需要自由。要是没有自由，它不可避免地会夭折。认为用强制和责任感能增进观察和探索的乐趣，那是一种严重的错误。”②

关于涵养培植教师的自由精神与创新意识，有三种情况值得我们高度警惕：一是没有自由。这说明在一些学校或一些学校领导者那里，教师基本的自由活动、自由权利被轻视与被剥夺，这需要社会的进一步发展和教育的进一步变革。二是滥用自由。我们需要自由的精神与意识，但不是自由主义。前者是性灵的舒展、才思的奔涌和创造的尝试，后者则是规则的漠视、秩序的挑战和自我的膨胀。三是放弃自由。不可否认的是，少数教师思想品质中缺乏自由的因子。由于传统思想根深蒂固的影响，使得他们眼不见自由的价值，脑不思自由的意义，行不展自由的功能，思维按部就班，举止因循守旧，行为陈陈相因。四是拒斥自由。此现象对于现代教育工作者来讲最为可怕。因为自由不仅是社会发展的最终趋势、个性丰富的理想境界，而且也是教师思想更新、灵魂充实、方法探索的重要基础因子。“人的自由独立是一件大事，因而如果误解其含义的话，则德不得修，

---

① [美]爱因斯坦：《规格统一的个人所组成的是不幸的社会》，载《现代教师读本〈科学卷〉》，许良英译，137页，南宁，广西教育出版社，2006。

② [美]爱因斯坦：《自述：识别能导致深邃知识的东西》，载《现代教师读本〈科学卷〉》，许良英译，140页，南宁，广西教育出版社，2006。

智不得开，家不得治，国不得立，天下的独立也无希望。”①

一般而论，在自由的内外两个向度上，人对人生的终极意义有两方面的取向，一是身心的“幸福”，一是境界的“高尚”。“幸福”是关联着人的肉体感官欲望的满足和与之相伴的心灵感受而言的，它的实现离不开人与外部世界的对象性关系；境界的“高尚”则是就人的精神格局（简称人格）而言的，它决定着人的虚灵的“气象”。对“幸福”和“高尚”的求取，是人立于自由所应当有的价值取向；这两种价值取向及其关联引申出人的种种美好的理想。如果教师在上述两个向度上没有获取或失去了自由，那就大大贬低了自由的真正价值，只是很有限地利用了自己生命的部分资源，充其量得到的只是生物学或生理学意义上的“自由”。正如卢梭所指出的那样：“一个人抛弃了自由，便贬低了自己的存在，抛弃了生命，便完全消灭了自己的存在。因为任何物质财富都不能抵偿这两种东西，所以无论以任何代价抛弃生命和自由，都是既违反自然同时也违反理性的。”②

六、自觉

自觉性是指人的内心深处一种自我发现、自我觉醒、自我激励的心智状态，它主要是由个体的内部世界与适当的外部诱因综合作用而生成的一种主动意识和主体精神。人有没有自觉意识、自觉精神和自觉行为，不仅决定了人生活态度的取向与生活质量的高低，而且还直接影响着工作方式的选择与工作精神的状态。因此，从某种意义上讲，具有主动意识和主体精神的哲学自觉，是人开辟新生活、创造新事业、走向新境界的重要基石。从教师个体的发展来讲，自觉性可以确保教师处于一种清醒的认知自我、认知他人、认知工作、认知社会的理智状态，进而可能引领教师做出不满足现状、不甘心平庸、不盲目跟从的行为取向。从学生健康成长来

① [日]福泽谕吉：《福泽谕吉教育论著选》，修订2版，王桂主译，5页，北京，人民教育出版社，2005。

② [法]卢梭：《论人类不平等的起源和基础》，李常山译，137页，北京，商务印书馆，1994。

讲，唯有教师的自觉，唯有教师精神自觉、态度主动、行为积极，才能进而影响并带动学生焕发精神、端正态度、改善行为，并且真正地抵达“自觉以觉人，自省以省人”的理想教育彼岸。

我们希望教师应具有自觉的哲学意识，主要包含两层含义：一是要自知；二是要知人。所谓自知，即是指教师应当努力不懈地在审视自己、剖析自己。自己的人生优势到底是什么？怎样做才能实现人生价值的最大化与最优化？以便尽可能地认识自己和把握自己。所谓知人，是指教师用眼睛留意周围的环境、组织以及群体间的相互关系，用心灵去感知学生、同行、学校以及社会的一切有价值的信息以及变化动态，以促使自己不断深入地了解与准确地判断他人与社会。只有真正做到了自知与知人，自己的眼睛才能保持清彻明亮，不为假象所蒙蔽，自己的耳朵才能敏感聪灵，不为谎言所欺骗；自己的内心敞亮澄明，不为权威所压服。正如学者肖川在《教育与启蒙》一文中所言：“从最广博的意义上讲，启蒙的历程即是人从动物界不断提升的过程，是文明战胜野蛮的思想历程……而在今天，启蒙就有了自我唤醒、凸现个人独特性的新的内涵。启蒙的意义就在于重新审视和反思那些被压抑、被隐没的问题，去除权威话语和谎言对于人的蒙蔽和欺骗。不断地去弊，不断地求得内心的敞亮与澄明，这正是从个人的意义上说的启蒙之含义。”①

教师的自觉意识首先表现在自知，即自醒与自为。在苏格拉底那里，哲学的任务被看做是认识你自己。老子同样把自知视为比知人更要紧的智慧。但是自知是不能够脱离开知人的，知人才能够知道自我是有界限的，并给了解自己提供一面镜子。自知的本质在于给自己确实地划分出一个界限，它的结果也就是知足或者知止。这实际上是一种自我战胜。重要的不在于战胜别人，而是战胜自己。战胜别人只代表你是一个有力量的人，战胜自己才是当之无愧的强者。因此，强者和逞强完全是两个概念，真正的强者恰恰是通过示弱才得以呈现和实现。

---

① 肖川：《教育的理想与信念》，37～38页，长沙，岳麓书社，2002。

虽说21世纪是一个公认的人类文明世纪，但在这文明的世纪里，是不是每个人都具有与时代发展相对等的自省、自知、自为的文明意识与文明素养呢？对此学者肖川有过深深的忧虑："而更为令人心忧的是，我们的生活中更多的是没有受过教育的生活在社会底层的人——他们没有足够的谋生的技能，没有发育健全的心智能力，没有收集与处理信息的能力，没有体面和充分表达内心真实愿望的能力（更不用说平等地充分地参与公共事务的决策和管理的能力了），他们甚至没有现代社会公民必备的权利意识和公共意识，甚至没有过健康生活的基本知识和技能……他们缺少的太多太多！"①

中国文化和人生智慧强调做人要自知。老子讲，"知人者智，自知者明"，就是说能清醒地认识自己，对待自己，才是最聪明的。人要了解自己很难，老子选择一个"明"字，有其深意。什么是"明"？"明"是对着黑来讲的，对着"盲"来讲的，"明"就是眼力好，"盲"是丧失了视力。看别人看得见，看自己看不见，这就是自我的盲区。中国文化与人生智慧要求我们要让自己走出盲区，进入自我明察中去。

认识自我的困难就在于"我"之复杂，每个教师身上都有四个"我"：一是公开的我，自己知道，别人也知道的部分。二是隐私的我，自己知道，别人不知道的部分。三是背后的我，自己不知道，别人知道的部分。四是潜在的我，自己不知道，别人也不知道的部分。前两种可以说是浅层的，易于认识的，绝大部分人的盲点则在于后两种。自我感觉良好，时常沉溺于自恋幻觉中的人，是因为不知道背后的我，总将当面的恭维和逢迎的捧场视为全部的评价。自卑自贱自惭形秽者则失落于不知有潜在的我。"要探讨人生问题，就是要人自己研究自己，反省自己，大凡了解外物易，了解自己最困难。所以人生问题实在是最困难、最不容易研究的问题。也可以说是重要、最大、最不易得解答的问题。"②

---

① 肖川：《教育的智慧与真情》，23页，长沙，岳麓书社，2005。

② 贺麟：《论人的使命》，载刘铁芳主编：《新教育的精神》，101页，上海，华东师范大学出版社，2007。

自知的目的不单单是认识、理解和把握自己，它还有一层内在的含义，即重估自己，富有勇气地重新审视与评价自己的心智、性情和潜力。重估自己，亦即爱这个世界、爱生命、爱自己，因此才有勇气直面所有人性的鄙俗和粗糙，才有勇气揭去所有的伪饰，才有勇气承受幻象揭去之后刻骨铭心的疼痛。没有疼痛就没有记忆，也就没有新质的生长。重估自己，就是重新期待，重新想象，重新实践，就是把生命重新收归自己所有。

认识自己的一个关键是要正确分辨烦恼，不要让无谓的烦恼所遮蔽，影响了自我的判断。心理学家对烦恼进行了数字化分析，认为人们的烦恼中，有40%属于杞人忧天；30%是为了怎么烦恼也没有用的既定事实；另12%是事实上并不存在的幻想；还有10%是日常生活中微不足道的小事。也就是说，我们的心中有92%的烦恼都是自寻的。

清除自我认识中的盲点，是一种积极的自我开拓。当然，即使到了生命结束的时刻，我们都无法穷尽自我，但是时时警惕自我、激励自我仍是十分必要的，唯有如此，才能使我们不枉为人，不虚此生。人类不断成长，是因为能不断认识自我，磨炼自我，提升自我，善待自我，而认识自我则是人生“自觉”的起点，人生永恒的主题。

教师自觉意识内涵其次体现在知人，即了解“天、人、物”。本质地讲，教师的哲学自觉意识就是“完整的人”的意识，就是说要做一个与世界有着丰富关系的人，在“天、人、物、我”四个向度上，充分展开着自己的生命表现形态的人。所谓“天”，就是天道，在哲学里就是绝对——那些亘古不变的伦常、永恒的真理，在我们的日常生活中就是神圣——我们只能敬畏而不可以亵渎的对象。在“天”这个向度上，教师应以理想信仰的形式来把握。所谓“人”，就是指社会、他人。没有“天道”，也就是不会有真正的“人道”，而只能有“霸道”。在这一维度，教师应用伦理、道德的方式来把握。所谓“物”，就是指自然万物，包括人类的创造物。在这一向度上，人们是用科学的形式来把握的。没有与“天”的关系，人就容易沦落为物的奴隶，难以摆脱人为物役的悲惨境地。

问题在于，教师不仅应当逐步地实现上述所说的自己要自觉、知天道、解人情、懂物理，而且还要费尽心机、不惮辛劳地培育、引导、帮助学生朝着认识自己、认识他人、认识社会的正确道路上行进。这样的双重使命充分显示了哲学启蒙艰巨复杂的程度与繁复漫长的过程。当然，这样做的本身对于学生成长来讲意义是重大和长远的："如果少年不能理解自己的生命，不能从它的本质、它的原因和它的结果方面去意识到它，那么感知自己生命及其活动性的那种感情便会不以人的意志为转移地和不可抗拒地被压倒和被剥夺。而理解自己的生命，知道它的本质、原因和结果，却是精明能干、体魄强健的少年的富有朝气的心所追求、所期望、所要求的，这是这样的少年最内在的，可以说维持内部生命的一种需要。"①

"儿童的精神世界不可能是闲置的，也不存在空洞的精神世界。它必须会有所充实，在其中必定会印入形形色色的形象、印象，各种感受、思想、理想、信念也一定会产生。儿童的精神世界犹如一座神殿，把它弃置不顾，这无异就是教育的犯罪行为。"②阿莫纳什维利的这番话，既有针对儿童教育的价值，更有培育教师启蒙精神的意义。假如教师的精神世界、内在心灵经常荡漾着自省、自察、自觉、自为的波澜，回响着了解学生、思考教育、关注社会的激情旋律，那么受益获惠的就绝不仅仅是教师本人，还有围绕在他周围的学生都将沐浴在精神启蒙的阳光下。

一个国家，一个民族，如果没有现代科学，没有先进技术，一打就垮；如果没有优秀的历史传统，没有民族的人文精神，没有强烈的自觉精神，不打自垮。"人的精神犹如一片荒地，这片荒地随时都欢迎人去开垦、播种，对每一个人来说，精神就等于一亩田，在这亩田里长满形形色色的荆棘，杂草丛生，在人们要想播种之前，必须辛勤劳动将杂草通通根除。假如我们不学一学，荒废这门艺术，就不会消除继承下来的忠诚与信念传

① ［德］福禄培尔：《人的教育》，孙祖复译，276页，北京，人民教育出版社，2001。

② ［苏］阿莫纳什维利：《学校无分数教育三部曲》，载单中惠、朱镜人主编：《外国教育经典解读》，465页，上海，上海教育出版社，2004。

统，就不会消除陈旧观念和偏见。”①由此可见，作为下一代的成长的启迪者与引路人，教师必须使自己在思想领域与精神世界中首先成为一个自觉者和启蒙者，使自己一步步由肤浅与片面走向深刻与全面，由不成熟、不理性逐渐过渡为成熟者和理性者，真正成为主导自己、洞见社会和影响学生的具有启蒙精神的优秀教师。老康德说得好：“启蒙运动就是人类脱离自己所加之于自己的不成熟状态。不成熟状态就是不经别人的引导，就对运用自己的理智无能为力。”②

七、理性

反思中华民族传统文化的成分，如果说其中还有发展余地或发展空间，或者说还有不足和遗憾的话，那就是我们的生活方式、思维方式和行为方式里面缺乏理性的因子。“理性”一词，在不同的语境中有不同的含义。通常指人类独有的属于综合、概括、判断、推理等理智活动，与感性相对。理性是与感性、知觉、情感和欲望相对的人类独有的一种高级意识与能力，凭借这种高级意识与能力，基本的真理被直观地把握。哲学的真义、哲学的灵魂，一言以蔽之，就是理性精神：探索的精神、怀疑的精神、批判的精神，不唯书、不唯上、不轻信、不盲从的实事求是的科学态度。所谓纯粹理性，指人超出一己感官欲望和利害关系，不求功利、不计得失地探索，主要包括本体论问题、事物起源、存在意义等抽象问题。这种探索，往往是非功利性的；更多地是为了满足人类作为万物之灵与生俱来的求知欲和好奇心，为了满足对完美和绝对的需求，服从对于内在的兴趣，出于创造性的冲动，杰出的学者和科学家之所以能够取得卓越的成就往往是由于他们对于探索的内在兴趣。当今世界上的先进民族无一例外都是理性的民族。我们应该有勇气承认，西方文明不仅是一个强势文明，也

① ［德］第斯多惠：《德国教师培养指南》，袁一安译，236页，北京，人民教育出版社，2001。

② ［德］康德：《答复这个问题：“什么是启蒙运动?”》，载《理性与启蒙》，1页，北京，东方出版社，2004。

是一个优势文明。理性精神是西方文明的重要传统，它是西方哲学的起点。

只有当一个人具有良好的理性修养，才可能学会善待他人、学会自我克制、学会退让和妥协，因为一个理性的人能够推己及人，能够设身处地地为别人着想，能够换位思考，也是能够意识到理性的局限性的人。

作为教师，古往今来的一个信条：真诚地关爱学生，以学生的发展为自己的神圣使命。但此中的关爱是有分寸的、有原则的，不是无条件、无原则的。不能将教师对学生的关爱无限地延伸和放大，如果对学生的任何需求、性情都予以答应和满足的话，那并不是在关爱学生，而是在“关爱”的旗帜下对教育的放弃，对价值引导的放弃，对教师职责的放弃，这样的“关爱”行为给予学生的绝不是呵护与心疼，而是“温柔”地抛弃。“认为师德只是爱，对学生过分呵护迁就；推崇无差错的教育，无过错的教育，褒扬之辞信口就来；认同老母鸡式的爱，用自己的辛苦给学生制造不当的负担，认为超过12小时工作，和学生‘耗’在一起的教师就是好教师。”①特级教师张思明的担忧充分说明了一点：现实生活中的教师还是非常需要理性精神的滋养与培植。

时下校园里的一些现象，经常成为媒体报道的焦点和社会关注的重点：敬业精神不浓、师德表现不佳、德育效果不大等。对此问题，我们可以分层次、分类别地来进行一番理性探讨。首先，理性地看待“道德分层”问题。我们可以将“道德底线”分成三个层次：第一个层次是所有人最基本的自然义务，人之为人的义务，比方说不伤害和侮辱生命、不欺诈他人，这也是最基本的道德底线；第二个层次是与制度、法律密切相关的公民义务，比如说奉公守法、捍卫法治、抵制对公民权利的侵犯，同时也履行自己的公民义务；第三个层次则是各种行业的职责或特殊行为领域内的道德，比如说官员道德、教师道德、生命伦理、环境伦理、网络伦理，等

① 张彦春、朱寅年主编：《16位教育家的智慧档案》，97页，上海，华东师范大学出版社，2006。

等。只要教师恪守了第一与第二层次的道德准则，不去触犯它、违反它，教师就算是心安理得地守住了自己作为一名公民的“道德底线”。然后，再在此基础上努力地加强自己的职业道德、专业精神的不断历练与修养，尽量提升职业道德水准。其次，冷静地看待道德水平问题。既然道德分有层次，就应当允许公民(教师也是公民)在道德认识、道德素养、道德实践上有选择的可能与多样。不是要所有人都成为圣人的道德，而优先的应该是公民的道德。公民道德不是人们追求尽善尽美的那种道德，而是每个人作为一个合格的社会成员都应该履行的义务。这种现代社会的道德主要用来防止坏的行为，而不是用来塑造优美高尚的人格。觉得道德无用常常与把道德理解得过高联系在一起。一些人过分的愤世嫉俗或者无力感有时正是来自这里，来自我们对道德有太高的理解——这种太高的理解是传统社会的理解。在过去，道德是少数精英的道德，目的是致力于“成圣成贤”，在多数人那里实际只是受其影响的风俗。而在现代平等多元的社会里，道德不能不面向所有人，所要求的也只是所有人都遵循基本的道德规则。越过此线，则是要进入一种个人精神信仰努力的领域。因此，理性的精神提醒我们：既不能放弃、缩减对教师道德要求，也不能过分拔高、放大教师道德的标准。如果我们一味地拿古代完美的“圣人道德”标准来规范我们今天的教师，其结果只有一个：无一教师达标。正如学者肖川所言：“‘师德’一词，不足以表达出教师这个职业的丰富内涵，也不足以表达出我们对于教师应有的期待。不能用放大了的道德标尺去衡量教师的行为，强加于教师头上的精神禁锢必须解除。我们要求的是教师的专业素养，而不是要他们成为道德完人。”①

目前在基础教育领域里出现一种现象，若干教育者仅凭自己经历的教育个案，得出一个教育结论：教育对象在成长阶段需要鼓励、鲜花、掌声，所以教育者应当奉行赏识策略，且著书立说，竭力将其作为一种教育的普遍方法来推销。一个开明民主的社会，出现个把诸如“赏识教育”个人

---

① 肖川：《教育的智慧与真情》，33页，长沙，岳麓书社，2005。

观念与个体实践，是不足为怪的，奇怪的是这样一个缺乏教育常识的，仅仅是个体操作的经历与言论，竟被很多人甚至是教育界里的人所认可，这就说明我们还相当缺乏哲学的理性认识。众所周知，儿童的成长与发展，哪能只要甜果，不要苦药；只有进步，没有退步；只有表扬，没有批评，等等。现代社会教育，摒弃严酷体罚以及心灵施暴是必需的，但必要的批评、处罚以及爱的暂时剥夺也是必要的。“与对不合适的行为进行惩罚相对应的是惩罚的缺失。惩罚的缺失意味着对被禁止行为的默许。例如，当攻击性行为没有受到惩罚或人们对此反应冷漠的时候，观察者认为这种行为在相似情境下是可以接受并受到期待的。这意味着在班级中要尽早关注并制止早期的破坏活动。”①

有理性精神的人，在任何情况下，都能够听从理性的声音，防止非理性支配自己，有理性精神的人甚至可以为了捍卫理性的真理而献出自己的生命。“哲学解放了教师的想象力，同时又指导着他的理智。教师追溯各种教育问题的哲学根源，从而以比较广阔的眼界来看待这些问题。教师通过哲理的思考，致力于系统地解决人们已经认识清楚并提炼出来的各种重大问题。那些不能用哲学去思考问题的教育工作者必然是肤浅的。一个肤浅的教育工作者，可能是好的教育工作者，也可能是坏的教育工作者——但是好也好的有限，而坏则每况愈下。”②

在一个文化延续五千年、人伦人情浓郁绵绵的中国，当下最欠缺的不是文化传统底蕴、亲情脉脉，而是以理性的态度与思维来改进与完善我们的文化观念与生活方式。在世界上最大的教育国家里从事教育工作的教师，当下最欠缺的不是辛勤的付出、忘我的工作，而是从理性的角度与层面来检视、反省我们的教育观念、教育行为、教育效果与教育效率，特别是深刻思考：我们时间与精力的投入方向是否准确与值得？我们时间与力量的投入与实际收获是否成正比？

---

① ［美］格莱德勒：《学习与教学——从理论到实践》，张奇等译，304页，北京，中国轻工业出版社，2007。

② 陈友松主编：《当代西方教育哲学》，135页，北京，教育科学出版社，1982。

八、批判

批判精神是人类文明的重要标志之一。自人类拥有了批判精神，就仿佛掌握了普罗米修斯盗来的生命之火。正是这把熊熊燃起的火，有力地推动着人类社会的不断进步。

所谓批判，其实就是站在一个更高的层面上，对历史或现实作甄别和审视，对人或事进行分析和解剖，以期发现问题和解决问题。其最终目的是为了更好地发展，其着眼点是广阔的未来。批判的充分必要条件，是思想、人格和精神的独立，因此批判所引申出来的丰富内涵和积极意义，便远远地大于批判本身。如同一个精神健康的人闻过则喜一样，一个相对民主健康的社会也包容和原谅对它的批判。历史可以作证，迄今为止，还没有一个社会，更没有一个“伟人”正确得无以复加，对它或他的批判显而易见才是正确的。但要达到这一点是很难的。这就是为什么批判显得像空谷足音，弥足珍贵。虽然批判享受的待遇比下岗还糟，但批判实在是人类社会不可或缺的精神力量。对批判所持的不同态度和包容性的大小，几乎可以说决定一个人或一个民族社会的发展趋势。由此，我们敢断言：没有批判精神的人类，与木偶无异；没有批判精神的社会，是羊群的聚居地；没有批判精神的民族，注定要落后挨打；没有批判精神的人，不是完整意义上的人。

随着经济信息化、社会民主化和文化多样化进程的不断推进，个体的价值、尊严、地位、功能日渐凸显，传统信念、生活方式、领导权威正在接受着严峻的检验与挑战，每个人都有理由和机会在选择价值信仰与生存方式的基础上，对社会上的各种现象、各种观念发表自由的评论。肩负着培育下一代重任的教师，一方面也同社会大众一样可以对诸多现象发表意见；另一方面还必须承担着文化主流思想的传授与社会基本价值的引导，因此，辨别善恶、贬丑宏美、激浊扬清是教师不可推卸的职责。这要求教师必须具备必需的质疑批判的意识、勇气和思维。

批判需要意识。毋庸置疑的是，我们的教育在不断发展的同时，仍然存在许多问题。有些问题属于基础设施落后、教学设备不足的硬性障碍，有些问题则属于制度政策僵化、观念思想陈旧、专业素养不高等软性障碍。对于前者，我们通常看得比较清楚，而对于后者，对于发生在我们身上的一些缺陷、问题，有时则很难发现，需要有清醒冷静的鉴别与审视。如：针对“创办一流的学校”之类的口号，要客观细致地剖析，“一流”的内涵是什么？“一流”的形态是什么？“一流”的标准又是什么？在这些最起码的要素都搞不清楚、也不想搞清楚的前提下，大喊这些空而无当、冠冕堂皇的口号又有什么意思呢？充其量只不过是为自己壮壮腰、长长脸，糊弄一下人而已。“由于许多教育者缺乏澄清这些观念所必需的理解力和技术，面对这些观念，他们只能像失去方向的航船，随波逐流，继续为眼花缭乱的口号与包治百病的万能良药所迷惑。”①

批判需要勇气。放弃熟稔的教学模式，探索新颖的方法手段，借鉴他人的有效策略，克服内在心灵的思维模式，不仅需要具备与时俱进的精神与慧眼，而且还得拥有敢于转变自己、否定自己、超越自己的决心与勇气。因为理智上，许多人还是能够辨清、体认与识得道理的，但倘若让自己离开旧有的生活习惯与工作方式，追寻着正确的、应然的道路前行，并不是一件容易的事情。它需要在外界有效的督促或激励的基础上，旧我与新我之间经历一番痛苦、艰辛、反复的较量与角逐，意识与意志终于占了上风的时候，自我批判的过程才算是告一个段落。自我批判需要勇气，对外批判同样需要勇气。当各种五光十色、时髦时尚的观念思潮涌来时，当一些来自上级、来自权威的指示下来时，当面临机械僵化、根深蒂固的现实时，采取修正、改良甚至抗争是需要胆量和勇气的。有时尽管情形由不得我们，但至少我们内心是清楚的，并尽自己最大力量将其给教育带来的不良影响降至最低程度。“不论我们多么盲目，和怀有多深的偏见，只要

① ［美］奥兹门、克莱威尔：《教育的哲学基础》，石中英、邓敏娜等译，5页，北京，中国轻工业出版社，2006。

我们有勇气选择，我们就有彻底改变自己的力量。”①

批判需要思维。就要求教师能够辨别一般性思维与批判性思维，进而能够学会使用批判性思维。一般性的思维表现特征为：对事物的判断停留在猜测与偏好的层面上；对现象的认识滞留在归类、推断、联系概念的层面上；对人的判断表现在注意关系、假定的层面上；对观念的确立体现在确立观念无须说明理由和在没有准则的情况下做出判断的层面上。而批判性思维的表现特征为：对事物的判断上升为估计与评价的层面上；对现象的思考提升到分类与逻辑推断的层面上；对社会的认识升华到抓住原则与注意其他关系中的关系的层面上；对社会的理解呈现出假设、有根有据地确立观念和依据准则做出判断的高水平层面上。当教师学会使用批判性思维的时候，他的思维方式就由一维线性走向了多维复合，从简单机械走向了整体灵活，从表面肤浅走向了内部深刻，思维的推理、构建、探究功能得到了极大的体现。“当我们进行批判性思维时，我们需要协调运用多种多样的认知技能，它们可以被分为推理技能、概念建构技能、探究技能以及表达的技能。”②

“要养成自我批评的习惯，这对许多人来说是非常痛苦的（我们常花费较多的时间来辩护我们所做的事情，而很少人愿意来批评自己或找出自己的缺点）。”③这里所说的批判精神，就是对过去各个范畴重新衡量和估价，也就是对那些未经追究的范畴进行考核，探讨这些范畴在什么限度内具有价值与效用。批判是不接受未经考察过的前提的。它具有反对盲从、反对迷信、提倡独立思考的意义。18 世纪的启蒙学者开启了批判精神的先河。他们不承认任何外界权威，即使是宗教、自然观、社会、国家制度等方面

---

① [美]彼得·圣吉：《第五项修炼——学习型组织的艺术与实务》，郭进隆译，189 页，上海，上海三联书店，2002。

② [美]马修·李普曼：《批判性思维——功能何在》，载阿伦·奥恩斯坦等著：《当代课程问题》，226 页，杭州，浙江教育出版社，2004。

③ [英]理查德·普林格：《教师是研究人员》，载《现代教师读本〈教育卷〉》，352 页，南宁，广西教育出版社，2006。

的权威，一切都必须在理性的法庭面前为自己的存在作辩护。

台湾大学教授林冶平曾经深刻地指出："错误的前提，加正确的推论，加狂热的执行，等于万劫不复的灾难。"事实上，世上很多的谬论、弊端与邪恶，都是披着合理、正确、堂皇的华丽外衣，在正常合法的程序中得以一路畅行。近代史上的希特勒国家主义一度盛行，当代日本的泡沫经济的辉煌一时等都是明证。即使在教育界，也不乏打着改革的旗号在有意无意地做着干扰教育、伤害教育的事情。因此，教师具备一颗明敏的心灵和敢于担当的批判意识与勇气是十分难得与宝贵的。

九、中庸

世界上首次提出中庸思想学说的是中国哲学。《礼记·中庸篇》讲："极高明而道中庸"，"极高明"指的是世事洞察，万物通观。"道中庸"说的是行事圆融，不走极端。所谓"中"，是说凡事应有一个适当的"度"，超过这个"度"，就是"过"；没有达到一定的"度"，就是"不及"。处理事情，要合乎这个"度"，就是"执中"。"执中"就是讲究适时、适当、适度。所谓"庸"，就是传统，就是规律，就是不变的法则，也就是"中"的最高表现，是实现"中"的规律法则和途径。中庸之道是中国古代儒家人生智慧的核心理论，充分体现出儒家处理人际关系的最高的一种思维观念和行为准则，这个哲学意识对于今天教师的工作进展同样有着重要的指导作用。

2004年11月初，在杭州举行的"发展成功智力，构建现代学校"专题研讨会上，上海教育科学研究院副院长顾泠阮教授给与会者"假设"了一个故事，用以说明中美两国教育的不同。他说：在美国，一个老师带30个学生去海边学游泳，老师会一声令下，"你们一起跳!""你们要挣扎！不挣扎就要被淹死!"最后，20个孩子淹死了，10个孩子学会了游泳。而在中国，同样是学游泳，老师会手把手地教，再带他们去海边，结果，30个孩子没有一个被淹死，全部学会了。

顾泠阮认为，美国的30个孩子，虽然只有10人学会了游泳，但这10人一定很优秀，但却付出了淹死20个孩子的代价；而中国的30个孩子都学会了游泳，但付出了一部分孩子本来可以通过挣扎自己学会游泳的代价。两国的这两种教育模式，一种是接受式，一种是活动式，各有利弊，要善于合理安排、取长补短，寻找“中间地带”。在中美两国教育之间，可能存在一个中间地带，双方可以基于各自的本土文化，相互借鉴，取长补短，用以改进本国的教育教学。顾泠阮教授提出的“寻找中间地带”的建议，就是源于中庸哲学的思想，是一种不走极端而达到集大成的智慧。

在日常生活与教育实践中，教师经常遇到或亲历形形色色的分歧、对立和冲突：观念与行为、标准与实践、动机与效果、付出与回报等诸多的不一致、不统一现象，正视和处理这些势处两端、看似两难的现象，上策依然还是要遵循中庸适度的原则。因为中庸适度，处理问题不偏不倚，恰如其分，恰到好处。也就是把握准确的度，既不要不到位，也不要太过分，“过犹不及”。中庸之“中”，的确要求事物出现平衡状态，但它乃是一个动态的平衡点。犹如一杆秤，秤锤必依所称之物的轻重而在秤杆上移动，才能找准平衡点，从而把秤杆摆平，把重量搞定。假如中庸之“中”固定为折半以取中，那就犹如把秤锤固定在秤杆的中点，那你这杆秤就只能添乱而一点用处也没有了。

清朝时，安徽桐城有一个著名的家族，父子两代为相，这就是张家张英、张廷玉父子。康熙年间，张英在朝廷当文华殿大学士、礼部尚书。他家在桐城的老宅与吴家为邻，两家府邸之间有个空地，后来吴家建房，要占用这个通道，张家不同意，双方将官司打到县衙门。这期间，张家人写了一封信，给在北京当大官的张英，要求张英出面，干涉此事。张英收到信件后，给家里回信中写了四句话：“千里来书只为墙，让他三尺又何妨？万里长城今犹在，不见当年秦始皇。”家人阅罢，明白其中意思，主动让出三尺空地。吴家见状，深受感动，也主动让出三尺房基地，这样就形成了一个六尺宽的巷子。两家礼让之举传为美谈。

作为一个现代人，要处理各种复杂矛盾与冲突，更必须具有“度”的意识，注意把握分寸。假如事事处处都趋于极端，态度绝对化，做事没商量，一味任性妄为，那无论对人对己都是很不利的。所以中庸应是人类的明智抉择，对解决面临的各种矛盾冲突都是很有用的。培植中庸适度意识的修养，应当具有三个前提：

一是要有客观意识。坦然正视互不相同、各有特色、对立矛盾的事物和现象的存在，这是客观事实，谁也无法改变的，不以人的意志为转移，所以这个世界只能"和而不同"；二是要有忍让意识。处理问题最好彼此有益，实现"双赢"。"双赢"虽好，但有时实在做不到，为了避免冲突的恶性发展，造成严重的后果，必要时就只能单方面让步，达成某种妥协。无论"双赢"或单方面退却都需要一定的忍让。忍让的精神在东方文化中往往受到赞扬；三是要有修养与品格。孔子说："君子和而不同，小人同而不和。"(《论语·子路》)又说："君子中庸，小人反中庸。"(《中庸》第二章)可见要做到适度与和谐不仅仅是一个认识问题，还与人的品格、修养有关系。

个体的中庸适度的修养原则如果上升到人生文化的层面上，有时就会体现为"刚柔相济"、"相反相成"的思想："和"。"和"是中国文化和人生智慧的重要特征，其内涵十分丰富，充满了大智大慧的深刻哲理。"和而不同"的"和"，一是主张多样，二是主张平衡。对不同的意见，不同的事物，持以宽容的态度，"同归而殊途，一致而百虑"，提倡宽厚之德，发扬包容万物，兼收并蓄，淳厚中和的"厚德载物"的博大精神。就处世待人的方法论而言，和谐精神主张：一是要有独立见解，坚持己见；二是尊重别人，求同存异；三是要通过协商方式，增进共识，取得双赢。无论是在品质修养方面或是现实生活方面，秉持中庸适度的人生理念，不仅解脱了自己、方便了别人，使自己顺利走出郁闷和尴尬的困境，而且对于以后的人生发展也大有裨益，正如学者余秋雨所期待的那样："不孤注一掷，不赌咒发誓，不乞求奇迹，不想入非非。只是平缓而负责地一天天走下去，走在记忆和路途的双向路途上。这样，平常中也就出现了滋味，出现了境界。秋风起了，芦苇白了，渔舟远了，那里，便是我们生命的起点和终点。"①

① 余秋雨：《余秋雨人生哲言》，14页，上海，上海人民出版社，2006。

十、发展

如果说人们在众多领域里还存有不同的观点或看法的话，那么在“发展”思想的认识与实践意义上来说，人类确实已达成了一致的共识。学校不仅是学生发展的场所，也是教师发展的场所；没有教师的发展，就没有学生的发展。这一论断也已逐渐为人们所理解认可。在倡导、鼓励、欢心于教师发展的时候，我们一定要注意：在关心发展外在形态的时候，千万不要忘记发展的精神内涵；在追求发展数量的时候，千万不要忘却发展的质量；在热衷眼下发展的时候，千万不要放弃持久的发展；在谋求发展手段的时候，千万不要忽视发展的内涵。

关于教师应当具有发展的哲学意识的基本策略，北京师范大学学者肖川教授曾经有过精当的论述，现简要转述如下：

一是大量阅读，仔细咀嚼。现在教师的阅读量大多太少，原因固然是多方面的，比如工作量太大，心理压力太大，没有时间也没有心境去阅读。但缺乏阅读习惯是一个重要原因，这也可以说是我们的教育存在的一个缺憾：没有很好地培养学生自主阅读的习惯和品质……如何阅读呢？我个人的经验是要仔细咀嚼，再三玩味，反复推敲，需要掩卷沉思，一些经典的篇章和段落要熟读成诵。泛泛的阅读当然也必要，但如果没有“熟读精思、虚心涵泳、切己体察”，就容易流于浮光掠影、走马观花。

二是深入探索，自觉反思。在实际工作中，你总会发现一些问题，一些现象，你可以有意识地做一些探索：自觉地实践一些先进的教育思想，并不断地自我反思。有改变才会有成长，你总是要试图去改变一些做法，一些想法，而不是自我封闭，故步自封。比如，什么样的家庭里成长的孩子写作能力比较强？口头表达能力强的学生写作的能力是不是一定就强？语文的学习成绩与其他学科的学习成绩有多大的相关度？

三是及时总结，着力提升。要养成及时总结的习惯，收集、整理我们听到的、看到的、读到的价值的现象和表达。古人讲，聚沙成塔，集腋成裘，积累是十分重要的。在生活的各个方面，成功一定有方法，失败一定有原因。及时总结自己成功的经验和失败的教训，并上升到理性的认识，我们就获得了成长。没有经过理性加工的“经验”（经历和体验）就可能是混沌的、模糊的，所以，“经验的概念化”是智慧发展非常关键的一个环节。从感性到理性，这个认识过程不是一次就完结了的，不是一蹴而就的，而是一个不断修正和不断深化的过程。

四是团队合作，真诚交流。一个学校的教师应该是一个团队。团队成员之间的精诚合作，互相真诚的分享和交流，对于彼此的成长，有着十分重要的、巨大的价值。团队中有一种无形的力量使我们成长，因为在团队中我们形成了一种精神的氛围，一个心理的场域。有言道：湿柴在烈火中也会燃烧。①

确保教师的哲学发展观的合理性与有效性的主要策略有以下三个：一是发展不要过短。无论是从社会学角度或生物学角度来看，教师的发展应当是一生一世的事情，它既含有社会的需求因素，也包含着生命个体的需求因素。社会与个体的发展是没有穷尽的，教师的发展自然也是一维性的时间隧道，永远没有尽头，不能将教师的发展视为一朝一夕的事情。“无论人类是自觉地，还是不自觉地这样做，他们总是终生不断地学习和训练他们自己。这种学习和训练主要是通过周围环境的影响，通过亲身经验改变他们的行为、他们的人生观和他们的知识内容。”②二是发展不要过快。凡事发展总有规律，凡人成长总有秩序。如同人不可能跨越自己的童年期、少年期而直达青年期、中年期一样，发展也是要遵循一定的顺序、阶段、过程而一步步地成长、成熟起来，不存在一夜成熟、一天腾飞的现象。那种“半年一跨越，一年变个样”的口号，是喊给人听的，是虚妄荒诞的，是讲完之后不算数的。“过多的连续不断的改革势必扼杀改革，因为这样做不能给现有制度留下吸收新思想和使所

---

① 肖川：《教师成长的策略》，载《教育科学研究》，2004(4)。

② 联合国教科文组织报告：《学会生存——教育世界的今天和明天》，179页，北京，教育科学出版社，1996。

有有关方面都能参与改革过程的必要时间。”①三是发展不要过度。世界上的任何事物的发展都不能离开一定的环境与背景，再美丽的发展之花也是植根于现实土壤之中。因此，教师的发展意识不能脱离现实基础，不要过于激进，不要过于理想。“正如过去的失败所表明的，许多改革者采用的是一种过于激进的或过于理论化的方法，他们无视从经验中吸取有益的东西，或否定过去的成绩。因此，教师、家长和学生都受到干扰，不大愿意接受和进行改革。”②

在一些教师的心目中，发展就是学历的提升、职称的晋级、荣誉的获得、职务的谋取，这些外在形态的取得固然是发展标志的体现，但比这更重要的是发展精神的滋养、发展思想的形成、发展耐力的培植和发展欲望的呵护等。两者比较，后者更为自觉些、本质些、持久些，没有后者的奠基与支撑，前者是走不了多远的。“生长并不专指肉体，最要紧是精神的观念和知识能力的生长。但是这种生长，大部分都与人生愿望和冲动反对，所以不能专靠本能的发展，还要有自觉的努力。”③

教师读哲学和学哲学，不是为了丰富哲学与发展哲学，而是使哲学能够成为我们借鉴前人的思考来寻找幸福和解答困惑的最佳途径。从这个意义上讲，每个教师都需要哲学。正如学者周国平所言：“哲学是一种分身术，一个人有哲学思考的习惯，就能够把自己分成两个人，一个是肉身的自我，这个自我在世界上奋斗，在社会上沉浮，有时候痛苦，有时候快乐。另外还有一个我，是更高的自我，理性的自我，精神的自我。这个自我可以经常从上面来看肉身自我的遭遇，来开导他。”④没有哲学这个领域，人的灵魂就永远处在漂泊和无家可归的境地，永远没有可以停靠和安歇的

---

① 联合国教科文组织报告：《教育：财富蕴藏其中》，14页，北京，教育科学出版社，1996。

② 联合国教科文组织报告：《教育：财富蕴藏其中》，14页，北京，教育科学出版社，1996。

③ [美]杜威：《杜威五大讲演》，修订2版，胡适口译，267页，合肥，安徽教育出版社，2005。

④ 周国平：《周国平人文演讲录》，210页，上海，上海文艺出版社，2006。

港湾，对哲学的追求是我们教师为自己的心灵寻找家园所做出的一种努力。

“哲学培育我们，实为我们自己，不是为他人，哲学培育我们，是改变实质，不是改变外表。”①教育走向哲学，教师走向哲学，并不是让教师远离尘嚣，成为纯粹的理念人，成为哲学家，而是引导教师在教育、探索、求知的过程中不断认识自我、开放自我、超越自我，使自己的人生得以立足现实而又不局限于现实之境，能超越现实，脚踏实地而又能仰望星空，使人性焕发出诗意的光辉，使人得以“诗意地栖居于大地之上”。

---

① ［法］蒙田：《蒙田随笔集》，潘丽珍等译，174页，西安，陕西师范大学出版社，2002。

• 第二章
教师思想品质修养

一个教师真正的生命是什么？是躯体、家庭、财产，还是待遇、学历、职称？这些物质性的东西固然是我们教师生活中不可或缺的重要元素，但都不能代表或象征着教师真正的生命。从哲学的意义来考量，教师真正的生命是他的思想。一个教师有了鲜活独特、不断探索的思想，他就有了对人生、对生活的周到看法，就有了对工作、对事业的自主认识，因而，他就不会人云亦云、没有主见地从众跟风，或被他人牵着鼻子走，他也就能够在一种深入观察、独立思考与判断的前提下，自如、自在地诗意生活，自主、自由地开展工作。正如学者肖川先生所言："你真正的生命是你的思想，你的思想就是你的处境。理论、学说、观念、主张等等都不过是思想的表现形式。'思想'相对于'观念'而言，有更强的理性色彩。从制度设计到各种各样的游戏规则的制定，再到学术进步和科技创新，背后都是思想。"①

从生活的角度来看待思想，思想就是一个念头、一个想法、一个考

① 肖川：《教育的智慧与真情》，156页，长沙，岳麓书社，2005。

虑，它是对生活情景、自然现象和社会事物一个自然、本能、直接的反应；从学理的角度来看待思想，思想就是对所面临的一切疑难、困境、矛盾持有的认识评价态度以及探寻解决疑难、困境、矛盾途径手段的完整的思维过程，它需要在仔细地观察、客观地欣赏、反复地比较、冷静地甄别基础上形成自己独到的观点或判断，然后根据行为的需要，进行一番谨慎的求证、缜密的推理、理智的取舍，确定问题破解的方向或方案。前者凡人都有都会，不是我们所要讨论的内容，后者不仅具有认识层面的意义——对存在现象的周到全面感知与解读，而且还有实践层面的意义——对化解消除存在问题方法策略的思考与寻找，这种将认识与实践结为连理、问题与措施融于一体、起点与终点贯穿思索的思想，对于规律的深入体认、现象的完整把握、困惑的透彻思考、矛盾的巧妙化解有着极为重要迫切的认识价值与实践意义。因此，它是我们所要大力关注、精心培植、努力发展的。从学理的角度来认识思想，中国现代学者胡适先生是这样评论的："思想的起点是实际上的困难，因为要解决这种困难，所以要思想；思想的结果，疑难解决了，实际上的活动照常进行；有了这一番思想作用，经验更丰富一些，以后应付疑难的本领就更增长一些。"①在胡适先生这里，他将疑难的境地视为思想的境地，困难的感觉便是思想的动机，"便是思想的挑战书"。感觉了困难之后，我们便去搜求解决困难之法，这便是思想。思想是解决困难的工具。人类的生活若是处处没有障碍，时时方便如意，那就用不着思想了。

当然，除了认识意义和实践意义的功利用途之外，思想还具有自我愉悦、自我陶冶的精神享受价值。正如作家王蒙先生所言："思想的意义，在一个国家的政治生活、经济生活相对稳定的情况下，也可以不是直接地去解决一个社会问题、一个经济问题、一个政治问题，思想可以成为一种精神的享受，是一种精神的自我愉悦和充实，甚至于再说得过一点，思想

① 欧阳哲生选编：《胡适论哲学》，90页，合肥，安徽出版社，2006。

也可以成为一种精神的游戏。"①

纵览考察人们的思想状况，大体可分为如下四种类型：

第一种类型是"我言我思"，也就是"我自己思考我自己的问题"。所谓自己的问题，要拓展开来理解，本乡本土的问题、中国的问题、教育的问题、教师的问题等，都属于自己的问题。我思考我自己的问题，形成了自己的思想，言说自己的思想，这样的思想毫无疑问属于"原创的思想"，当然也是一种非常珍贵与完美的思想。

第二种类型是"我言共思"。言说者一开始是用他人的思想来思考自己的问题，但由于这种思考不是机械复制、盲目照搬，而是坚持以我为主、为我所用，结果也慢慢地生成了自己的思想，有了自己的看法，对人、事、物也做出了有一定深度的阐述，这也是一种富有见解与价值的思想。

第三种类型是"我言他思"。言论者一开始也希望我以"我言我思"的方式来独立思考自己的问题，形成自己的思想，但最终由于学养不厚、积累不够、实践不久、思考不深，终了还是提不出自己的见解与看法，在一筹莫展的前提下，只好不断地将别人现成的思想与主张拿来，供自己使用，这基本上就看不出自己的认识与观点了。

第四种类型是"他言他思"。发言者不去关注思考自己的问题，也不希望形成自己的思想，将心思与时间用来思考他人的问题和他人的思想，这种失去自我意识与自我问题的思想，严格意义上是不能称其为思想的。因为多样性、丰富性、异质性、独立性是思想存在的必然方式。

"思想是行为之母，思想解放了，行为也就不能再受从前的旧束缚了……思想解放以后，昔日受压制，作刍狗，只为他人做工具，没有独立存在价值的个人，一旦忽然变为宇宙的中心、生命的主宰，这是人类历史上一大进步！说得客气点，这至少也是人类历史上一大变动。没有个人解放，是不会有现代的科学的，是不会有现代的一切文化的。"②要想使我们

---

① 王蒙：《思想的享受》，载《光明日报》，2009－07－23。

② 张奚若：《国民人格之培养》，载刘铁芳主编：《新教育的精神》，84～85页，上海，华东师范大学出版社，2007。

每一个少年学生不仅学得文化知识与滋润科学素养，而且还具有独立人格与思想品质，教师理应先行一步，努力攀登人类思想的高原，领略那奇峰秀峦、气象万千、色彩斑斓的思想风景，感受那博大浑厚、运思精妙、智慧灵睿的思想光辉。

一、内修

世界主要是由两种形态的物质所构成，有形的和无形的。有形的是看得见、摸得着的东西，譬如高楼、轿车、金钱等物质性的东西；无形的是看不见、摸不着的东西，譬如精神、思想、灵魂、人格等非物质性的东西。有形的东西一般人们可以直接看到或感觉到，因而往往为人们所青睐；而无形的东西因无法直接看到或感觉到，因而往往为人们所忽视。有形决定生存，无形决定存在。如果谁缺乏了有形的物质，那他即将陷入生活的困顿；如果谁缺乏了无形的东西，那他就丧失了生活的意义，换言之，他很可能成为物质的奴隶、金钱的婢女。有形是无形的载体，有形是无形的灵魂。我们希望教师具备良好的思想品质，即不仅要注重、具备有形的东西，更要追求、修炼无形的东西；既使我们的物质生活过得有质量、有水准，也使我们的精神生活过得有品位、有韵味。

做一名受人敬仰与欢迎的好教师，几乎是每一位教师的人生愿望。但这个美好愿望的实现，需要付出很多，其中重要的，就是清醒明确地意识到必须不断地提升自我、改进自我、超越自我，矢志不渝、持之不懈地修炼精神、磨炼意志、完善气质。在这一点上，广东省潮州市浮洋区六联小学语文教师丁有宽可谓是精神品格内修的杰出楷模。

1951 年秋天，20 岁的丁有宽从土改工作队来到六联小学任教。1957 年因说了几句真心话，便被戴上“右派”帽子，从课堂上赶到了采石场。白天，凿石担石，劳动改造；夜晚，就着微弱的灯光整理教育故事，总结教育心得。这种日子一直持续到 1974 年“劳改”释放，重返课堂。那 17 年的艰难岁月中，丁有宽为了教改事业，走过了坎坷、曲折的路，尝尽了人间苦难，付出了血与泪的代价，但也换来了丰硕的成果：探索和提炼了“没有爱就没有教育”“面向全体，偏爱学困生”等教育思想，完成了“读写结合”的初试阶段和过渡阶段的试验，先后转变20个差班为先进班，转化了几百名后进生为优秀生，总结出“练好记叙文的17个基本功”和“寻美作文，练文炼人”的成功经验。几十年来，先后发表论文500多篇，出版了《我与顽童》《小学语文读写结合法》《小学生记叙文读写结合学习法》《小学生记叙文读写结合系列训练法》《丁有宽读写结合教学教例与经验》《丁有宽小学语文读写结合法》《小学语文读写同步系列训练》等教学研究专著。就是这样一位普普通通的农村小学教师，创下了当代中国教育界中的好几个第一：他是第一位两次(1979年12月、1989年9月)被评为全国劳动模范的小学教师；他是全国中小学教师中第一位被评为“国家级有突出贡献的专家”；他是第一位以个人名义主编语文教材获国家审定通过，并列为与世界各国交流教材的小学老师；他是第一位受省政府通令嘉奖、重奖的小学教师，被邓小平赞誉为“打不死的小学教师”。他荣获国家级和部级荣誉20多项、8枚金质奖章，立大功三次。规格之高，奖项之多，范围之广，实属罕见。

如果我们能像丁有宽老师那样，注重自身内在精神品格修养，身心内外能够做到中正和谐，即使天下大乱，在自己和天地万物之间，对自己的身心安宁康泰就不会有什么影响；如果自我的身心内外做不到中正和谐，即使天下治理得很好，自己的身心也将是不安和错乱的。无论治世、乱世，自己都应修德敬业，这样就可以在活着的时候尽伦尽职，在离开人世的时候将是很安宁的，所以张载《西铭》的最后两句话说：“存，吾顺世；没，吾宁也。”

人有三性：奴性、悟性、理性。所谓奴性，并不是“奴在身者”，真的给人做奴仆，而是“奴在心者”，精神上处于奴隶状态，依赖于外在的某种力量或者自身虚构的某种东西，受其精神奴役，缺乏精神之独立，思想之自由，属于盲目的本能的人。悟性，是悟己为奴，开始感悟到自己的奴性，争取精神的解放和思想的自由，然而尚没有达到理性的境界，对自身与外界尚没有深刻的系统的理解。理性，是达到了这种境界，对主观世界与客观世界及其相互关系有了理性的认识，成为自觉的理性的人。

教师的内修不仅止于完善精神、气象、人格方面，同时还应体现在提升学养、学问、学术方面。千万不要被一种误识左右了自己的行为——我已经获取了高学历，用不着再去进德修业了。学历的获取只表明了一种基本的入门资质，除此之外，它再也不能为你以后做任何的证明。而学养、学问、学术的酝酿形成，是一生的使命，需要一直地坚持吸取、积累、丰富下去，是一门永远没有结束的课程。在这方面，前辈们以他们的不凡卓见为我们做出了出色的表率。

数学大师华罗庚26岁去英国剑桥大学之前，已经在清华大学当助教，不过他的文凭是拿不出手的初中毕业证。也许学校考虑到，一张初中毕业证实在不太与大学助教相称吧，所以公派他去留学，他就这样到了剑桥。但是，华罗庚却没有珍惜这个拿博士文凭的绝好机会，他不愿意读博士，只想做个访问者。旁人不解其意，问他这是为什么，他答道："因为读博士只能读一门功课，而做访问者哪门课程都可以上。我来剑桥，不是为了得学位，而是为了得学问的。"所以，一代数学大师，终其一生，也只是一个初中毕业生。

近代中国史学大师陈寅恪。他说考博士并不难，死读三五年，那帽子就到手了，但是这几年被一个专题束缚住了，就没有时间去学习其他知识。所以，他20岁来到德国，也是东一榔头，西一棒子，这个大学读一读，那个大学看一看，广采博收，学了好几种语言，到后来，"满脑子"里头都是知识，"满脑子"上面却是个"光脑壳"，素面朝天，一顶"帽子"也没有。众所周知的鲁迅先生，到日本留学了几年，勉勉强强弄了个专科本本，不愿意再"深造"了。北大校长蔡元培，在国外也是喝了好几年的洋墨水，但是，他没拿硬货回来。他说："吾人到这里，是来学文化的，不是来拿文凭的。"

如果要拿如今所谓的高学历、洋学历论英雄，上述几位大师怕是没有一个合格。但如果拿他们的卓越成就来衡量个体的贡献，怕是没有一个人敢不服气的。由此不难明白一个事理：外在的学历、牌子都是一时的，起点再高，中途躺下不干了，那也是一事无成；内在的持续修炼是一世的，起点再低，只要不自卑、不气馁，最后还是能够抵达终点。

人在本质上就是一种精神生命的修炼。精神生命存在的基本标志是观念的诞生，没有观念就没有生命。我国哲学家牟宗三曾感慨地说：“一个民族到不会表现观念时就没有了生命。”在精神上价值的领域内，“眼见为实”的标准就完全不适用了。理想，信仰，真理，爱，善，这些精神价值永远不会以一种看得见的形态存在，它们实现的场所只能是人的内心世界。但这种内在精神的修炼与提升较之物质的获取与增多，不仅要付出更为艰巨艰难的努力，而且还需要长期的聚积与等待，正如王国维所言：“夫物质的文明，取诸他国，不数十年而具矣，独具精神上之趣味，非千百年之培养，与一二天才之出，不及此。”①

二、信仰

信仰是指人们对某种事物或思想、职业、主义极度推崇和信服并把它奉为自己的精神寄托和行为准则，即不完美者对于完美境界的永远憧憬和追求，是人类特有的一种精神活动。“信仰”一词源于宗教用语，宗教徒都是有信仰的，但并非有信仰的都是宗教徒。我们不否认世上有些人没有信仰，缺乏生活理解、事业责任与人生追求等。但我认为，教师应当属于有信仰的人群。人有了信仰，就有了人生明亮充实的终极关怀，就有了抵御外界侵扰的防线，就有了始终不渝、自我完善的灵魂追求，尤其是下一代人的和谐自由地成长就有了健康幸福的保障。“信仰是我的心灵，我的灵魂所需要的，而不是我的远见卓识所需要的。并不是我的抽象的头脑必须得到拯救，而是我的具有情感的、似乎有血有肉的灵魂得到拯救。”②

教育活动中的信仰由低到高可分为“相信”“信念”和“信仰”三个层面。

① 王国维：《教育偶感二则》，载刘铁芳主编：《新教育的精神》，215页，上海，华东师范大学出版社，2007。

② ［奥］维特根斯坦：《游戏规则》，唐少杰等译，112页，西安，陕西师范大学出版社，2006。

“相信”是人们在教育活动中形成的一种最初步的思想倾向和态度，是对教育活动的某种性质或状态的断定和肯定；“信念”是人们自觉坚持的思想观点，是人们开展教育活动的思想准则；“信仰”则是信念的提升与深化，是信念中的信念，是人们对某种主张、职业、主义的信服和尊崇。所谓信服和尊崇，其实是一种最高的自我状态，即信仰主体通过信仰媒介把自身的价值乃至整个人格全部地赋予、寄托和转移到信仰对象上，从而信仰主体和信仰对象处于一种绝对同一的状态。并不是所有的信念都能上升为信仰，只有那些具有极高乃至最高价值的信念，那些在精神领域中占主导和统摄地位的信念才可能成长为信仰。在教育活动中，这类信念指向两个方面：一是教育应该培养什么样的人？二是教育在人和社会发展过程中应发挥什么样的作用？因而，更具体地说，教育信仰就是对教育所要培养的理想之人及对教育在人和社会发展中应然价值的极度信服和尊崇，是教育活动中教师对人自身的信仰和对教育的信仰的统一。

“自我实现”作为认识自我和确信自我的信念时，是自能发展的原动力。在这个多元化的世界里，人们只有向生命回归，充分认识自我、确信自我，才能找到安身立命之所。教师担负着发展人的光荣使命，尤其要通过充分认识自我，向自我的生命要能量，要质量，坚信自己能够实现使学生发展的目标，并以此作为精神力量，去改造自己，提高自己，才能实现自我的发展。认识自我最终要定位于对自我的确信，而确信自我是对自我的肯定。教师要在对自我充分认识的基础上树立对自我的确信，这样才能强化自我的动机，使自己能够在基础教育观念、人才标准、教育体制、教育内容和方式等方面发生根本变化的形势下，发挥主体作用，把握机遇，开拓创新，努力创造出具有个性和特色的人生价值。

基于自我实现信念的理念，在实践中，我们建立了三个方面的信念系统：一是本身内在的条件和潜质系统，包括手、脑、人格、个性、情感、思想、创造力和主体精神等。教师要坚信之而发挥其作用，要提高其素质而维持和升华对它们的信度，这样才能使自我发展的力量始终涌动在生命的深处而永不衰竭。二是时代发展的状况和特性系统，包括时代发展的特点，发展中形成的问题和空白，尤其是发展对教育的要求和冲击。教师要确信时代愈是高速发展，愈是给人带来挑战、机遇和创新空间。只要找到挑战的高地，发现机遇和创新空间，就找到了自我的辉煌点。三是教育对象的可发展性和能动性系统。如果教育对象生命的条件和潜质与教育者同在，那么就意味着在素质上可与教育者共进。教育者的责任就在于以自我生命的催化剂注入教育对象的生命，催发其发展的可能性和能动性。

信仰是教师职业的客观要求。教育是“育人”而非“制器”。那么，教师依靠什么来引导学生成“人”呢？从教育现实看，教师主要依靠传递系统知识来引导学生发展。无可否认，知识是人之为人所需要的，尤其现代人更应该有丰富的学识。但“有学问”不等于成“人”。人是一种价值性存在，教人成人就是要引导人理解、创造人的价值。但知识是属于人的一种对象性的具有客观内容的意识形式，知识论只是把人生作为对象来认识，获得的是“人”的知识，但不一定理解人的价值。因此，教人成人必须超越知识论。信仰与知识不同，信仰是知识和实践行为之间一定的中间环节，它不单纯是知识，还充满人的意志、感情和愿望。信仰是一个人的基本态度，是渗透在他全部体验中的性格特征，信仰能使人毫无幻想地面对现实，并依靠信仰而生活。信仰本质是人对自我人生的整体性把握。因而，教育信仰突破知识世界进入人生的价值与意义世界，促使教师自我成人，进而引导学生成人。其实，教人成人不能没有教育信仰，伟大的教育家总有其坚定的教育信仰。孔子信仰“仁”和“礼”；卢梭信仰“自然”；苏霍姆林斯基宣称：我的教育信仰在于使人去为他人做好事，并发自内心深处去做，在于建造自我；雅斯贝尔斯说：教育须有信仰，没有信仰就不成为教育，只是教学技术而已。

教育是一种有信仰的事业。从实用的角度来看，教育的确可以帮助人们改变现实不利的社会地位，进而获取令人羡慕的职业，但这绝不是教育的全部应有之义。除了能够给人以知识、技能、谋生的本领之外，教育还承担着培植社会公正、涵养人类良知、匡正民俗风气、传播文明文化的重要使命，因此，帮助社会与个体辨别真伪事实、区别良莠现象、确立人生信仰，自然也是教育义不容辞的神圣职责。不可否认，实用的知识有时确能够改变人的命运，但如果缺乏健康积极的人生信仰的关照与统领，知识与技术有时也会走火入魔，助纣为虐。纵览当今网上泛滥成灾、无孔不入的病毒，哪一个不是知识与技术的高超使用？因此，教育事业的最终使命，不仅要成为人类文明知识、技术本领的温床与摇篮，同时还是道德人格、理想信仰的建设者与守望者。什么能做，什么不能做；人是目的，还是工具；什么最有价值，什么没有价值，等等，全面阐述、深刻解读、精心培植这些涉及人之为人的根本之道——人生信仰，是教育应有的天然之义。正如学者雅斯贝尔斯在其《什么是教育》中所言："教育须有信仰，没有信仰就不成其为教育，而只是教学的技术而已。教育的目的在于让自己清楚当下的教育本质和自己的意志，除此之外，是找不到教育的宗旨的。因此我们常听到的一些教育口号并没能够把握到教育的真正本质，诸如学习一技之长、增强能力、塑造个性、创造一个共同的文化意识，等等。"

信仰可以使教师的生活充满希望的阳光。从古至今，教师的生活质量、名望身份与社会地位从未升至社会的上流，有些时候甚至沦为社会的底层，但教师的社会功能、职责任务、价值使命于社会繁荣、家庭幸福、个体发展的重要意义，是人所周知的。这就是说，教师的作用与回报、工作与地位、收入与付出是不成正比的。"吃的是草，挤出的却是奶"可以说是教师的真实写照。在这种不成比例的职业生涯中，为了维护自己选择的职业尊严，为了保持自由平和的心态，为了坚守住这清贫而又神圣的教坛，教师尤其需要有信仰。"一个能够老老实实地说出他根本没有彼岸的信念和希望的人，只能是一个彻头彻尾的不幸的被造物。因为，对于生活不寄任何神圣的希望，不相信每一步都接近了彻底的解脱、最终结束存在的解脱，这在实际上只能是一种可怕的感觉，会使人失去任何生活希望。"①

① ［德］马克斯·韦伯：《入世修行》，王荣芬、陈维纲译，5页，西安，陕西师范大学出版社，2003。

信仰可以为教师的行为注入坚强因子。教师是要教人成人。要把学生造就成一种什么人，自己就应当是什么人。教人成人他必须自我成人，进而才能引导学生成人，而教人成人不能没有教育信仰。因为信仰是知识和实践行为之间的一定的中间环节，它不单纯是知识，充满人的意志、感情和愿望，信仰是一个人的基本态度，是渗透在他全部体验中的性格特征，信仰能使人毫无幻想地面对现实，并依靠信仰而生活。回顾过去与细察当代，总会有一些社会思潮、政治走向、生活习俗对教育有不公正的或片面极端的看法，这些都会给教师的职业态度与从业思想带来各种不利的影响。如何客观冷静、理智周到地看待自己所从事的职业并一如既往地、从容乐观地从事着教育工作，这就全靠教师教育信仰的支撑与保障。“个性的核心——思想上的坚强信念则是不可思议的；一个真正的人，宁愿自己被杀头，也不会背叛自己的信念；时刻准备着为自己的信念而斗争，捍卫它。”①

信仰可以使教师摆脱盲从。信仰是一个人经过反复思考斟酌而确定下来的一种人生选择，是引导人沿着既定目标前行的一面旗帜。一旦信仰的基石确立了，那么，无论外界环境多么恶劣，也无论时尚的口号多么漂亮诱人，信仰的旗帜会引导着教师避开险滩、穿越荆棘、驱走迷雾，平静从容地沿着自己确定的路线前行，支持教师在万花筒般的世界中拒绝各种诱惑，引导教师把自己生命所有的力量集中在人生理想和教育理想的追求之中，不断走向职业的高处和深处，对职业信仰才有职业的乐趣，对人生信仰才有人生的幸福。“一个仅仅跟着别人走的人，不会去探索什么东西，也寻找不到什么东西。”②

有教育信仰的教师，从获得教育学知识走向对教育意义的把握，他理解教育、理解人，他理解自己对社会、对教育事业的责任和义务，并使自己融入这一事业之中。他以自己的人格形成学生的人格，他用爱使学生形

① ［苏］苏霍姆林斯基：《怎样培养真正的人》，2页，北京，教育科学出版社，1992。

② ［法］蒙田：《论儿童的教育》，载吴元训选编：《中世纪教育文选》，修订2版，407页，北京，人民教育出版社，2005。

成爱，他使自己与学生一起成长。我们作为教师，永远都是过去与未来之间的活的环节，是克服人类无知与恶习的最重要的社会成员，是过去历史上所有崇高而伟大的历史人物与新生一代的中介人。世界名校英国伊顿公学教师的教育信仰是：希望每个孩子能够正确认识自我价值，使他们能够对社会贡献价值，而从来不把自己当成工厂生产线，为满足就业进行大量的生产。美国教师的教育信仰是学校可以培养不出天才，但可以培养好公民，公民培养好了，人才也就有了。

“教育不是简单的操作性行为，而是基于信念的事业。因为真正的教育是精神创生和灵魂的感召。如果教育只是一种简单的操作性行为，那么，我们完全可以用现代化的教学媒体取代教师。正因为人只能由人来建树，心灵只能由心灵来感召，所以，教师将是一个永恒的职业。没有教育信念的教师绝不可能成为好的教育者。而教育信念确立的基石就是对于理想社会和理想人生的祈望。”①教师做到有教育信仰，应当要正确地认识与理解信仰。第一，信仰是建立在一定的理性基础之上的，它与迷信完全是两回事；第二，信仰不一定就是宗教的，它可能包含着某些宗教信仰的基本元素，但远远大于和高于宗教；第三，信仰是一种精神向导，高于人生理想，具有最高性与永恒性；第四，信仰是灵魂的最终归宿，积极的信仰对个人、社会有着积极的意义；第五，信仰有真伪、高低、积极、消极之分，教师对此应有清醒认识。

总之，人应当要有信仰。美国诗人惠特曼曾说：没有信仰，则没有名副其实的品行和生命；没有信仰，则没有名副其实的国土。一个没有信仰的民族是可悲的民族。一个没有信仰的个体也是一个可悲的个体。人生在世，不能总是低头觅食，那样会矮化得像动物一般。人，总要仰望点什么，向着高远，支撑起生命和灵魂。仰望，从某种意义上说是一种精神上昂的生存姿态，它使生命战栗、贯注、凝神，形成张力，就像鲜花绽开、泉水喷涌。“人类有一种很普通的见解，以为人类社会目前的安宁幸福，

① 肖川：《教育的使命与责任》，31 页，长沙，岳麓书社，2007。

比天然界的事实真理更加重要。所以宁愿牺牲真理，来迁就社会暂时安宁，不愿意开罪别人，扰乱社会的秩序。于是遇事都弥缝过去算了。岂知这样保全社会秩序，将来最后算起总账来，格外加重，扰乱也格外厉害。故牺牲真理而迁就现状者，将来必加利还本。”①

三、捡起

社会每天都在产生着一些新事物、新制度和新产业，个体每天也都在增长着一些新认识、新技能和新信息，这是历史前进所必需的。但人们在往身上添加着一些新东西的时候，往往又从身上不知不觉地落下、丢掉甚至遗失了一些东西。在这些丢弃的东西中，有些是有用的、珍贵的、不该也不能丢弃的精神与品质。

人的生活容量与生活方式是有限的。你分配物质追求与创造的时间多了，你留给精神修养与享受的时间肯定就少了；你关注身外的名誉、地位、利益的事情多了，你眷顾内心的修炼、提升、完满的时候肯定就少了。在社会经济发展与人自然欲望本能的双重作用下，回顾我们走过的路程，我们教师都失落了且应当捡起些什么呢?

一位教师朋友乔迁新居，我前往祝贺。其新居装潢设计风格典雅，家具质地时尚考究，家用电器一应俱全，灯具款式别致新颖，壁画挂毯琳琅满目，总之，现代居家应当有的大体都已齐全了。但唯一缺乏的，就是书房与书柜。从职业功能上来看，教师大概应当是与书距离最近的社会群体了。对世界充满好奇心的儿童每天背着书包来到学校，殷殷期盼着教师通过书籍，去习得陌生的知识，去掌握生存的技能，去领略美好的人生，去构建美好的未来。如果教师家中没有书房，没有书柜，没有存储相当数量的、品类相当丰富的书籍，如果教师每天翻阅的只是单调的教科书、教学参考书与样式繁多的习题集、练习册，那么这种生存状态与工作形态恐怕

① ［美］杜威：《杜威五大讲演》，修订2版，胡适口译，130页，合肥，安徽教育出版社，2005。

很难与知识丰富、学识渊博联系起来，而似乎与简单机械、循环重复的体力劳作关系密切。

在正当享受物质生活的同时，教师还应该过上一种丰富、健全的智性生活。头脑是上天给人的一个恩赐，因为人有头脑，所以对世界充满好奇心、充满兴趣，能够进行独立思考。这是人类最可贵的禀赋，在运用这种能力的时候，本身就是一种快乐，一种享受。一般我们会误认为，人有头脑、会思考是为了解决自己的衣食等生活问题和对物质的欲望，似乎人类头脑的价值就在这里。我觉得这是本末倒置了。人有哪些精神能力呢？古希腊哲学家柏拉图把人的精神能力分为三种，智、情、意。“智”是指思考能力。“情”就是情感，人有情感生活，有对爱的体验，有对美的体验。“意”是指意志，就是能够支配自己的行为，按照道德做事，也就是对“善”的追求，这可以说就是信仰。所以，“智”“情”“意”就是人的智力生活、情感生活和信仰生活，这三种生活组成了人的精神生活。所谓的“丰富”就是指人应该过这三种生活，三者缺一不可。一个丰富、健康的智性生活，既可以让教师的生存方式与生活状态日趋和谐与完美，也使得学生充分享受到生活均衡、心智完善的教师教诲与指导。为此，英国教育学家沛西·能充满激情地鼓励我们：“我们巨大努力的崇高目标，是精神上的造诣，是个人的价值，不惜一切代价去寻找，不惜一切代价去追求，不惜一切代价去获取，不惜一切代价去保证。”①

凡教师都有告老退休、离开讲台的那一天。但只要你的工作渡轮还没有停泊靠岸，就应依然保持一种积极、主动的精神姿态，就需保持对工作的热诚与责任的敬畏。一位校长曾经撰文指出教师某些品质遗失的现象：学校里有几位老教师，觉得即将“船到码头车到站”，工作积极性明显不如以前，而且，对年轻教师也产生不良影响。于是，这位校长给他们讲了这样一个故事：有个老木匠准备退休，他告诉老板，说要回家与妻子儿女享

① [英]沛西·能：《教育原理》，修订2版，王承绪、赵端瑛译，15页，北京，人民教育出版社，2005。

受天伦之乐。老板舍不得他走，再三挽留，但木匠决心已定。老板只得答应，但问他是否可以帮忙再建一座房子，老木匠答应了。在盖房的过程中，大家都看得出来，老木匠的心已不在工作上了，用料也不那么严格，做出来的活儿也全无往日水准。老板并没有说什么，只是在房子建好后，把钥匙交给了老木匠。“这是你的房子，”老板说，“我送给你的礼物。”老木匠愣住了。同样，他的后悔与羞愧大家也都看出来了。他这一生盖了那么多好房子，最后却为自己建了这样一幢粗制滥造的房子。听完故事，几位老师们明白了一个道理，其实我们每时每刻都在为自己建造生命的归宿，今天的任何一个不负责任的后果，都会在以后的某个地方等着你。

教师应当清楚地认识到，教育应该面向人的一生，而不能只是锁定在世俗功利的需求上，把人的才能迅捷地换算成明确可见的实利。那种只关心学生的成绩与分数，只盯住了一个“才”字，而忘记了“人”字的教育，是“失去了价值的教育”，是“忘记了方向的教育”，是“丢失了另一半的教育”。美国前总统尼克松在他的《领导们》中说：“中国的教育制度可以为群众提供很好的教育，却失去了中国的达尔文和爱因斯坦。因为中国的教育制度过分强调每个人样样都好，样样搞统一，从小把他们训练得十分驯服，从小灌输要听大人话的思想，不容许有独立见解，更不允许有爱因斯坦那样‘离经叛道’的现象出现。这样只能培养出守业人才。”从今天的教育现实看，这个批评显得太温和了。如果只重视分数，而忽视了精神，只重视“才”，而忽视了“人”，这样的教育哪里仅仅是“失去了中国的达尔文和爱因斯坦”，仅仅“只能培养出守业人才”呢？我们失去的将会是千千万万合格的公民。

“世上尊贵的东西是这独一无二的精神的表现，世上丑陋的东西是模仿品，世上值得爱的是个性的天真烂漫的流露，是天下独一无二的特殊性，世上最应鄙视的是失掉自我。”①捡起一片落叶，你就捡起一个人生；

① ［日］小原国芳：《小原国芳教育论著选》（下卷），刘剑乔、由其民、吴光威译，吴光威、由其民校，124页，北京，人民教育出版社，1993。

捡起往昔的一个梦想，让青春光彩重新回到你的脸庞；捡起一个优秀的习惯，给自己人生立起一座丰碑；捡起失落已久的人生信念，让你的生命之舟驶向光明的彼岸。

四、放下

世间缠绕、困扰着人们的事情非常多——名誉、地位、利益、财富、烦恼、恩怨、顾虑、得失……无以数计。如果我们任由这些东西充斥填塞、影响左右着我们的心灵与情绪。有很多时候，教师离开学校回到家中，倍感身心疲惫、提不起精神。除了工作劳累之外，一个重要原因，是我们内心承担的东西过多，负荷过量，故而常常导致精神不振、心倦体乏。因此，教师应当学会解放自己、简化自己，将一些不必要的顾虑、欲望化解排出或暂时搁置一旁，将完美的心态、过度的想法打消或降低，让心灵轻松跳动，让情绪恢复平静，让面容绽放笑意。唯此，生活的天空才能彩霞纷呈，工作的过程才会游刃有余。如果凡事都计较、凡事都放不开，凡事都积压在心里，那既无益于身心健康，也无益于工作与生活。

佛家故事云：一老和尚偕一小和尚下山游方化缘，恰逢洪水，将小河上的桥给冲毁了，一个美貌女子正徘徊河边，无法过河。女子见了两位和尚忙道："两位师父，小女子想过河去，请问大师可否背我过河？"

小和尚心想，男女有别，男女授受不亲，更何况我们是佛门中人，更加不可近女色。

小和尚思忖之间，老和尚却转过身去对那女子说："女施主，老衲背。"

老和尚将女子背过了河，然后放下女子，与小和尚继续赶路。

小和尚不禁一路嘀咕：师父怎么了？竟敢背一个女子过河？一路走，一路想，最后终于忍不住了，说：师父，佛家有云，不可亲近女色，你犯戒了，怎么背女人了？

老和尚摇头叹道：我过了河就已将那位女子放下了，你怎么背了20里路还没有放下？

故事虽然出自佛门，但内中的警示启迪意义却是相当深刻的。生活在五光十色、错综复杂的现实社会，我们每个教师都时刻面临着一些棘手的事、难解的题、纷扰的忧、莫名的烦，怎么办？对于那些处在个人能力范围内的、目前能解决的问题，应当尽力尽早地去化解、消除，以减缓思想压力；对于那些超出了自己的能力范围、且目前尚不具条件克服的难题，暂且放在一边，不去想它，不用管它，千万不要将其时刻记挂在心头，使其成为沉重的心理负担。

面对现实的利益、地位、名誉与财富，入世的儒家、忘世的道家、出世的佛家都提出了各自的解脱之道。这其中禅宗“放下”的智慧非常值得我们借鉴。禅宗有则故事：当佛陀在世的时候，有位婆罗门贵族来看望他。婆罗门双手各捧一个花瓶，准备献给佛陀做礼物。

佛陀对婆罗门说：“放下。”婆罗门就放下左手的花瓶。

佛陀又说：“放下。”于是婆罗门又放下右手的花瓶。

然而，佛陀仍旧对他说：“放下。”

婆罗门茫然不解：“尊敬的佛陀，我已经两手空空，你还要我放下什么？”

佛陀说：“你虽然放下了花瓶，但是你内心并没有彻底的放下执著。只有当你放下对自我感观思虑的执著、放下对外在享受的执著，你才能够从生死的轮回之中解脱出来。”

在现实生活中，有很多类似这样的现象：地位、收入、等级、待遇、荣誉等，是个体生存不可缺少的，问题不在于要不要，而在于以怎样的心态、眼光、行为去对待这些物质享受的东西，换言之，是让这些物质的欲望牵着我们的灵魂与精力一直走下去呢，还是生存条件充分必备之后赶快放下，使自己心态轻松、脚步轻盈地修炼精神、做好工作呢？

思考人生，不仅要坚持朝前走，有时候还需要学会“开倒车”。“开倒车”也是人生的重要组成部分，不会倒车，就等于不会开车。在人生的道路上，既有平坦宽阔大道，也同样会遇到许多的弯路、窄路，甚至于“死胡同”。当一条路行不通的时候，我们需要把人生的车子停下来，倒一倒，转个弯儿，找个新的出路，再继续向前行驶。不然，我们就会在“死胡同”面前寸步难行。的确，我们许多人在人生的道路上，都急于求成地一心想着往前冲，却从不曾去想“倒一倒”自己人生的车子，从而常常使自己在不知不觉中陷于困境。须知，人生就如同开车，必须得学会“开倒车”。因为，有时“开倒车”，同样是为了抵达前方的目的地。

时间是很奇怪的东西。有人说时间是最好的药物，随着时光的流逝，各种情绪都可以淡忘。其实呢，有些情绪却是随着时间的流逝积少成多，甚至还会成倍增加。普通的一杯水有多重，每个人都可以轻松地拿起来，那些水的实际重量并不重要，重要的是你拿着水杯的时间，如果只拿一分钟，OK，一点感觉也没有；如果拿一个小时，你的手臂会疼痛；如果拿上一整日，那可能就要喊救护车来处理了。

其实，人的情绪和玻璃杯里的水差不多。如果长时间背负着很多思想重担，即使重担的重量不变，担子也会变得愈来愈重，最后重到负担不起。拿着玻璃杯时，要想减压就应该放下玻璃杯休息一下，然后再拿起来。当教师思想上有重担时，最好可以定期把担子放下，等自己松一口气，然后再挑起担子前进。

“看得开，放得下”，是一种大智慧，是心身健康、幸福恒久的基本前提。唐代名医孙思邈活了101岁。他在一篇《养生铭》中，就特别提到“勿被悲欢极”，叫人不要大喜大悲，不要为七情六欲所动摇，达到一种“看得开，放得下”，“不为物累，不为情迁”，自由自在、心无挂碍的境界。有专家指出，19世纪威胁人类最大的是肺病，20世纪威胁人类最大的是癌症，21世纪威胁人类最大的是精神疾病，这种说法值得深思。

联想我们平时的教学，总是面临很多“选择”，选择教学内容、方法、手段、形式……老师们对于精心准备好的教学内容有时很难割舍，往往导致教学任务完不成或画蛇添足，致使学生学习困难，阻碍了学生学习的积极性和兴趣。

在教学内容的选择与安排上要学会“放弃”。教学内容只选择有利于教学的，不合适的要舍得放弃。“两弊相衡取其轻，两利相权取其重。”我们经常看到很多教师在备课过程中认真研究教材，利用专业书籍和网络查阅资料，到音像店购买不同版本的音像资料。发现很多非常好的学习资源，在教学内容的选择上总是舍不得放弃，这样必然会造成教学内容混杂，重点不突出，目标不明确，教学效果不理想。

在教学深度把握上要懂得“放弃”。教了学生也学不会的还不如不教，也就是说，我们要教学生能完成的，放弃学生所不能完成的。既达到了教学目的，又能使教学顺利进行。这就需要教师在教学深度上懂得放弃。它不等同于浅尝辄止，而是一种量学生之力而行的教学行为，是让学生在课堂上轻松、快乐学习的一种教学理念！

在教学时间控制上要学会“放弃”。一堂课的完成，是在一定时间内很好地完成教学内容，而不一定必须把所有教学内容完成。同样的一节课在不同班级的教学过程中不可能完全相同，往往会“生成”一些新的问题，教师在处理这些问题后，面临剩余的时间要根据情况及时做出取舍，而不要向课堂有限的时间再增添内容，留给学生很多遗憾。如果教师能在有限的时间内及时调整教学内容，大胆舍弃已经设计好的一些环节或者是下课铃声中烦琐的结束语，相信一定会创造出一节节完整无憾的课。正如学者葛兆光先生所言：“这就是在思想史里面，实际上并不是只有加法，有时也有减法。什么是‘减法’呢？我是指，一方面在历史过程里面，被理智和道德逐渐减省的风俗、观念、知识，等等；一方面在历史书写里面，渐渐消失在历史记载里面，不再被记录的风俗、知识、思想和观念，它们被历史和历史学家减去了。前一个是在社会生产里面真的越来越少的东西，后一个是在历史书里面被忽略的东西。这些东西就越减越少，少到我们一不小心，就会忽略不计。”①

人是要不断前行的。心中的欲望太多，肩上背负太多，终会造成步履蹒跚，落伍时代。人的生活原本是简单的，心灵原本是简化的，如果搞得

① 葛兆光：《思想史研究课堂讲录》，320页，北京，生活·读书·新知三联书店，2005。

太复杂了、太奢侈了，结果是精神疲惫、身心憔悴。既然我们选择了教师的职业，那就注定此生大概与金钱财运、富贵荣华是无缘的。因此，心态应该是平和的，安稳的。把不该想的丢掉，把不该有的放下。只有放下那些复杂的、物欲的、享受的东西，我们才能神清气爽、脚步轻盈地朝前行走。

五、良友

人活一世，不能没有朋友。但朋友的类别与层次有着千差万别的区分。有以地位权势为轴心而结为朋友的，有以金钱利益为纽带而结为朋友的，也有以人格志趣为标志而结为朋友的，等等。教师作为社会的一分子，理应有自己的朋友，理应构建属于自己的朋友圈。我们希望教师交朋友时，不要只去找与你性情相近或只会附和你的人做朋友。好朋友有很多种：乐观的朋友、智慧的朋友、脚踏实地的朋友、幽默风趣的朋友、激励你上进的朋友、提升你能力的朋友、帮你了解自己的朋友、对你说实话的朋友，一句话：结交一些在思想、智慧、能力等方面比自己强的朋友。这样可以促使自己在与朋友的交往过程中多见识、长才干、益心智。

在中国近代史上，以人格倾慕、学术砥砺的真诚友谊而成为世间佳话的莫过于鲁迅与瞿秋白了。“人生得一知己足矣，斯世当以同怀视之。”这是鲁迅以清人何瓦琴的联句，书赠瞿秋白的条幅。鲁迅一直将瞿秋白视为肝胆相照、同心同德的朋友和同志。他们相识相交的时间虽然短暂，可是，相互间早已是心仪神往。在瞿秋白最困难的时候，鲁迅冒险给予他真诚、无私的帮助，使瞿秋白度过了他一生中“最惬意的”时光。瞿秋白被捕后，鲁迅心急如焚，一方面与陈望道相商，发起一个公开的营救活动，后来由于诸种原因而未能实现。鲁迅只得通过蔡元培，力图在国民党上层营救。一方面与茅盾、郑振铎等相商，筹划为瞿秋白出一本书。1935 年 6 月 18 日瞿秋白英勇就义。此时鲁迅也已是体弱多病、形销骨立了。但他硬是抱病忍痛，殚精竭虑，负责编辑、校对、成书的全过程。10 月 19 日，鲁迅也溘然长逝。从此，瞿秋白和鲁迅，一个长眠于汀江之畔，一个长眠于浦江之滨。斯人已逝，精神永存！他们之间披肝沥胆、生死与共的友谊，摆脱了世俗的利害，达到了圣洁的境界，值得后人永远追思和怀念！正如学者余秋雨所评价的那样："真正的友谊不依靠什么。不依靠事业、祸福和身份，不依靠精力、方位和处境，它在人性上拒绝功利，拒绝归属，拒绝契约，它是独立人格之间的相互应和确认。"①

从职业本身涉及的范围来观察，教师不属于与社会各阶层有着广泛而密切接触的一个专业群体。这既有不为社会所干扰的清静安宁的益处，同时也伴有交际机会偏少、朋友类型不丰的实际弊端。因此，主动地、有意识地去寻找结交一些思想丰富、专业精当、学有专长的人士为朋友，应当是有头脑、有见识的教师心中的一个夙愿。上海教育科学研究院副院长顾泠沅，早年只是一名中学数学教师。他之所以从上海市青浦县一名普通数学教师一步步地成长为博士、教授、博士生导师、上海首届教育功臣。据他自己讲述，是因为他一生遇到了三个好教师：一位是苏步青，著名的数学家，教他懂得如何做学问。苏步青教授的两句话给他的影响是终身的。一句是：做学问要巧用"零头布"，告诫他要充分利用生命的每一天、每一个小时、每一分钟。一句是：做学问要通透明白，不能一知半解，不能浅尝辄止。一个是刘佛年，著名的教育家，教他如何处世待人。一个是吕型伟，我国当代著名的教育专家，教他脚踏实地做专业、搞事业。由此可见，结识德业双馨朋友、聆听大家殷殷教诲，是教师发展自己、成就事业的一个秘诀。

综合考虑，教师的朋友圈子可以由下述类型构成：

一是成就你的朋友。他们会不断激励你，让你看到自己的优点。这类朋友也可称之为导师型。他们不一定是你的师长，但他们一定会在某些领域具有丰富的经验，能经常在事业、家庭、人际交往等各方面给你提供许多建议。人生中拥有这种朋友会成为你最大的心理支柱，也常常会成为能够"左右"你的"偶像"。

---

① 余秋雨：《余秋雨人生哲言》，151页，上海，上海人民出版社，2006。

二是支持你的朋友。一直维护你，并在别人面前称赞你。这类朋友可谓是“你帮我，我帮你”，相互打气，使得彼此成为对方成长的垫脚石。在一个人的成长过程中，朋友的支持与鼓励是最珍贵的。当你遇到挫折时，这类朋友往往可以帮你分担一部分的心理压力，他们的信任也恰恰是你的“强心剂”。

三是志同道合的朋友。和你兴趣相近，也是你最有可能与之相处的人。与他们在一起，会让你有心灵感应，俗称“默契”。你会因为想的事、说的话都与他们相近，经常有被触摸心灵的感觉。和他们交往会帮助你不断地进行自我认同，你的兴趣、人生目标或是喜好，都可以与他们分享。这种稳固的感受“共享”会让你获得心理上的安全感，因为有他们，你更容易实现理想，并可以快乐地成长。

四是开阔眼界的朋友。能让你接触新观点、新机会。这类朋友对于人生也是必不可少的。他们可谓是你的“大百科全书”。这类朋友的知识广、视野宽、人际脉络多，会帮助你获得许多不同的心理感受，使你成为站得高、看得远的人。

五是给你引路的朋友。善于帮你理清思路，需要指导和建议时去找他们。这类朋友是“指路灯”。每个人都有困难和需要，一旦靠自己力量难以化解时，这类朋友总能最及时、最认真地考虑你的问题，给你最适当的建议。在你面对选择而焦虑、困惑时，不妨找他们聊一聊，或许能帮助你更好地理顺情绪，了解自己，明确方向。

除此之外，还有一个最不容忽视的忠实朋友——自己。关键就看你是否善于做自己的朋友。要能够做自己的朋友，你就必须比那个外在的自己站得更高，看得更远，从而能够从人生的全景出发给他以提醒、鼓励和指导。事实上，在我们每个人身上，除了外在的自我以外，都还有着一个内在的精神自我。可惜的是，许多人的这个内在自我始终是昏睡着的，甚至是发育不良的。为了使内在自我能够健康生长，你必须给它以充足的营养。如果你经常读好书、沉思、欣赏艺术等，拥有丰富的精神生活，你就一定会感觉到，在你身上确实还有一个更高的自我，这个自我是你人生路上坚贞不渝的精神密友。

人与人之间有同情，有仁义，有爱。所以，世上有克己助人的善人和舍己救人的豪侠。但是，每一个人终究是一个生物学和心理学上的个体，最切己的痛痒唯有自己最真切地感知。在这个意义上，对于每一个人来说，他最关心的还是他自己，世上最关心他的也还是他自己。要别人比他自己更关心他，要别人比关心自己更关心他，都是违背作为个体的生物学和心理学本质的。结论是：每个人都应该自立。

一个人要跟比自己高明的人在一起，才会有所收获，有所长进。现在一些年轻的教师，总觉得年龄相仿才比较谈得来，不大喜欢跟年纪大一点的人交流，甚至拿代沟来做理由，这是一个不明智的现象。一个不懂事的人，再加上一个不懂事的人，又来一个不懂事的人，三个加起来还是不懂事，甚至是更加不懂事，又怎么会有长进呢？“人的一生要接触很多人，因此应该有两个层次的友情：宽泛意义的友情和严格意义的友情。没有前者未免拘谨，没有后者难于深刻。”①

小学的时候，学过一个成语“班门弄斧”。老师告诫我们：谦虚使人进步，骄傲使人落后。要记住：不要在大家面前卖弄学问。然而今天我想说的是——“不见鲁班不弄斧，弄斧必定到班门”。只有在鲁班面前弄斧，鲁班才能发现你的破绽，才能指出你的不足；你发现了自己的不足，才能纠正、改进、提升自己；这样你才能进步和发展。

六、寂寞

如今有一个社会现象值得我们思考：很多人耐不住冷清、孤单、寂寞。总想一夜成名、暴富、成功。人总是看到比尔·盖茨的成功，成为世界首富。但很少人知道他在创业之初也是非常艰苦、孤单、寂寞的。不仅是个体，很多机构、组织也是急切地盼望着三五年之内走上成功之路。这种现象在学校、在教师身上也是不乏所见的。

---

① 余秋雨：《余秋雨人生哲言》，151页，上海，上海人民出版社，2006。

德国古典大学观的核心概念有四个：修养、科学、自由、寂寞。其中，修养是其古典大学观的基本出发点和最终的归宿，它规定了大学教育的基本价值取向和培养目标；科学作为达至修养的手段，构成了大学的中心活动内容；自由和寂寞则关系到大学活动的形式，即教学、科研、学习活动得以进行的组织制度。对于修养、科学、自由的讨论，在今天的高等教育研究领域已经可以用“如火如荼”来形容，可是，关于“寂寞”的探讨却寥寥无几。我们认为，在市场经济的规则渗入到各个领域的今天，学校教育这个历来被人们视为净土的地方，正在经历着一场史无前例的改革。在这个过程中，寂寞这个古老的价值观应当引起我们教师关注，寂寞所蕴涵的极为丰富的精神追求、思想修养、人格成熟的元素应当值得教师深入思考。

第一，寂寞首先与精神的自由相联系，纷扰的社会生活会使人失去其精神的独立性。如齐默曼说：寂寞使人达到完全的独立……在寂寞中找到精神的自由。伽渥也认为，只有在寂寞和悠闲中才会有“精神和内在自由”。世上没有人能够忍受绝对的独处。但是，绝对不能忍受独处的人是一个灵魂空虚的人。有的人只习惯于与别人共处，和别人说话，自己对自己无话可说，一旦独处就难受得要命，这样的人终究是肤浅的。人必须学会倾听自己的心声，自己与自己交流，这样才能逐渐形成一个较有深度的内心世界。人生最好的境界是丰富的安静。安静，是因为摆脱了外界虚名浮利的诱惑。丰富，是因为拥有了内在精神世界的宝藏。

第二，寂寞与学者及学术相联系，学术活动的最佳条件是寂寞。齐默曼认为，“精神和心灵在寂寞中会变得宽广、活跃、颖慧、强健”，因此哲学家和诗人等“总是寻求和倾心于寂寞”。伽渥也说悠闲与学术是密切相联系的，学术是最需要悠闲的活动。当时普遍认为，大学应避开通都大邑，设在小城市，这也体现了寂寞与学术相关联的看法。古今中外，能够耐得住寂寞而成名、成家、成就事业的人不胜枚举。普鲁斯特就是因为常年患病，他闭门谢客，寂寞自守达 7 年之久，最终以 7 卷本的《追忆似水年华》而成为 20 世纪的伟大作家。因此，挪威科学家南森说：“人生至要之事是发现自己，所以有必要偶尔与寂寞为伴、沉思为伍。”事实上，干任何工作，都离不开耐得住寂寞，因为只有在寂寞的时候才能够看淡名利，远离浮华，才能守住灵魂深处的那份宁静和创造灵性，才有希望在自己的工作领域中真正开拓创新，做出更大的成绩。假如我们都能这样去认识寂寞、耐得住寂寞、拥有寂寞，又何尝不是一种幸福？

第三，寂寞有益于人的道德修养。伽湿说，对道德的反思宜于在寂寞中进行，而不是在喧嚣中，“良知的声音是轻微的声音，它在尘嚣中难以被听到”。当时流行的泛爱主义教育思潮也极为重视寂寞在教育中的作用，将寂寞、独处看成一种自我教育、修养身心及培养个性的途径。很显然，在当时，对于学术，对于学者，寂寞是不可或缺的生存条件，是一个积极的、有利于学术的因素。学者们只有达到生活和精神上的自由、寂寞，才能格物致之，探求真理。① 寂寞是一种智慧。善于发现“美”的雕塑家罗丹有独到的心得：“艺术是孤独的产物，因为孤独比快乐更丰富人的情感。”这恐怕才是一切有成就的人喜欢寂寞的真正原因。鲁迅就有这样奇妙的体验：“当我沉默着的时候，我觉得很充实，当我开口说话，就感到了空虚。”

如果说中国大多数教师目前缺少的是殷实收入的话，那么，大多数中国教师目前最缺少的恐怕是一种虔诚的耐得住寂寞的教育情怀。一位1968年出生的德国青年卢安克，毕业于汉堡美术学院工业设计系，认定自己是中国教育改革的一分子，尽管无人聘请，依旧不远万里，来到中国广西距南宁308公里一个叫东兰县城一个偏僻的山村，一面自费义务教育学生十年，一面开展他的教育实践研究，并且已经在中国出版了他的第一本书《与孩子的天性使命》。他现在的开销是由父母给的，每年4800元人民币，其中22%用于复印资料寄给别人，40%用于捐款，38%供学生和他个人用。他不喝酒、不抽烟、不吃肉、不赌博、不恋爱。他吃青菜，有时也没有青菜吃，吃红薯，也吃红薯叶，野菜有时也吃，有其他东西，就吃其他

① 赵映川、张天锋：《浅谈学术寂寞》，载《教学研究》，2005(5)。

的东西，几个星期之内都不换，但他从未改变对教育的执著热心与潜心研究。跟这位来到异国贫穷落后地区没有所图地、纯粹义务地投入到学校教育的德国青年相比，其间的耐得住寂寞清冷的精神品格取向就有了山高水低的差距了。

应该说的是，寂寞是一种环境，是一种历练，耐得住寂寞是做人、做学问、做事业都必须达到的境界。一代大师，学界昆仑钱钟书先生，无疑是在这方面可作为后人典范的一位。他少负盛名，但不为名利所动，而是潜心书斋，负笈海外，进一步提高自己。晚年更是能耐得住寂寞，拒不接受各种媒体的采访，不出席各种公共场合。有人看到他的文章后慕名来访，他说："何必非要看到下蛋的鸡呢？"他大隐隐于市，于大都市中避居一角，读书、静思，冷眼旁观人生与社会。因为他深深地知道："大抵学问是荒江野老屋中二三素心人商量培养之事，朝市之显学必成俗学。"他不愿成为主流，成为主流只能对思考、创作造成累赘。想必诺贝尔奖的得主们深知此点，他们齐声说："忘掉诺贝尔吧！"可谓是与钱钟书先生心有灵犀之语。要知道做学问、做事业是一项非常艰苦的探索过程，需要排除一切外界的干扰和诱惑，需要全身心的投入，更需要坚强的意志和百折不挠的努力，以此寂寞投阁，终于白首下书帷，才有可能做出一点实实在在的成绩。倘若背离其正道，醉心于镁光灯下，热衷于出风头，最终只能是一事无成。

其实，人们往往把交往看做是一种能力，却忽略了独处也是一种能力，并且在一定意义上是比交往更为重要的一种能力。反过来说，不善交际是一种遗憾，不能独处未尝不是一种更严重的缺憾。独处是一种能力，并非任何人任何时候都可具备。具备这种能力并不意味着不再感到寂寞，而在于安于寂寞并使之具有生命力。"独处是一种更重要的能力，如果一个人没有独处的能力，那么他丢掉的是灵魂，会变得浅薄。"①人在寂寞中有三种状态：一是惶惶不安，茫无头绪，百事无心，一心想逃出寂寞。二

① 周国平：《做一个有灵魂的人》，载《光明日报》，2008-01-10。

是渐渐习惯于寂寞，安下心来，建立起生活的条理，用读书、写作或别的事务来驱逐寂寞。三是寂寞本身成为一片诗意的土壤，一种创造的契机，诱发出关于存在、生命、自我的深邃思考和体验。“一个人，如果能够领悟名誉和寂寞之间的关系，两相淡然，他也就走出了病态，既不会萎缩，也不会嚣张了。”①

选择寂寞，就选择了平和与淡雅、沉思与反省、明天与未来。选择寂寞，不是矜持，更不是碌碌无为。现代作家姚雪垠有个座右铭：耐得寂寞，勤学苦练。这句名言告诉我们，要勤学必有寂寞，要苦练必要寂寞。人们常说“十年磨一剑”。就是说，轰轰烈烈，来自于默默无闻；一举成名，实现于扎扎实实；一鸣惊人，执著于平平和和。

“一个男孩子或青年人，若抱着严肃而有建设性的目标，一定甘心情愿地忍受大量的烦闷，要是必需的话。但若过着一种心思散漫、纵情泆乐的生活，一个青年人的头脑里就难于孕育有建设性的目标；因为在此情形中，他的念头所贯注的将是未来的欢娱，而非遥远的成就。为了这些缘故，不能忍受烦闷的一代，定是人物渺小的一代。”②任何一种事业的发展都有两种形态：一种是轰轰烈烈，热闹非凡，世人皆知；一种是冷冷清清，寂寞执著，知之甚少。前者声势浩大，但很少能够走远；后者虽不显山不露水，但内力十足，往往能够坚持下去。我以为：教育事业、教师职业不是唱大戏、赶庙会、涨大潮等热闹之事，三五个时辰便告结束，而是春风化雨、万物复苏、山泉流淌的细致清静之事，需要百年千年的积淀与造化。

七、投入

经济学原理告诉我们，想获取点什么，必先投入点什么；投入的大小或多少，决定着获取的大小与多少。种庄稼也是如此，除了播种之外，还需先用犁耙平整土地，继之施肥浇灌，不间断地打药驱虫治病等，这些都

---

① 余秋雨：《余秋雨人生哲言》，57 页，上海，上海人民出版社，2006。

② ［英］贝特兰·罗素：《幸福之路》，傅雷译，58 页，西安，陕西师范大学出版社，2003。

是投入，只有投入了，才能获得回报。做教育的也是如此，想履行“教书育人”的职责，必先有一个“读书育己”的投入。没有“读书育己”的投入过程，“教书育人”就成了一种装潢门面的摆设，缺乏实际意义和真正效果。

一是时间的投入。教师应当有时间观念，不仅要守时、惜时、爱时，更重要的是要成为时间的主人，要使时间变得更有意义，能够最大限度地赋予时间以宝贵和丰富的内涵。为了确保时间增值，教师一方面要为学生的发展而投入时间：备课需要时间，批改作业需要时间，辅导需要时间，家访需要时间，个别谈话需要时间……另一方面，充电学习需要时间，教学研究需要时间，外出进修学习需要时间……只有确保了时间上的投入，才能在教育教学服务中使学生获得更多收益，才能在专业发展过程中使自己不断进步。从某种意义上来讲，教师的生命是在一届届的学生成长之中得到延伸的，教师在教学中的时间投入无疑是在创造和发展着生命。时间是人的生命载体。能把握时间的人，会用事业去充实它，这样，时间就会载着他的生命走向人生的理想，甚至永恒的价值；不能把握时间的人，时间的列车将把他的生命载入空虚、堕落的黑洞。

二是精力的投入。精力的投入需要教师保持责任意识。责任是社会生活于该社会中的个体的一种规定，一种使命，是一种无可推托、必须完成的基本“任务”。精力的投入要求教师对事业有坚韧和执著，有强烈的责任心，有勤奋的工作态度，有敏锐思考的大脑，不懒惰，不三心二意，不随心所欲，特别是在对后进生的转化过程中更应有精力的投入。精力的投入需要教师具有耐得住清贫的情操与精神，努力抵制各种欲望的诱惑或干扰。苏联著名教育家苏霍姆林斯基担任乌克兰一所农村学校——帕夫雷什中学校长二十三年，他一直坚持不脱离学生，不脱离教学，担任一门课程的教学，还兼任一个班的班主任，从一年级一直到十年级直至学生毕业，将一生的精力都献给了帕夫雷什中学。二十多年中，经过他长期直接观察的学生就达3700余人，他和学生一起活动，一起读书，一起旅行，为每个学生书写观察记录，探索各年龄阶段学生的个性、心理和精神生活的发展规律。所以帕夫雷什中学这样一所农村中学不仅成为苏联当时最优秀的中学，也成为世界著名的实验学校。苏霍姆林斯基也成为著名的教育家。

三是智力的投入。教师在充分引导学生热爱、掌握科学文化知识的同时，还应当积极启迪学生思维能力、完善学生智力发展、促进学生智慧生成。智力投入需要不断学习。教师不仅要对学生学习负责，也要对自身的学习进步负责。教师只有不断地进行自我教育，自觉更新教育理念，持续改进教学内容、方法、手段，才能源源不断地获取高品质的文化修养、高水平的技能素质与高品位的情感涵养。智力投入需要加强研究。时代在变、社会在变、知识在变、学生也在变，这就要求教师在研究状态下工作，研究教育的新内容、新问题、新方式，研究学生的学习心理与成长特点，研究特殊学生的特殊教育方法，使教育更有成效。北京22中数学特级教师孙维刚，将毕生的智慧与生命投入到了教学之中。自1980年起，他教实验班数学并兼任班主任，从初一到高三，六年一循环。到1997年，孙老师共带了三轮实验班。十几年下来，实验班有了很多“不一样”。尤其是他的第三轮实验班，1997年高考，全班40名学生全部考上大学，38人达到全国重点大学录取线，22人考入北大、清华。1990年，孙维刚查出患膀胱癌，1998年又患直肠癌，8年间做了8次大手术，但是他硬是凭着顽强的毅力，同病魔进行了不懈的斗争，并始终坚持工作在教育、教学的第一线。而他的大部分成就，就是在他患病的这十年中取得的。在他去世后，人们根据他的教育智慧与教学实践总结整理出许多经验策略，其中典型的一个就是“复合学习模型”。它是由六种复合学习能力组成，即理解概念的能力、研究概念的能力、理解原理的能力、研究原理的能力、审题解题的能力和研究试题的能力。学生掌握了这个“复合学习模型”，提升的是自己的智力素质，这样就可以很轻松自在地运用到所有科目的学习中去，一理通，百理通。更为重要的是，它使学生在思维的根源上具备了面对问题、探索问题、解决问题的能力，它打开了思维的万千视角，让学生将这种领悟延伸到未来，受益终生。孙维刚生前最后一届学生王一惊闻恩师去世，悲痛之余，以一首《千秋岁引・悼师恩》词来深刻缅怀孙维刚献身教育、矢志不渝的至诚情怀：“风雨十年，耕耘半百，一派豪情不言败。春风入雨春易尽，春风易尽情难改。蓝制服，旧茶杯，应犹在。莫怨人生行路窄，且使博学迷沧海，一世辛酸化成爱。辞君行高映千古，师恩重痛心难耐。悄声闻，有风琴，竹林外。”

四是情感的投入。丰富的社会生活为人们提供着丰富的情感体验，使情感体验成为人类生活的重要组成部分。教师在教育教学过程中的情感投入，如同黏合剂一样使时间、精力、智力的投入产生合力。情感投入需要和谐。人生活在群体之中，为了使群体保持凝聚力、向心力，必须加强人与人之间的协作，通过协作得到和谐的人际氛围，感受到人与人之间的情感与温暖。著名画家丰子恺先生出版一本书，名为《我看弘一法师》，其中讲述了弘一法师的一段教育经历。弘一法师是中国近代一位有名的、半路出家的高僧，学理禅机、诗琴书画，无不精通。原名为李叔同，是一个俗家人。早年在杭州一所学校教音乐和美术。当他未执教时，学校里学生都瞧不起这两门课程。可当李叔同先生执教以后，全校学生都疯了似的爱上了这两门课程。一到下午四点以后，满校园全是琴声歌声；一到周末，全校学生都背起画板随他外出写生。夏丏尊先生曾经指出李叔同先生做人的一个特点，他说：“做一样，像一样。”李先生的确做一样像一样：“少年时候做公子，像个翩翩公子；中年时做名士，像个风流名士；做话剧，像个演员；学油画，像个美术家；学钢琴，像个音乐家；办报刊，像个编者；当教员，像个老师；做和尚，像个高僧。李先生何以能够做一样像一样呢？都是因为他做一切事都‘认真地，严肃地，献身地’做的缘故。”①

人生一世，须要做点事情。而想要做成一件事，一是须要投入时间，要舍得花时间去思考、去感悟、去开拓；二是须要投入精力，少做一点无用之事、无聊之事、无益之事，调集智慧与热情去做有意义、有价值、有情趣的事情；三是须要投入财力，要舍得花钱去购置书籍、器材、设备，来武装自己、提升自己。

---

① 丰子恺：《李叔同先生的教育精神》，载《现代教师读本〈人文卷〉》，292页，南宁，广西教育出版社，2006。

八、探索

“思想懒惰的人往往靠别人为他自己去思考和研究问题，而一个思想活跃的人却终生都在孜孜不倦地独立思考，独立研究问题。”①从本质上来考察，教师主要是靠头脑运转、智慧显现来教育学生的，语言表达、策略制定只是头脑运转的结果。因此，一个富有思想的教师，一定是一个勤动脑、善动脑、有思考、有想法的探索者。

教育不同于政治。政治是一种急促式的、暴发式的、改天换地式的活动，是一种刀与剑、血与火的活动方式，是以一类人或一类集团取代另一类人、另一类集团的活动内容，是以一种社会制度取代另一种社会制度的活动目的；而教育则是一种缓慢的、渐进的、润物无声的活动，是在摸索、寻求，使用新思想、新方法的同时必须依然采纳、保持和沿用有效的老传统、老策略的社会形态，是一种对好的教育对象殷勤教诲而又对不好的教育对象恪守“不抛弃、不放弃”的一视同仁的公正事业。由此看来，教育的禀性应当是温和与浸润的，教育的发展应当是渐进与缓慢的，教育的方式应当是继承与丰富的，教育的结果应当是长期与艰巨的。因此，在教育领域内无论开展任何内容或形式的教育实验、改革和探索，切不可轻易地采取否定式、标新式、暴风骤雨式的思维方式。

在如今基础教育强力推进、高等教育持续发展的时代，值得教师探索的领域非常广阔，教育使命、教育传统、教育内容、教育方式、教育环境如何认识与改进，教学目标、教学技术、教学资源、教学效率如何完善与提升，学生品格、学生情操、学生学习、学生行为如何培养与转变等，琳琅满目、不胜枚举，问题是吾生有涯，吾智有涯，探索有限。故而有思考、有主张的教师，是绝不会漫无目标、无所选择、随心所欲随便抓住点儿什么问题就进行探索研究，而是要冷静斟酌，认真思考，判断自己擅长

---

① ［德］第斯多惠：《德国教师培养指南》，载单中惠、朱镜人主编：《外国教育经典解读》，181 页，上海，上海教育出版社，2004。

什么、缺失什么，发现自己可接近、可支配和可利用的资源是什么，找出自己的兴趣点、关注点，然后结合自己的教学实际，有所针对、量力而行地选择若干个问题进行长期持久、执著不懈地收集资料、钻研思考、深度探寻，不仅要做到发现问题症结所在、理清化解矛盾思路、真正消解各种问题，而且在此基础上，还要力争总结提炼出针对解决此类现象、问题的有效方法对策、模式策略，形成有观点、有过程、有措施的一套非常实用、有效的对策机制，以供其他教师参考借鉴，使个体的探索价值实现最大化、最优化。

每个学生都是一个宇宙，无比神秘、奥妙无穷的宇宙。现代教师要充满对人这样一个宇宙世界的强烈的探索的欲望，其全部工作就是要探索和开发这个宇宙，让他变得更加美好。这就需要教师有持久的好奇心和强烈的求知欲。需要教师顽强而执著地保有童心、童真和童趣，因为教师面对的是童心，是成长中的心灵。教师只有走进孩子的心灵，才能与孩子的内心进行真正的对话和沟通。封闭、老道、世故的内心则只会停留在孩子们的心门之外。不能走进教育对象心灵的教育者永远不可能成为成功的教育者，其对教育对象的影响只能是沙滩上的印迹。所以，教师只有孜孜不倦地探索儿童的世界和客观的世界，以“有涯之生”求“无涯之学”，才能够站在知识的巅峰览尽无限风光，引领学生一步步去体会登攀的乐趣，欣赏路途的风景，直到有一天让学生享用“山登绝顶我为峰”的妙处。

中小学生最向往新鲜刺激的事物，也最富有冒险精神。面对网络之海，学生没有成年人的那种怀疑、怯懦、犹豫，不管以家长和老师为代表的成人世界如何担忧网络之海的危害，他们就像一块“干渴”的海绵一样，以惊人的“自学能力”或者“合作学习”能力迅速掌握上网技巧，以惊人的速度吸取着网络带来的各种信息。在多数家长还是“电脑盲”的时候，有的孩子已经成为网络的“弄潮儿”了。如果说刚刚学习上网的学生像一艘在知识海洋中随波逐流的小船，那么老师就应该做这艘船的导航员，为学生把握好方向并保证提供充足的燃料，并为孩子指引出一片纯净的海洋，让孩子在网海中遨游。因此，教师必须勇敢接受网络的挑战，成为学生“畅游网海”的导航者。无论是小学教师或中学教师，也无论是教语文、历史或教数学、外语的教师，熟悉现代信息资源种类，掌握网络通信技术，具备搜集、辨别、整理、储备网络信息能力与素养，都是一个值得开展探索研究的职业需求。利用网络资源为学生讲课，与学生一起徜徉于知识的海洋。每次课教师都要精心准备，从教案设计到背景资料的补充，从图片的展示到乐曲、视频影像的播放，从导言的精心设计到课堂知识的适度扩展，都要给学生带来一种新鲜、神秘和饱学知识的满足感。

探索本身只是一个过程，是一个中性概念，它没有正确与错误、优异与粗劣之分。正确的方向、时机与策略，探索的就可能会顺利地结出累累硕果；而错误的方向、时间与方法，探索很可能会无果而终。正确、及时、妥当地选择确定教学探索的目标方向、时间场合、方法策略，是每一个开展教育探索的教师不可忽视的关键问题。

既是探索，就是说或多或少、或直接或间接地要摆脱、背离日常的认识习惯与思维定式，采取一些超常规的操作规范和行为模式，如此很有可能会触动和改变教育既有的习俗、观念、套数，可能会导致一些管理组织、同行群体或一些个体的关注、议论甚至是挑剔或非议。对此，教师一定要有充分的心理认识与思想准备。这并不是说不去探索新观念、新思路、新手段，而是表明凡是有探索意识并将其变成探索行为的个体，多少都要面对一个时期、一定范围内的争议，这是不容回避的一个历程。正如学者余秋雨所言：“没有争议的行为肯定不是创造；没有争议的人物，肯定不是创造者。任何真正的创造都是对原有模式的背离，对社会适应的突破，对民众习惯的挑战。如果眼巴巴地指望众人的理解，创造的纯粹性必然会大大降低。”①

只要是探索，多少就会有一些变化、变动、变革，就会有一些新意、新事、新样，自然也就免不了会产生一些非议和非难，这是很正常的。因为探索的过程与结果总是要突破一些条条，打破一些框框，击破一些本

---

① 余秋雨：《余秋雨人生哲言》，33页，上海，上海人民出版社，2006。

本，热衷习惯于这些条条、框框和本本的个体或组织理所当然会不高兴。这就意味着探索不仅需要一种科学素养与学术品质，而且还需要坚韧的执著精神与无畏的勇敢意志。“创新品格是创新的思维方式、思维状态、思维水平、思维风格的总和。新的时代需要创新，教育就必须培养创新人才。因而，教师具有创新品格，就不仅仅只是看做一种能力，从育人的角度来讲，而应视为一种道德品质。具有创新品格的教师，喜欢挑战性工作；喜欢尝试困难和复杂的工作；追求高远目标，不怕挫折；善于接受新事物，不墨守成规，不迷信权威，敢于标新立异；富于想象，自信心强，具有竞争意识。”①

九、高贵

何谓高贵，《现代汉语词典》就精神层面的解释是：“达到高度道德水平的。”②结合生活实际而论，此解释显得粗略而不周到。高贵除了道德指向外，还应当包括文化与精神的蕴涵，有雍容、宏阔、大度、雅致等的元素在里面。这样全面周到地理解高贵，高贵就有了一种思想品位、文化人格的意蕴在里面，叫人颂扬、敬佩的同时，令人回味。法国思想家帕斯卡尔有一句名言：“人是一根有思想的芦苇。”他的意思是说，人的生命像芦苇一样脆弱，宇宙间任何东西都能置人于死地。可是，即使如此，人依然比宇宙间任何东西高贵得多，因为人有一颗能思想的灵魂。我们当然不能，也不该否认肉身生活的必要，但是，人的高贵却在于他有灵魂生活。作为肉身的人，并无高低贵贱之分，唯有作为灵魂的人，由于内心世界的巨大差异，才分出了高贵和平庸，乃至高贵和卑鄙。

教师是以一种文化人的身份和社会在对话，对人的成长过程进行着文化的熏陶。其精神与思想理应高雅与宏阔，其心胸与气质理应大度与别

① 张彦春、朱寅年主编：《16位教育家的智慧档案》，101页，上海，华东师范大学出版社，2006。

② 中国社会科学院语言研究所词典编辑室编：《现代汉语词典》，第5版，451页，北京，商务印书馆，2005。

致，其人格与理想理应尊贵与雍容。高贵，既是一种风度，一种仪态，一种气质，更是一种精神，一种境界，一种品格和修养。教师无疑应该是高贵的，因为教师如果没有高贵的品格和精神，就无法进行学生崇高境界、高尚人格的培养和先进文化的传播和创造。只有高贵的思想种子在教师的心田渐渐生根、发芽、抽枝、开花，我们才有望看到高贵在学生那里硕果累累。

很多时候，我们对高贵品格有一种高不可攀、敬而远之的感觉，这其实是缺乏对高贵内涵的真正理解和透彻领悟。本质而言，高贵的内涵就是自尊与尊人，高贵的体现就是信己与信人。只要怀有对人、对己、对事的一种高度负责任的意识，诚心诚意地履行自己的应尽之责与分内之事，都是高贵精神的表现。日本教育家小原国芳曾经讲述过自己少年时期的一件往事：

有一次父亲派我去山那一边二里左右峡谷处的老大爷家。那山有一百丈高，事情没有办成，我回来了，也没有回话。可是白天父亲什么也没有说。不过，父亲沉默不语的时刻，正是比什么都可怕的时候。

太阳落山了。父亲照例慢慢喝着晚餐的烧酒说："国芳，你过来。告诉我白天带来的回信呀。"没有回信。"再去一趟。"

我怎么也不会答应，于是想求得母亲的同情，可母亲却背过脸去，别无求助之门。不一会儿母亲用眼色向我示意"去吧"！

真是没有办法，我决定不管怎样再去一趟。离家走了二三百米刚要过村头的小桥，后面有人叫我，原来是母亲的声音。

当她刚要点上灯笼给我时，突然一阵霹雳："都是你，竟干这种事，所以才使孩子太不争气！"原来是父亲，他拔出日本刀，把灯笼砍到河里去了。

呀，真不得了。"我一定去，请原谅，请原谅母亲吧！"我这样恳求着扑向父亲。父亲勉强息了怒。我就独自一人借着星光到处摸索前进。就这样好不容易在半夜里才赶到老大爷家。老大爷也很惊讶。过了两三分钟由于父亲的突然出现更使老大爷惊讶不已。原来父亲一直跟在后面来的。[①]

从小原国芳的此番少年经历中我们不难看出，高贵品格精神的萌生与形成，是从一点一滴的小事起始的，是从日常生活和日常行为中渐次形成的，是从内心灵府中慢慢酝酿的。只要能够做到：说出的话要算数，要做的事情须做完；说错的话要改正，做错的事情要返工。这就是思想高贵的完美表现，正如海明威所说：错而能改，不蹈覆辙，始为真悔；胜人一筹，高人一等，妄论高贵；真高贵者，唯在于能胜己，汲取前路得失，以期后有所成。

历史上，许多举世闻名的人物都有身体上的缺陷。肢体的缺陷不足固然是人生的一个缺憾，但这个缺憾丝毫不影响人内在思想精神的独立与高贵。看重且珍惜内在的精神财富甚于外在的物质财富，这是古往今来一切贤哲的共同特点。英国作家王尔德到美国旅行，入境时，海关官员问他有什么东西要报关，他回答："除了我的才华，什么也没有。"使他引以自豪的是，他没有什么值钱的东西，但他拥有不能用钱来估量的艺术才华。正是这位骄傲的作家在他的一部作品中告诉我们："世间再没有比人的灵魂更宝贵的东西，任何东西都不能跟它相比。"

一个在法律和人格上没有独立地位和独立意识的人，无疑是不可能产生或表现出高贵的品质和精神的。所以，高贵的品质和精神又只能产生于具有独立自主地位和独立意识的人身上。而要使教师变得高贵，那最起码的条件就是要保证教师在社会上的独立身份和地位。如果教师没有独立的地位和身份，那就不能自主地按照自身的活动规律来组织自己的教育活动，不能按照自己的本质和宗旨来确定自己的活动和发展方向，更不可能产生出高贵的精神和品质来。

人在年轻时多半是富于理想的，随着年龄增长就容易变得越来越实际。由于生存斗争的压力和物质利益的诱惑，大家都把眼光和精力投向外

---

① ［日］小原国芳：《小原国芳教育论著选》（下卷），刘剑乔、由其民、吴光威译，吴光威、由其民校，163 页，北京，人民教育出版社，1993。

部世界，不再关注自己的内心世界。其结果是灵魂日益萎缩和空虚，只剩下了一个在世界上忙碌不止的躯体。对于一个人来说，没有比这更可悲的事情了。

高贵，曾经是许多时代最看重的价值，被看得比生命还重要，现在似乎很少有人提起了。中外哲人都认为，人要有做人的尊严，要有做人的基本原则，在任何情况下都不可违背，如果违背，就意味着不把自己当人了。今天的一些人就是这样，不知尊严为何物，不把别人当人，任意欺凌和侮辱，而根源正在于他没有把自己当人，事实上你在他身上也已经看不出丝毫人的品性。高贵者的特点是极其尊重他人，他的自尊正因此得到了最充分的体现。人的灵魂应该是高贵的，人应该做精神的贵族，世上最可恨也最可悲的岂不是那些有钱有势的精神贱民？

高贵是一种不随波逐流的精神风范，是从俗世的喧嚣扰攘中走向洁净和诗意的人格追求与人生态度。保持高贵，就是护卫着一种自尊、自爱、自重和自信。西方哲人海恩·泽曼这样告诫我们："当你周围的人们通过种种欺诈和不诚实的行为而暴富起来的时候，当其他人摇尾乞怜一心向上爬的时候，你要保持自己的尊严与清白，不要同流合污；当有的人靠溜须拍马换来一个又一个'成功'的时候，你要善于保持内心的宁静，不要因他人的这些成就而痛苦，当你看到有些人为了名利像狗一样爬行的时候，你顶住世俗的压力，敢于特立独行，出污泥而不染……"

十、境界

境界一词源于佛经，指人修炼的造诣程度。后来演化为日常生活用语，形容说明人的思想、技艺或学术水平达到大家公认的水准、层面或疆界。有境界者，往往谋事深远，根本不为眼前琐屑利益所羁绊；办事大气，能够游刃有余、宽容睿智地处理一切拦在前进道路上的棘手问题；成事自然，似乎在不经意间便取得了事半功倍的奇效。有境界者看重并不是外在的一事、一物或利益名誉的得失，而更在意内在的人格素养与精神气象的修炼与提升。如果想做一个有思想的教师，必须在生活、工作事业的境界方面有所感悟、有所提升。

自古就有许多关于人生境界的学说。中国现代著名哲学家冯友兰根据人对其所做之事的觉悟程度，将人生划分为四个境界："自然境界"、"功利境界"、"道德境界"和"天地境界"。西方丹麦存在主义哲学先驱之一克尔凯郭尔认为人生分为三种阶段：审美阶段、伦理阶段和信仰阶段。中西对人生境界的描述都将过度的物质享受作为一种比较低级的人生境界来看待，道家、佛家以及尼采的人生境界学说都强调对现有文化价值观念的批判、超越或重构，并且都用"婴儿"来比喻最高人格形象或人生境界。

木匠要锯子，漆匠要刷子。作为师者，要的就是知识丰富、精神高贵、智慧宽广深厚和风范优雅适度。而知识如何能丰富，精神如何能高贵，智慧如何能宽广深厚，风范如何能优雅适度，这可不是靠主观愿望就能达到的，也不是能买来能借到或能快速修来的。人与人有天壤之别，师者与师者也有天壤之别，能力上有多有少有强有弱，做人的境界和从业的境界上也就有了高低的层次之别，甚至是天壤之别。

假如我们把字分为上和下、贵和贱两种的话，"师"字无疑属于"上""贵"意义上的词，并且不是普通意义的，而是具有特别意义的至上和高贵。因此说，把"教者"称为"教师"，以与普通的"人"或"民"区分开，是整个社会对教者的特意的、专属的尊称。既然社会上大家都把您尊称为"师"，那么您就不应该在知识、精神、智慧和风范方面满足于以普通人的标准要求自己，而是要力求提高自己。同样作为师者，您就不能满足于做一个认识能力上和教育能力上处于低层次的师者，而应不断努力，使自己的做人境界、认识境界和教育境界不断提高，提高到更高的层次上，以对得起社会对您的敬重，或者实现社会对您的敬重甚至实现社会对您的敬仰。

衡量师者的教育能力和水平，大体上可以分为五个层次或者称为五种境界。当然越高的境界，越是值得为师者努力追求的。

第一种是东西的境界。就如同一个房间是由房子和许多家具组成的，有的教师名义上能把各种东西的名称叫出来，但实际上头脑中缺乏房子的全局观和对各种家具之间的关系，以及所有家具与房子之间关系的认识，也就是说这样的教师只简单地认识些东西，对属性不理解，对功用不理解，一些重要的东西可能会被他们简单的头脑完全看做是没有意义的摆设，因此这种教师的境界只能叫东西的境界。这种教师在教学上东拉西扯不着边际，基本概念含混不清，该一句话讲的内容三句话也讲不清楚，对学生的提问抓不住问题的本质解惑。就像在词语上把“与和于”“作和做”“和与合”等等基本的词义分不清一样，在范畴上把“职能和功能”、“必要条件和充分条件”“心理和心里”等等基本概念分不清一样。这样的老师，把房间里的扫炕笤帚和扫地笤帚分不清，把擦脚布和洗脸毛巾混用，把家具摆不对位置，把房间里整得乱作一团。跟上这样的老师，学生只有死记的分，只能得到一些死知识，甚至是错误的知识。跟上一个“糊涂虫”，学生的知识增长很慢，思维的效率和思维的智慧更不敢指望。老实说，这样的人作为教师是不合格的。

第二种是房子的境界。你明白了“东西”的境界，“房子”的境界就容易理解了。有些教师在教学中能够提纲挈领，把一门专门的课或专业课讲得条理分明，头头是道，就如同能把房子里的东西归置得整整齐齐一样，学生跟着他能够把房间里的一切看得和理解得一清二楚，知道房间里的东西谁轻谁重，谁在什么特殊时候有什么特殊功用，同时也能够进一步把各种东西各归其位，能够根据房子的原理而去建房子，能够靠思维的理解能力去统领知识而不是僵化死记，所学的东西不但正确、恰当而且牢固。这种教师的教学能力可以说达到了“房子”的境界。

第三种是院子的境界。院子里除了有许多房子，还有花、草、路、空地，又分属各种生活区，等等。一个教师除了具有把具体事物抽象为概念的能力和提纲挈领的能力之外，还能够具有举一反三、取象比类、融会贯通等等能力。那么，他就能够在把单个房子和单个生活区的意义讲好的基础上，还能把院子里的不同房子、不同生活区的意义给学生讲清楚，使学生不但微观上透彻了解具体的房子和生活区，而且宏观上能够熟悉和把握整座院子的结构，知道什么时候该进什么门，进什么门该用什么东西，所掌握的各种东西会去派做不同的用场，头脑中能形成特殊性、普遍性、联系性、统一性、随时性等众多抽象概念。那么，这种教师的教学能力可以说又比“房子”境界高了一个档次，达到了“院子”的境界。

第四种是田野的境界。比东西大的是房子，比房子大的是院子，而比院子大的当然是一望无际、广阔无垠的田野了。田野上小的说有山川湖海、飞禽走兽、生命万物，大的说有天空大地、气象万千、四季更替和万物轮转。一名教师如果能把这许许多多有形与无形的东西装在胸中，变成有条理、有逻辑又生动形象的语言，能恰如其分地合时又合地地教给学生，那么，这样的教师无疑就是真正地把学生领到了生命和生活的旷野上，没有任何的围墙和分界线了，万物在某时某刻虽各自为万物而在广义上合成的是一个生命的有机整体，万物的存在互相参照，世界的存在是不变中有变，而变中又有不变。这样的教师，他的教学在具有无限广阔性的同时还具有极大的灵活性，手到擒来，俯拾即是，无刻意的痕迹，然而对道的把握却无所不在，学生听讲就如同在欣赏美景。这样的老师，如果是教文学的，那么他具有“文学即生活，生活即文学”的思维转换和对学生进行传授和导引的能力；如果是教教育学的，那么他具有“教育即生活，生活即教育”的思维转换和对学生进行传授和导引的能力；如果是教历史的，那么他具有“历史即现实，现实即历史”的思维转换和对学生进行传授和导引的能力。具有这种境界的教师就不多了，教师职业的祖师爷孔子当然是，他的脱口秀性的《论语》就是凭据。可以说历史以来的古今中外的大教育家，都不同程度地达到了把教育与生活融为一体的“田野”的境界。

第五种是正反的境界(或有无的境界)。比院子大的是田野，而田野已经四望无际了，哪里还有比田野大的东西呢？还记得雨果的“比海洋大的是天空，比天空大的是人的心灵”的诗句吗？为什么说“比天空大的是人的心灵”呢？是因为人的理性或心灵能够把任何再大的物体抽象为一个概念，你再大，你不过就是我人使用的一个概念吗？哲学上有一个词叫“实有”“实在”“实体”或“实存”，就是指称空间上无限大小的、时间上无限长久的那种存在。与“实体”“实有”相对，人类还创造了“虚无”或“非有”这一概念。人是万物的尺度，人为了认识世界和把握世界，所创造的概念都是一对一的，如大小、先后、冷热、上下、进退、强弱、阴阳……等等，对这些概念之间的统一性进行理解，一言以蔽之就是“正反”——人类正是通过“正反”思维的能力，或者通过从思维上的“正反”两极看待万物的能力，才得以分解了本来作为整体的世界。这种“正反”的境界，既是人类认识和人类智慧的最高境界，也是为师者的最高境界。这样的师者，就不仅仅是能够把知识和生活打通的问题了，而是能够把“我”和万物打通，能够把“万物即我，我即万物”落实到日常的语言情境和生活情境之中。听他们的课，学生真正会接触到和感受到“化”这个词的含义，因为这样的师者是从“化”的角度来讲智慧的，那些极端主义者是当不了这种师者的学生的，因为这样的智慧是极无形而极有用的，以有形之心是无法靠近的。人类历史以来能达到这样境界的师者，敢说有几人呢？

对于一名普通教育从业者来说，你只要做到了第二种境界——“房子”的境界，就已经是一名合格者了；做到了第三种境界——“院子”的境界，就已经是一名优秀者了；做到了第四种境界——“田野”的境界，特别地恭喜你，你就是当然的和旷世的卓越者了；而至于第五种境界——“正反”（“有无”）的境界，做到做不到没关系，我们留着对它进行美的欣赏或者作为一个群体性的境界去追求吧！①

教师最朴实的理想就是做一个有教育境界的教育人。教师群体中只有极少数人能成为教育家，成名、成家不是衡量一个教师是否成功的标志，也不应当成为所有教师的理想。教师最朴实、最有实践价值和现实意义的理想就是做一个有教育境界的教育人。我们在现实中发现，教师非常认可这样的理想引导，认为它亲切、现实而富有品位。教师如果能拥有这份朴实的理想，努力去做一个有教育境界的人，他就会去不断完善自己的人格力量、刷新自己的思想和精神世界、坚持不懈地追求教育的高度，而追求高品质的课堂教学必然就会成为他的自觉行动。如果一个教师能有这样的

---

① 张进峰：《师者之境界》，载《太原师范学院学报》(社会科学版)，2006(3)。

教育境界和教育行动，那他一定会成为一个成功的教师、一个有教育作为和教育成就的教师、一个对社会有贡献的人。

提高教师的境界有何意义？它不仅关系到教师的存在方式和生命质量，而且决定着教育的质量和学习的深度。学生感受教师的人格美、智慧美、神采美、风度美、境界美，本身就是学习，并且是更深、更高、更远的教育和学习。正如作家王蒙先生所说的那样："大境界，就是说不争一日之短长，不计较鼻子底下那点得失，不在乎一时的被误解被攻击，赢得起也输得起，随大流得起也孤独得起，无私至少是少私故少惧，胸有大志则吾善吾浩然之气，总是能在不同的境遇中看到光明看到转机看到希望看到教益，叫做不可救药的乐观主义。"①彼岸，在佛语中是指一种崇高的境界，一种修行者穿越层层苦难，不断探索而最终达到的、超凡拔俗的境界。希望我们教育从业者能够树立一种境界意识，对教育情境经常开展心灵的妙悟反思，用瞬间闪现的灵感来体会出实际中所包含的禅悟智慧，以促使自己逐渐进入彼岸的理想境界。

---

① 王蒙：《王蒙自述：我的人生哲学》，134页，北京，人民文学出版社，2003。

第三章
教师智慧品质修养

英国著名诗人艾略特在他的《岩石》一诗中写道："我们在信息中失去的知识，到哪里去了？我们在知识中失落的智慧，到哪里去了？"诗人对智慧依依地怀恋与深深地呼唤，充分显示出在信息泛滥、知识爆炸的狂飙突进时代，智慧对于人们应对危机、走出困境、恢复自我、安顿心灵、滋养精神的紧迫性与重要性。

对于教育来讲，在知识之外有没有更重要的东西？为此英国哲学家、数学家怀特海曾明言：在你丢失你的课本、焚毁你的听课笔记、忘记你为考试而死记的细节以前，你的学习是无用的。在怀特海看来，重要的是对智慧力量的培养。正是智慧成功地引导着人们的心智活动，因此教育的理想就在于把一个孩子的知识转化为智慧。因此，估价一种教育是否真正有价值，我们最终要考察的，不在于其知识、课程、作业、考试，也不在于其教师数和学生数，甚至不在于其名校数。要估价一种教育，我们最终要考察的，在于它是否拥有智慧，因为只有教育本身有智慧，才能培养出智慧之人，而有了智慧之人，社会才能得到长足发展。所以教育中的智慧，是教育的本质和灵魂。

毫无疑问，若想真正实现富有智慧的教育，前提条件是要涌现出大量的拥有教育智慧的教师。目前的问题不在于智慧的教育与智慧的教师是否需要，而在于教育的智慧和教师的智慧是从哪里来？它们究竟是如何产生的？

也许有人会说，教师多学点知识，智慧就有了。但事实告诉我们：有知识不等于有智慧。一个人可能学富五车，但他不一定是智慧之人，因为他完全可能千万次地重复人家的思想，却自己不善思考，不去探究，更不会发明创造。相反，像苏格拉底那样，逢人便说我只知道自己一无所知，倒可能最富有智慧，因为他自认无知，所以总想与人理论，探究真理在何方。知识关注的是现成的答案、现成的公式、现成的历史事件的归纳，而智慧关注的是未知的世界，这就是知识与智慧的区别。

也许有人会讲，教师多掌握些技术，智慧就有了。但现实告诉我们：有技能也不等于有智慧。一个人学会驾车，学会电脑，但他却不一定富有智慧，因为他很可能是被迫去做，内心却对这些行当毫无兴趣，更谈不上从中悟出智慧。我以为，真正的智慧之人，都会对自己所从事的活动深感兴趣，他不是被迫去做，而是自愿去做，只要感兴趣，即使没有什么实际好处，也仍然乐此不疲，因为他从做的过程中体验到生活的愉快、人生的乐趣。还有什么比品尝生活的愉快和乐趣更接近智慧呢？此外，他也可能武艺十八般，谋生之道样样精通，但却思想贫乏，内心空虚，没有信仰，没有对真善美的渴望，你能说这是有智慧的人吗？

教师品德、教师备课、教师上课、教师学习、教师研究以及课程设计、专业知识、教学方法的思考与促进等，都是针对教师发展的某一具体的方面、角度或主题而开展的，而教师教育智慧的发展，探讨关注的不是教师的某一技能的掌握与提高，而是综合教师的各项基本素养与品质来丰富完善。只有当教师的思想人格、情感态度、知识经验、心理品质、策略方式积淀、丰富、提升到一定境界时，教育智慧的女神才会款款走近教师，赋予教师以成熟的品质、过人的睿智与全新的境界。

智慧一词的使用非常普遍，但对它的概念界定却不太容易。截至目前，尚未有一个大家公认的较为理想的定义。我们试从工具辞书与学者论述等两个渠道来看既有的概念界定。《现代汉语词典》云：“辨析判断、发明创造的能力。”①《辞海》云：“对事物能认识、辨析、判断处理和发明创造的能力。”②田慧生撰文指出：“智慧是个体生命活力的象征，是个体在一定的社会文化心理背景下，在知识、经验习得的基础上，在知识和人生历练中形成的应对社会、自然和人生的一种综合能力系统。”③刘创指出：“智慧属能力范畴，它是辨析、判断、发明及创造能力。”④

虽然上述阐述各有不一，但最终都将智慧归结为能力范畴。如此一来，则难免出现下列破绽之处：能力是可以通过直接培养授受而获得的，而智慧却不能通过直接培养授受而获得，这是众所周知的，而将智慧归结为能力范畴，是否表明智慧也能够直接培养授受而得呢？我们知道，能力是个体胜任某项任务的主观条件，只要任务具体明确，经过一定的学习培训，人人皆可具备某种能力；而智慧的内涵无疑要比能力宽泛得多，它不是一事一物的实际操作，而应是对事物本质与发展趋势的洞见与理解，社会领域复杂关系的厘定与把握，困难障碍消解措施的选择与判断，是支配、引导、提升能力的高级思维品质。现实生活也充分表明：具备某种能力的人，不一定具备某种智慧；而具备某种智慧的人，一定具备某种能力，显然，智慧是能力的上位概念，它不仅包含了能力，同时还体现出人的认知、经验、情感、思维与价值判断等。

基于上述认识，可以就智慧概念做出如下尝试性界定：“所谓智慧，是指个体在一定背景下所具有的洞察、领悟和判断事物的一种成熟完善的心智思维品质。”⑤其中“一定背景下”，指的是在特定文化传统、社会习

① 中国社会科学院语言研究所词典编辑室编：《现代汉语词典》，第5版，1759页，北京，商务印书馆，2005。

② 辞海编辑委员会：《辞海》，缩印版，2002页，上海，上海辞书出版社，2002。

③ 田慧生：《时代呼唤教育智慧及智慧型教师》，载《教育研究》，2005(2)。

④ 刘创：《教育智慧：教师专业素养的核心构成》，载《湖南师范大学教育科学学报》，2004(3)。

⑤ 裴跃进：《教师教育智慧内容构成初探》，载《中小学教师培训》，2007(8)。

俗、专业知识和实践经历中个体的生活、实践或专业经历。“心智思维品质”，其内涵包括人的文化认同、价值判断、生活经验、精神情感、思维模式等基本品质。具有智慧的人，在认识事物上，往往“能知常人所不知，能见常人所不见”；在处理事物中，往往是“情理之中，意料之内”；在处理结果上，往往能“运筹帷幄，出奇制胜”。因此，做个智慧之人，历来是人们的殷殷期盼。

对于教师来说，我们坚信陆游所说的“功夫在诗外”，没有任何一门课程可以直截了当地教给你教育的智慧。教育的智慧只能从浓厚的精神修养中内在地孕育和生长出来。教师的智慧不是生来俱有的。概览国内外富有智慧的教师，我们发现，就教师个体来说，教师的智慧来自敬业，来自高效，来自底蕴，来自好学，来自实践，来自研究，来自体验，来自明辨，来自胆识，来自创造。各人的背景不同，基础不一，智慧的形成往往带有个性化色彩。就教师群体来看，如果具备一定的环境和条件，也会形成教师的群体智慧。

一、积淀

人常说，“幸运女神偏爱有准备的人”。其实，智慧女神同样喜欢有准备、有根基和有积淀的人。因为积淀与准备，使人始终保持一种起跳的姿态，如同一辆装满燃料、点火发动的汽车，一旦时机成熟，便可即时出征。作为一名教师，如想在教育活动中焕发出智慧的激情与聪颖，取得良好的教学效果，教师须在如下三个方面有所积淀准备，不然的话，即使有绝佳的机会，也会错失良机。

一是积淀兴趣。兴趣是一切事业与智慧的先导，只有经历过一个“众里寻他千百度”的寻找兴趣与“衣带渐宽终不悔”的培养兴趣的艰辛过程，事业才有可能逐渐生成，智慧方有可能常来光顾。生物科学家达尔文之所以能够日后在生物研究方面取得天才般的智慧硕果，起因在于他自小对自然界的植物、动物、矿物具有浓浓的兴趣。“在这所学校念书期间，我对自然史，尤其是对于搜集工作方面，逐渐产生了浓厚的兴趣。我尝试着给植物规定名称，还去搜集各种各样的玩物：贝壳、火漆封印、免资印纸、钱币和矿石。我想要成为一个研究分类的自然科学家、古玩收藏家或者守财奴，这种欲望已经十分强烈，而且确实是天生的，因为我的姐妹和哥哥，全都没有这种癖好。”①兴趣爱好的特殊性，在于其本身就是一种精神力量，一种思想寄托，也是一种生活方式，它不以外力回应和最终效益为条件，最具个人特殊性，最具时间持久性。强烈的兴趣爱好与崇高的真理追求相结合，足以使人抵御清贫和寂寞的侵袭，甚至能不为逆境和苦难所屈。正是这种兴趣的长期积淀，最终酝酿催生出一代科学巨匠。

二是积淀责任。良好健康的兴趣虽说是成功的重要基石，但判断兴趣是否具有健康的价值与时代意义，所具有的兴趣在遇到挫折障碍、受到各种干扰或挑战时如何继续坚持下去，这就不能不涉及责任的问题。一个具有明确坚定的责任感与使命感的人，在选择确定兴趣时不仅思考个体内在的自由与愉悦，而且还会自觉联系到兴趣的社会意义与他人利益，力争使兴趣的价值最大化与最优化；在兴趣面临挫折与干扰的时候，会义无反顾地给兴趣注入顽强的意志与持久的耐力，支撑保障着兴趣顶风破浪一路前行。“责任心作为理智的态度的一个要素，指的是事先考虑任何计划中的步骤的可能后果，并且有意承受这些后果的倾向。”②

三是积淀资源。教育工作过程中教师应当注重资源的积累与运用，卢梭早在三百年前就明确地判断：“卢梭确立了三种教育资源：①自然，身体和能力的自发发展；②人类存在，人们在发展中所产生的社会影响；③事物，人们在周围的客观事物中所获得的个人经验。”③除了上述的资源内容类型之外，我们还应当特别注意掌握获取教育资源的途径与策略，书

---

① ［英］达尔文：《我有了极其浓厚的多种多样的兴趣》，载《现代教师读本〈科学卷〉》，毕黎译，59页，南宁，广西教育出版社，2006。

② ［美］约翰·杜威：《民主主义与教育》，王承绪译，195页，北京，人民教育出版社，1990。

③ ［美］奥兹门、克莱威尔：《教育的哲学基础》，石中英、邓敏娜等译，133页，北京，中国轻工业出版社，2006。

籍、报纸、期刊等文本的信息浏览积累固不可或缺，电子期刊、名家博客、专业网站等非文本的信息积累亦应当高度重视。只有及时掌握与大量积累优质的信息资源，才能使眼光与思维一齐拓展，思想与学养相伴成长。

对于大部分人来说，其智力的开发，只是很微小的一部分。就像一台电脑一样，它的硬盘可能有 20G，但是你也许只用了其中的不到二十分之一，对智力用得好的、智力资源开发的好的人，就会变得非常博闻强记，知识非常丰富。比如说现代学者钱钟书先生的知识就非常丰富！钱钟书在一次国际学术讨论会上，谈到一个意大利的古代诗人，他一开口就可以把这个诗人的许多作品背诵出来。据说，钱钟书上大学的时候，在图书馆里头和他的同学说这个书架上的全部书我都会背。他的同学于是就随意找出一本问第 245 页的第 4 行是什么，他立刻背了出来。

还有更早一点的近代学者辜鸿铭，那更是博闻强记、积累丰富。欧洲的几种主要语言他都会。他第一次见胡适时问他干什么呢？胡适说在北大教书。辜鸿铭就说我们是同事。又问胡适是教什么的，胡适说教西洋哲学史。他就改用拉丁语和胡适说话，胡适说：对不起，我不会拉丁语。辜鸿铭就说：你不懂拉丁语，怎么敢教西洋哲学史！辜鸿铭早年在伦敦坐地铁的时候，拿着《泰晤士报》倒着看。旁边的几个英国年轻人就笑，说他是猪尾巴(PIGTAIL)，因为他留辫子，说这个 PIGTAIL 不认字就不认了吧，还看什么报纸。辜鸿铭就用标准的牛津音告诉他们说：你们的英文太简单，正着看对我的智力是一个侮辱，你们这点事我两眼全看完了，倒着看还行。这种博闻强记、积累丰厚的智慧很是了不起啊。正因为他们广博丰赡的学识积累，促使其在各自的学术领域中收获了丰硕的成果。

理论知识、方法技能都可以通过一定程序的学习与练习即可获取，但智慧的获取与拥有必须是有心人、有志者经过长期兴趣、责任、资源的修养历练与酝酿积累，才能够逐渐地走近智慧和获取智慧。关于智慧特征的思考，“著名学者维果斯基从认知发展的角度描述了人类智慧的三个独有特征。第一，人类可以通过学习，了解过去的伟大思想家和科学家的一些发现、发明和理论观点……第二，通过借鉴其他人的经验(社会经验)，了解一些自己没有去过的地方和没有经历过的事情……最后，人类不仅仅使自己适应环境，而且还使环境适应自己，每当他们这样做时，会事先在头脑中建构心理模型。”①

“万丈高楼平地起”，“不经风雨，难见彩虹”，这些哲理成语其实都是阐述积淀、阐述准备的本质意义。观察检视世上的每一行业中的每一位出众者与优秀者，无不经历一个精神文化、心理认知、实践操作、策略探索的积淀与准备过程。

二、经验

凡有一段教育工作经历的教师，或多或少都有一些工作经验。但何谓经验，以及经验的内涵、种类、价值究竟是什么，并不是每一位教师都清楚的。我们认为，“经验”指个体的经历及其体验。对于个体而言，经验总是具体的、具象的、丰富的、鲜活的，具有个体性、独特性，具有情境性和现场感。经验是认识的门径，是理性认识、心智品质和理论思维的基地。没有经验就没有认识，就没有理论思维；没有经验，智慧就成了无源之水、无本之木。对于教育智慧而言，经验是个体知识、个体认识、个体感觉转向智慧的重要桥梁与中介。正如德国哲学家恩斯特·卡西尔指出的那样：“我们所称之为人类智慧的这种东西，绝不是一个独立的原始的才能。”②

从经验的来源来考察，经验一般可分为两种：直接经验与间接经验。直接经验即具体的个人直接经历并获得的体验。它具有亲历性、情境性(现场感)、具体性、个体性(丰富性)、原初性和缄默性等特征；而间接经验即用来分享的、他人的经历和体验，它具有外在性、概括性、抽象性、

---

① [美]格莱德勒：《学习与教学——从理论到实践》，张奇等译，2页，北京，中国轻工业出版社，2007。

② [德]恩斯特·卡西尔：《论人》，刘述先译，96页，南宁，广西师范大学出版社，2006。

简约性等特征。对于教师而言，直接的教育工作经验是教育智慧的酝酿、提炼和生成的基本通道。

如果说理性智慧建立在对知识的把握和学习的基础上，那么实践智慧更多的是在经验的基础上，是在个体经验感悟、教学反思基础上形成的教学智慧。如果离开了长期的实践探索，离开了对实践的反思，那么教师的实践智慧水平是很难提高的。从本质上讲，教育情境具有易变性、不确定性和特殊性等特征。这使教育情境很难从属于某种概括性、普遍性的教育规则。充满变化和不确定性的教育实践要求教师时时刻刻机敏地感知、辨别与顿悟当下教育情境。感知表明教师要抓住具体情境中的一切细节，思考该情境是怎样呈现出来的；辨别意味着教师要明白该情境和其他情境的差异，其间暗含了哪些行动可能，拟采取何种行动；顿悟意味着教师明白某个学生的某种表现和行为必然发生与“他是谁”相联系，从而形成特定情境的经历感和意义感。① 由此可见，洞察并解决当下复杂教育情境中的种种问题，仅靠公共理论原理、知识与方式是远远不够的，还得凭借教师自己根据问题的背景、性质与特点，在以往教育活动过程中不断积累下来的丰富工作经验中检视选择，经过一番精心地甄别、提取、优化与整合，组合成一个富有智慧的策略思路与解决方案，对问题进行有效地消解与排除。这一过程，既是优秀教师排解教学障碍、开展教育活动、凸显自身价值的过程，也是教育智慧诞生于教师个人教学经验的基本程序。因此，“就教师的个体而言，他最可宝贵的财富，就是他的个体经验，特别是那些值得总结、挖掘、提炼的优秀教学经验。在教学实践中应鼓励教师有个人风格。教师要学会独立思考，学会用自己的嘴巴说话，学会走自己的路，这是当前教育教学改革中应当倡导的。”②

除了直接经验催生教育智慧之外，间接经验也是智慧生成的一个舒适温床。间接经验是指他人或前人的工作体验与感受，虽说它不具备直接经

---

① 邓友超、李小红：《论教师实践智慧》，载《教育研究》，2003(9)。

② 田慧生：《时代呼唤教育智慧及智慧型教师》，载《教育研究》，2005(2)。

验所特有的鲜活性、内在性、现场性、生动性和即时性，但它的确超出了个体的局限性与狭隘性，具有普适性、概括性与简约性，更为重要的是，它既完全避免了不必要的直接经验的重复，而且还使得个体站在间接经验的起点上，使得直接经验的获取具有超越性与创造性。正如约翰·杜威所言："一个人直接经验的范围是非常有限的。如果没有代表不在目前的、遥远的媒介物的介入，我们的经验几乎将停留在野蛮人的经验的水平上。从野蛮到文明，每走一步都有赖于媒介物的发明，这些媒介物拓宽了纯粹直接经验的范围，把它和只能用符号表示的事物联系起来，使它具有深刻而又比较广泛的意义。"①

教师如想将教育经验真正培育为滋养教育智慧的中转站，就一定注意认真整理、总结、借鉴和反思自己或他人的经验，既要梳理每一个经验产生背景、环境条件、主观认知、操作策略与实际效果等系列发展程序，还要剖析、提炼、概括出具体经验的内在规律与精髓，以形象、简约、精辟的语言进行总结表述，这样不仅透彻彰显出经验的内在精神，而且也易于准确把握与交流分享。"把经验整理成一定的次序和形式，使经验最容易传达，因而最为有用。"②

经验既然是个体生活经历与工作体验的结晶，那就需要时间的打磨与实践的检验，缺乏岁月的洗礼与得失的验证，内心是不会有所感悟、有所印迹的，故而成熟的经验一般也就不会形成。这就提醒我们教师，一旦确定了要做的事情或努力的方向，就要执著地、认真地做下去，不要轻易地改弦更张，这样能促使我们对事物的体认更为深刻、把握更为精确，经验因而也就更加成熟与丰富。正如杜威所说："盲目的和任性的冲动，使我们急急忙忙漫不经心地从一事改做另一事。出现这种情况，事事都是昙花

---

① ［美］约翰·杜威：《民主主义与教育》，王承绪译，250页，北京，人民教育出版社，1990。

② ［美］约翰·杜威：《民主主义与教育》，王承绪译，11页，北京，人民教育出版社，1990。

一现，丝毫没有生长的积累。有了生长的积累，经验才具有生命力。”①

教育活动不同于政治活动。政治活动在需要的时候，可以通过剧烈的变革甚至改变社会意识形态或国家权力来实现其价值主张，而教育活动其本质是价值中立的，其价值主张应当超越任何一个党派、社团、宗教、种族的利益，昌明并传承着人类最基本的文明与尊严。因此，从历史逻辑与思维逻辑来看，教育活动应当是建设性的、渐进性的发展，而不是颠覆性的、变革性的发展；这种建设性与渐进性的教育发展，特别注重经验的继承与积累、创造与丰富。那种将逝去的社会形态里的教育形式与教育经验不屑一顾的观念与行为，都是很不明智的。如同杜威所说：“教育的工作是建设性的，不是批判性的。教育并不承担消除和修正旧的观念，但是它必须从一开头就尽可能地把新的经验建成理智的习惯。”②

“一盎司经验所以胜过一吨理论，只是因为只有在经验中，任何理论才具有充满活力和可以证实的意义。”③杜威之所以这样判断，是因为任何理论都起源于经验，任何理论的实际应用必须首先获得经验的认可，如果得不到经验的认同甚至与经验大相径庭，再完美的理论终将被拒之门外。这就给予我们两点重要的启示：一是要倍加珍惜我们有效的教育经验，千万不要轻易地放弃，有时候放弃了我们的经历与感悟，就等于放弃了我们自己。二是不要满足和固守已有的经验而不思完善、不思进步，说到底，经验的层次总是不圆满的、不成熟的，需要不断地完善与发展。只有这样，教育智慧才能在经验的逐渐提炼中频频显身。

三、问题

教师如想获取教育智慧，就必须学会用自己的双眼去发现教育问题，

① [美]约翰·杜威：《民主主义与教育》，王承绪译，153页，北京，人民教育出版社，1990。

② [美]约翰·杜威：《民主主义与教育》，王承绪译，287页，北京，人民教育出版社，1990。

③ [美]约翰·杜威：《民主主义与教育》，王承绪译，158页，北京，人民教育出版社，1990。

用自己的头脑去思考教育问题。面对价值观念多元化、信息来源多样化、学生个体自主化、教育环境复杂化的现实，教师所遇到的内在困惑与外在障碍将会愈来愈多，因此，教师不能没有问题意识，更不能没有思考和解决问题的意识与策略。随波逐流、随遇而安是教师发展的大敌，是教育智慧的大敌。一个智慧的教师就是一个问题意识鲜明的教师，就是一个善于发现问题、乐于思考问题、勤于解决问题的教师。如同胡适所说："问题是知识学问的老祖宗：古往今来一切知识的产生与积聚，都是因为要解答问题，——要解答实用上的困难或理论上的疑难。"①

一个具有探索价值和实际意义的问题，应当不仅包括个体与社会所遇到的各种困难、矛盾、麻烦与障碍，而且还隐含着困难与矛盾解决途径策略以及解决之后的理想结局。"一个问题包括三个部分：已知条件、目标和算子。已知条件包括要素、要素之间的关系、组成问题初始形式的条件和限制。目标是想要得到的结果或答案。算子指把初始状态转变为目标状态的步骤或程序。"②所以，有智慧的教师仅能发现和找出问题是不行的，还要能够寻找到解决问题的办法并能实现预期的目的。

首先要善于发现问题。有句话说得好，发现问题比解决问题更重要。其中的道理很清楚，发现问题是解决问题的前提，如果发现不了问题，解决问题就无从谈起。如今倡导教师要做一个研究者、思想者，而任何的思考与研究都是从问题的发现开始的，因此提出问题是思考研究的第一步，没有问题就不会有研究的冲动，没有研究的冲动就不会有研究的行动，也就不会有问题的真正解决。因此，胡适先生早就明确地指出："第一要寻问题。脑子里没有问题之日，就是你的智识生活寿终正寝之时！"③

其次要平和地看待问题。众所周知，工作过程中所面临的问题与矛盾不仅数量繁多、类型各异、主次不同，而且彼此关系与联系极为复杂。我

① 季蒙、谢冰选编：《胡适论教育》，52页，合肥，安徽教育出版社，2006。

② [美]格莱德勒：《学习与教学——从理论到实践》，张奇等译，209页，北京，中国轻工业出版社，2007。

③ 季蒙、谢冰选编：《胡适论教育》，53页，合肥，安徽教育出版社，2006。

们除了要用一颗平常心来看待问题，做到遇事不急不躁、沉稳冷静之外，重要的是甄别问题的属性、本质以及与其他问题相互牵涉的错综微妙的关系。有时主要问题居于主要的地位，而有时次要问题却支配着主要问题；主要问题在一个班级里是课程的进展，而在另一个班级里却是学风的改进；有些问题需要立即解决，而有些问题则需要“搁置”一下。因此，如果用简单的思维与机械的套路对待所有的问题，势必会激化问题或徒然增加问题。正如王蒙先生所指出的那样：“主要矛盾解决了，次要矛盾也就迎刃而解了——说实话我这一辈子还没怎么碰到这么便宜的事情。大多数，绝大多数是主要矛盾解决了，次要矛盾反而更加突出激化、更加麻烦了。”①

最后要细心地破解问题。工作中的种种问题有时在表面上是不能解决的，而只能在深度上解决；有时只凭一个人是不能解决的，而只能靠群体的智慧与力量来解决；有时用一种方法是不能奏效的，而只能是多管齐下与综合治理。在解决问题的程序方面，IT 精英李开复总结出的方法不失为一个有效的途径：“碰到问题时，你只要耐心地将它分解开，看看哪些部分是你可以影响的哪些部分是你可以关注但却无法影响的。然后，去努力争取那些可以‘间接影响’的问题，让它们变成可‘直接影响’的，同时把全部身心投入自己的影响圈——你可以在这样的过程中不断获得进步，这反过来又可以让你进一步扩大自己的影响圈。所以，不管一个问题属于上述三种中的哪一种，解决问题的第一步都要从自己的影响圈开始：先影响自己，再影响别人，最后才有可能影响环境。”②

研究问题，是世上的一门大学问，是任何一所学校所无法开设的一门课程，也是每一位教师必须感悟、掌握和运用的重要专业技能。问题的发现、体认、思索与研究，不仅可以使教师摆脱眼前的困境、走出迷惘的泥淖，而且还使教师的思想变得逐渐深刻、思维逐渐清晰、感受逐渐丰富、

① 王蒙：《王蒙自述：我的人生哲学》，231～232 页，北京，人民文学出版社，2003。

② 李开复：《李开复文集——与未来同行》，81 页，北京，人民出版社，2006。

策略逐渐高明。“仅仅领悟问题，并不总是足以认识其中困难所在，还必须加以思考，弄清楚其中所需的每一事物，使我们可以在某些较易发现者呈现时把它们略去，从所提问题中取消掉，使得剩下的只是我们所不知道的事物。”①

不仅认识到问题的存在，而且要对这些问题做出我们自己的解释；不仅要做出解释，而且要十分重视问题的不确定性、潜在的危害和其中蕴藏着的机会。教师具备教育智慧，并不是说他就没有疑惑和难题，而是说当他面临疑惑和难题时能坦然面对。这是一种大无畏，这种信念能够使他和周围的人保持冷静，保持清醒，保持慧力不灭。遇到问题不躲避、不退让，勇敢地去应对与解决，是一位教师的天职所在；能够积极主动地发现和寻找问题，并有创见、有效果地解决问题，是一种有胸襟、有见地的教师风采。有时候我们在问题面前显得拘谨无措或手忙脚乱，症结往往不在问题本身，而在于我们对待问题应有的宽容态度、学识修养与睿智策略。“我们在处理当代问题上的失败，根本不是由于缺乏事实，而是缺乏对与伟大而包容的思想有关的事实的运用。”②

四、洞见

对于复杂事物与纷繁现象，特别是面临一些重大判断与选择的时候，每个人都会有自己的主张。而事实证明，总有一些判断是正确的，而另一些主张是片面或不正确的。何以出现这个现象，是因为有些人对事物观察与判断具有与众不同的判断力与洞见性。所谓的洞见性，是指个体对事物的整体全貌有着准确的了解，对其本质属性有着深刻的体认，对事物的变化发展有着正确的预见。注重培育自己洞见品质的教师，其对教育的意义有更深刻周到的感悟，对教学过程有更娴熟得体的把握，对学生成长有更

---

① ［法］笛卡儿：《抽象、归纳、分析》，载《现代教师读本〈科学卷〉》，管震湖译，30页，南宁，广西教育出版社，2006。

② ［美］奥兹门、克莱威尔：《教育的哲学基础》，石中英、邓敏娜等译，28页，北京，中国轻工业出版社，2006。

及时恰当的帮助，其自身的品质素养中将会聚积起越来越多的教育智慧因子。

众所周知，具体情境下的教育现象总是复杂和多变的，需要教师经过一定判断后才能够对事情做出正确的处理，也往往有许多教师会因做出错误的判断导致错误的行为而追悔不及——事实上，几乎没有哪一个教师没有出过错误。教育判断是教师的教育知识、思维能力、机智应变等多方面的表现，教育事件往往都是突发的，要求教师冷静理智地应对，应有对事情的全面广泛的了解和较为深刻的考虑，而不是仅凭感觉的武断。教育判断需要审慎的智慧，同时也是自然地、“下意识”地发生的。在这一点上，有经验的教师和新教师的区别就在于，有经验的教师能较好地把握偶然事件背后的必然性，能够很好地运用直觉判断，而新教师则更多地需要理智的分析以及事后的了解和思考。“法拉第教授在皇家协会所作的关于智育的演讲中说得好：智慧上一个最普通的毛病就是缺乏判断力。他说：‘整个社会不只不懂得判断力的培养，而且不知道它不懂得。’”①

依照道理，学校应当将人道思想、文化知识与社会生存策略正确科学地传授给下一代，但由于种种原因，有时候学校并没有很好地做到这一点。除去人类认识水平与事物发展规律的局限因素之外，一个重要原因，是我们在教材编写与采用、课程设计与改进、教学方法选择与使用、自身素养提升与更新等方面明显存在着缺漏与不足，尤其是追求进步、不懈更新、崇尚完美的敬业精神与吃苦品质比较匮乏，因而导致在教育过程中还存在着不少人为的、低级的知识传授与方法使用等方面的错误。如我们以前学校课本中曾讲述过一个事例：宇航员遨游太空时可以看到地球上两个人造建筑：一个是中国的万里长城，一个是埃及的金字塔。这本来是外国宇航员返回地球后的一句戏言，但我们的教材编写者既不去求证于相关专家，也不用科学常识去进行推断，便随手将其引入课本之中，并延续了很

① [英]赫·斯宾塞：《斯宾塞教育论著选》，胡毅、王承绪译，41页，北京，人民教育出版社，2005。

多年。诸如此类完全可以避免的知识错误是无法统计的，而由此给儿童成长带来的危害同样是无法计算的。学校昌明科学的场所，课堂是宏扬正道的舞台，教师是言行准确的楷模。因此，要将一切不文明、不科学、不正确的言论与行为减少且降到最小程度的使命是任重道远的。“我们的知识世界里，有很多常识、有很多历史定论，过去我们并不去想它对不对，但是现在回过头来仔细思考，就会发现，有很多东西是可以怀疑的。”①

但是，仅仅做到思之有理、言之有据、行之有道还是达不到洞见性，教师要想抵达教育智慧的高原，思考的深刻性也是洞见的一项重要指标。此间的“深刻性”除了一般意义上的“由表及里”的认识递进、“入骨三分”的深入剖析的含义之外，一个重要的本质内涵就是善用“减法”。何谓“减法”呢？就是将人云亦云的意识减去，将传统习惯的思维减去，将权威优势的观念减去，将通俗流行的行为减去……只有将覆盖在上面的一切浮华、虚荣、干扰与肤浅一一减除，深刻的本相才能逐渐显出身来，才能为我们看清楚，教育智慧才也逐渐地走近我们身边。“智慧说，我并不与精明同一。智慧要求有洞见、技能和才智。然而，智慧经历它们又超越它们并且抵达实在的另一不同层次，另一深度。”②

洞见的另一个珍贵属性是及时性。古语讲“事后诸葛亮”，是说事情发生或结束后能够讲述事情原委的并不是智者，而事先能够预料到事物发展走向与结局的才是真正的智者。古人所云“未雨绸缪”、“见微知著”、“防微杜渐”等，就充分彰显出教育智慧的及时性和预料性的本质价值。从社会学、心理学、教育学、现象学的角度考察，学生的社会意义就是成长与成全，而任何一个学生的成长与成全发展的线路都不会是直线，而是曲线。教师洞见的重要职责是：在学生即将偏离成长的主航道时，敏锐及时地发现苗头，迅速地采取干预措施，除掉与屏蔽各种诱惑因素，使学生远

---

① 葛兆光：《思想史研究课堂讲录》，54页，北京，生活·读书·新知三联书店，2005。

② ［西班牙］雷蒙·潘尼卡：《智慧的居所》，王志成、思竹译，3页，南京，江苏人民出版社，2004。

离危险。由此看来，教师教育智慧不单单是独善其身的个体聪明，而且还包含着引导、帮助、支持和关怀学生。如同教育学者马克斯·范梅南所指出的那样："教学上的聪明不纯粹是知识意义上的聪明，教学上的聪明是指充满智能的敏感性。当一个教师对阻碍孩子变得聪明的因素敏感时才是个聪明的教师。"①

上面所述，仅仅是眼前对洞察力属性的一些初步认识与体会，要想彻底地揭开覆盖在洞察力上面的面纱，对其进行更深入细致地研究与了解，还需要我们执著的观察、冷静的思索与良好的训练。但无论如何，洞察力的培养掌握对于一个教师敏锐发现存在问题，迅速改善教育环境，使得教学活动始终在合理有序的框架内正常运行，无疑具有积极重要的实践意义。"洞察力是复杂的。对一个表述不清又没有明显答案的问题来说，当人们觉察到一个很好的解决方案时，那就是洞察力发挥了作用。第一类洞察力包括从一系列信息输入中看到大多数人看不到的东西……第二类洞察力包括如何把两个截然不同的信息放在一起加以组合，而这些信息之间的联系是不明显的，常常是难以置信的……第三类洞察力包括在旧的信息和新问题之间构建联系，创造性的类比和隐喻是这种洞察力的典型代表。"②

"双目自将秋水洗，一生不受古人欺。"这秋水乃学养酿造的智慧之水，真实的永远只有自己的眼睛，擦亮你的双眼，用自己的眼睛去观察，这不是说要刚愎自用、闭目塞听，而是对人对事均需心明眼亮。当然，洞见品质是一回事，将洞见毫无保留地说出来又是一回事。作为一个具有洞见的教师，应当做到头脑清晰、心明眼亮，但这并不意味着一定要将所见之事公开地展示出来。因为儿童毕竟是初涉人事，其中难免出现一些幼稚、滑稽甚至荒唐之举，有时还需要成人对其进行小心地"遮盖"。何时何事要"揭穿"，何时何事要"遮盖"，这就更需要洞见。而这个洞见才是真正的洞

---

① [加]马克斯·范梅南：《教学机智——教育智慧的意蕴》，李树英译，255页，北京，教育科学出版社，2001。

② [美]罗伯特·斯腾伯格、托德·卢巴特：《培养创造的心智》，载阿伦·奥恩斯坦等著《当代课程问题》，230～231页，杭州，浙江教育出版社，2004。

见。正如思想家弗兰西斯·培根所言："一个人必须有深刻的洞察力，才能适时判断什么事应当公开做，什么事应当秘密做，以及什么事应当若明若暗地做。"①

五、顿悟

顿悟一词本是佛家用语，原是禅宗的一个法门，相对于渐悟法门，也就是六祖惠能提倡的"明心见性"法门。它通过正确的修行方法，迅速地领悟佛法的要领，从而指导正确的实践而获得成就。实际上人类所有的创造性思维都带有突发性，因此凡创造性思维都可以称之为顿悟，比如灵感、直觉，等等。直到现代社会，人类在对顿悟思维内在的信息机制进行分析和研究的基础上，提出了"格式塔理论"，揭示了顿悟是思维中的旧的格式塔(即旧的逻辑)被打破和新的格式塔(新的逻辑)被创建的过程。现代心理学家们还发现，任何顿悟必须有明确的思考问题为大前提，同时顿悟必然对此问题经过长期、认真，甚至艰苦的思考才可能出现。最后，顿悟的一系列特征被人们发现和验证。比如，顿悟有突发性、诱发性、偶然性、极度快乐或豁然开朗之特性等。总之，顿悟是人类创造性活动中一种复杂的心理现象和精神现象，常常具有瞬时突发性与偶然巧合性的特征。诗人、文学家的"神来之笔"，军事指挥家的"出奇制胜"，思想战略家的"豁然贯通"，科学家、发明家的"茅塞顿开"等，都说明了顿悟的这一特点。教师在教育活动中，同样也会遇到一些复杂的矛盾症结久思不得其解，同样也需要顿悟智慧的帮助。顿悟智慧的形成机理和运行程序，目前尚不得而知，但顿悟智慧的基本特征与形成基础，我们还是可以做一番探讨。

首先，顿悟具有突发性。从本质上考察，顿悟是前行陷入困境之中的"峰回路转"，是思维跌入迷惘中的"拨云见日"，顿悟的出现，对于策略的确定与问题的解决，往往具有决定性意义，因此它是一个转折性、新生性

① [法]弗兰西斯·培根：《培根人生论》，何新译，23页，西安，陕西师范大学出版社，2002。

的根本变化。但不可否认的是，它的出现产生，是要经过长期的、费尽心思的琢磨与实践探索积累，事先没有任何征兆与规律。世界上经典杰出的顿悟代表者是爱因斯坦。1905 年，爱因斯坦以一个专利局小职员的身份，在 3 月到 9 月这半年中，利用在专利局每天八小时工作以外的业余时间，在三个领域做出了四个有划时代意义的贡献，他发表了关于光量子说、分子大小测定法、布朗运动理论和狭义相对论这四篇重要论文。在这短短的半年时间，爱因斯坦在科学上的突破性成就，可以说是“石破天惊，前无古人”。爱因斯坦拨散了笼罩在“物理学晴空上的乌云”，迎来了物理学更加光辉灿烂的新纪元。直到 100 年后的今天，仍然没有人能超越他。这样经过一番思索、酝酿之后而突如其来的科学创造，除了用顿悟说明之外，恐怕再也没有合适理由来阐释这样的科学现象。顿悟的突发性不仅体现在积累后的骤然爆发，也表现在面临突然出现难题与矛盾时临场处置的灵活智慧与高明才艺。学校是人员密度大、自制能力弱、情绪易波动的场所，课堂突发事件的及时平息、学生群体不良事态的有效制止、师生对立情绪的巧妙化解等，这些都离不开顿悟智慧的积极参与。教师自觉意识顿悟的重要价值并为顿悟智慧积极积淀素养作准备，一旦突发事件出现，教师会临阵不慌、从容应对。正如学者马克斯 · 范梅南所言：“我们把机智说成是瞬间知道该怎么做，一种与他人相处的临场智慧和才艺。展现机智的人都具有在复杂而微妙的情境中迅速地、十分有把握和恰当地行动的能力。”①

其次，顿悟具有独创性。当人们遇到问题陷入沉思或保持沉默的时候，那就表明已有的知识或方法不起作用了，需要新的方法知识或另找一个新的途径。一旦当新的元素注入排列到思维程序之中，或者当一种新的方式领会的知觉域的一种特殊重组产生，顿悟产生了，这种不同于先前的认知程序或思维方式的形成本身就是一种创造性和新颖性。美国心理学家

① [加]马克斯 · 范梅南：《教学机智——教育智慧的意蕴》，李树英译，165 页，北京，教育科学出版社，2001。

吉尔福特认为，创造性的本质在于发散思维。他认为，创造性思维具有三个特点：流畅性、独创性和灵活性。流畅性是指在限定时间内产生观念数量的多少。在短时间内产生的观念多，思维流畅性大；反之，就缺乏流畅性。独创性是指产生不寻常的反应和打破常规的能力，此外还有重新定义或按新的方式对我们所见所闻加以组织的能力。灵活性是指摒弃以往的习惯思维方式，开创不同方向的能力。因此，教师在面临难题困境而展开心灵思考之时，不要机械单一地回溯追寻以往的经验，企图在记忆库中查找提取现成的应对方法，而应当结合以往的工作经历，在更大的领域和更新的方向中有所思考、借鉴、发现和突破。只有这样，顿悟智慧才能形成。

另外，顿悟具有直觉性。其他的各种思维活动，都是一种自觉的思维活动，但对顿悟思维来说，由于它是突然发生的而不是预先构思好的思维活动，所以呈现出较强的直觉性和非自觉性。顿悟思维并不是神秘的，它是每一个正常的人都具有的一种思维能力。同时，它又是运用十分广泛的思维方法，不仅是在文学艺术、科学研究中，而且在日常生活、教育工作中，都能找到实际运用。对此，叶澜先生曾做过精辟的概述："如果我们从认识人的内部世界的角度看，还需要有另一种思维方式，那就是省悟，即对自我的体验、经历、心态、期望、行为及结果等在认识积累的基础上，发生的直觉的、飞跃式的、富有哲理性的对生命与人生的领悟。"①因此，我们可以对归纳思维、演绎思维、形象思维、抽象思维的内涵结构与运行程序做出一番详细的说明，但还无法对于顿悟思维的出现做出预期安排，因而顿悟思维目前无法进行有效培训。教师期待自身能够多一些顿悟智慧，只能靠内在修养的积淀、思维的反省、境界的提升。"人与人之间作为社会现象的连带的相关知识和技术可以分割传授，但人与人之间的相处的智慧本身却无法传授。可见在学校内可以将文化进行分割传授，但其局限性仍不能忽视。"②

---

① 叶澜：《时代精神与新教育思想的构建》，载《教育参考》，1994(4)。

② ［日］大田尧：《把自然还给孩子》，朱浩东等译，142 页，北京，商务印书馆，2006。

我们每天都面临着各种矛盾与问题，但其种类、性质、程度与大小各有不同。对于一些比较复杂而发展缓慢的问题，只能慢慢细细地思考斟酌，待到外界条件成熟与内在省悟认识后方能解决；而有些当下突然出现且刻不容缓需要化解的突发事件，教师只能迅速启动大脑智慧，在最短的时间内剖析原委、采取措施、平息事态。通常情况下，“教育的情境通常不允许教师停顿下来进行反思，分析情况，仔细考虑各种可能的选择，决定最佳的行动方案，然后付诸行动。一些研究人员估计教师平均每分钟就要作一个决定。它们意味着教师在不断变化的情境中要不断地采取行动。”①

顿悟是智慧的高峰，是教师教育智慧的典型体现。“踏破铁鞋无觅处，得来全不费功夫”，诗句形象而深刻地揭示出了只有“众里寻他千百度”之后，智慧才能突然出现在“灯火阑珊处”的动人哲理。顿悟的过程是艰辛的，但顿悟的结果是灿烂的；顿悟的根是苦的，但顿悟的花是甜的。“在我看来，就顿悟而言，教师与教师之间是有差异的，表现为先天禀赋、表现为人文底蕴、表现为学养积淀、表现为抱负水平、表现为个性特征等。但我觉得，最根本的差异，乃是事业境界、人生境界上的差异。有人只是从生存的境界体会教师这份职业，于是，教书仅仅成了一种谋生手段。拿多少钱，干多少活，实际到近乎庸俗的程度。有人超越生存的境界，从生活的境界体认教师这份职业，于是，教书就不仅是一种谋生手段，更是一种生活方式、生活态度。”②

六、隔离

自然界有一种现象，明明是春风和煦、杨柳依依，但一夜间寒潮袭来，气温骤降，人们不得不重新将厚重的冬衣紧裹在身上。社会与自然一

---

① [加]马克斯·范梅南：《教学机智——教育智慧的意蕴》，李树英译，144～145页，北京，教育科学出版社，2001。

② 雷玲主编：《故事里有你的梦想：18位名师的精神档案》，273页，上海，华东师范大学出版社，2007。

样，虽说发展的大趋势不会改变，但小幅度的反复与短时期的逆转是不可避免的。眼前在世界范围内，改革成为一种势不可当的发展大潮，涉及社会、政治、经济、教育等各个领域。我们在期盼改革带给人们福音的时候，必须警惕一些披着“改革”、“实验”、“创新”等漂亮外衣而骨子里却是其他东西的现象。

以学校教育为例，实验改革是现实需求还是长官意志？是全部推倒重来还是在原有的基础上进行探索？真实意图是促进学校发展还是另有其他用心？是有利于多数人还是有益于少数人？当这些疑问没有消解或者没有人做出回答之前，最好还是与其保持一点距离，至少不要即刻介入其中。在岸边不妨多观望、多思考、多辨别，不要急于下河，因为不明其理、不晓其弊的盲目随从，除了上当受骗、徒然劳顿之外，一般不会有好的结局。正如学者肖川先生所言：“中小学教育是基础教育，教育内容应该是具有相当的稳定性的人类的基本经验和核心价值，而不是赶潮流的‘见风就是雨’。”①

隔离可以使教师心态宁静。对当今五光十色、瞬息万变的现实社会，一个成熟沉稳的教师判断取向，应当是与之保持恰当适宜的距离。当你置身于一个琳琅满目的市场，有时候你真的感到无所适从。当全部的生命一直都向外追逐的时候，情形比这好不了许多。所以需要隔离，隔离产生智慧。一位教师选择了远离纷争的人事、喧嚣的浪潮、繁杂的信息，不仅是信息社会一种积极的自我保持姿态，而且也有利于专注自身职业的内在修炼。

隔离可以使教师志在远方。古人所说的“宁静致远”，深刻揭示了智慧生成的内在道理。在浮躁的状态下，人的智慧是不可能得到发展的。要致远就一定要宁静，这才是智慧的生成之道。教师应当善于给自己营造一个宁静的、适合于思考的内心环境，尽可能抵御或减少外界的各种纷扰，排除或消解各种功利性任务的压力，让自己在归于宁静的过程中自由生发自

① 肖川：《教育的使命与责任》，71页，长沙，岳麓书社，2007。

己的教育智慧，创造性地推进教学工作。如果不懂得与外部世界保持一种恰当、适宜的距离，时时处处以追潮赶浪、跟风逐新为时尚标志，那就很可能要坠入弗里德里希·席勒所担忧的庸俗境地："在所谓的文明化了的时代，人们常常看到，柔和蜕化成软弱，广博蜕化成肤浅，准确蜕化成空洞，自由蜕化成任性，轻快蜕化成轻佻，冷静蜕化成冷漠，最可憎的漫画与最庄严的人性混为一谈。"①

隔离可使教师思维清醒。陷于流行时髦的追赶、坠入复杂的人际关系、埋身于日常琐碎杂务之中，都容易使教师身心疲惫、情绪低落、心智混沌。因此，教师应当学会"抽身"艺术，即当发现自己一旦陷入某种不良处境、利益圈子或精神状态中时，要果断及时地解脱出来。这种"抽身"的价值意义，不一定能给教师带来什么物质利益，有时反而会使教师损失一些眼前益处，但它一定会使教师摆脱利益关系、精神依附的束缚，站在局外的立场上，洞悉事物的原委，明察信息的真假，辨别行为的优劣。

本质上讲，教育既是一件劳心费神的事情，也是一件讲究智慧的事情。如想把工作搞得出色一些，不仅需要投入精力与时间，更需要运用智慧与谋略。考察目前教师的工作状况，时间与精力的投入已经不少了，但智慧与策略的运用还远远不够，这就造成一种结果：投入的时间精力不少，但教学效率效果却往往不高，付出与回报不成正比。由此看来，我们教师是该在教育智慧、教学谋略、课堂艺术方面下些工夫了，应该与一些时尚的观念、流行的行为拉开一些距离了，应该让自己的身心摆脱各种纷扰而沉静下来，去思考、寻找那教育者应当拥有的教育智慧灵光。在此，哲学家罗素的告诫也许会给我们一些启示："忧郁、疲劳、神经紧张的原因之一，便是对于没有切身利害的东西不能感到兴趣。结果是有意识的思想老是贯注在少数问题上面，其中每一问题也许都含有一些焦心和困扰的成分。除了睡眠之外，意识界的思想永远不能休息下来听任下意识界的思

① ［德］弗里德里希·席勒：《审美教育书简》，冯至、范大灿译，131页，上海，上海人民出版社，2003。

想去慢慢地酝酿智慧。”①

作为一个生命个体，你可以有自己的观点、思想宣称的自由；但作为一名教师，你所面对的是几十个知识尚不完备、个性尚不成熟、认识尚不系统的学生，因此，不可能将尚在检查、验证、考量的东西当做确认的、成熟的、科学的知识传授给他们。作为一名教育者，应当具备一种“知快守慢”的思维品质，即对社会与教育领域中的各种新时尚、新观念应多了解、早知晓，但在行为上要慢一些、迟一点，冷眼静观、细心揣摩，沉默思考，等到彻底确认之后再行动也不为迟。

七、个性

一些组织与一些管理者在很多时候都很喜欢统一的东西，特别看重统一的思想、秩序、安排、节奏、步伐等。当然，为了机构的运转与活动的实施，一定的制度与要求是必要的，但这只能停留在秩序与规则的层面上，丝毫不能涉及人的心灵、风格、性情、精神等内心世界。作为一名教师，遵守教育法规、学校纪律与职业操守是必然的原则，但在设计课程内容、实施课堂教育、选择方法策略、安排部署作业、开展教学研究等领域，一定要有思考、有主见、有辨别、有勇气，一定要从有利于自身能力的发挥、有利于自身优势的展示角度出发去设计与开展工作。只有这样，才有可能将自己的才智、性情、能力的优势发挥到极致，才能不断获取教育智慧。有勇气保持自己鲜明的个性，是一个教师走向充分、自由发展的必要前提。“‘他对他的时代的态度就是他的个性，人们在孤单的时候永远不成其为个人。’我们所要求的就是，个性在共同生活的范围内，应有按照它自己的道路充分发展的自由，不应由于外来势力的影响而不能实现它的理想的倾向。”②

---

① ［英］贝特兰·罗素：《幸福之路》，傅雷译，207 页，西安，陕西师范大学出版社，2003。

② ［英］沛西·能：《教育原理》，修订 2 版，王承绪、赵端瑛译，14 页，北京，人民教育出版社，2005。

个性是一个生命个体区别于其他个体的本质特征，是否认可且鼓励教师富有独特的个性，不仅是检验一个社会的文明标尺，同时也是检验一所学校是否开明民主的重要尺度。教师的个性不仅表现在生活过程中的爽朗活泼、细腻温柔、庄重严肃、耐心和蔼，更重要的价值是要体现在教育活动中，对教育理解、课程设计、教学思路、活动安排是否不流俗、不从众、不老套，有味道、有特色、有新意。教师究竟应当怎样体现自己富有个性的教育行为呢？学者吴志宏曾提出过这样的思考与期盼：

"——不在于教师讲授无数个知识点，而在于学生提出更多的为什么；

——不在于教师教学方法精益求精，而在于学生是否在学习过程中有大量的参与和自由表达的机会；

——不在于学校安排多少课程，更不在于其基础型、拓展型或研究型之分，而在于学生是否对所学的东西感兴趣，通过学习产生强烈的好奇心和探究欲；

——不在于学生从课本中接受了多少，而在于他们质疑和评判了多少；

——不在于教师布置多少课外作业，而在于他们如何千方百计去让孩子们展开想象的翅膀，拓展广阔的心灵；

——不在于学生考试得了多少分，而在于对自己的发展是否有足够的自信心；

——不在于学校走廊上悬挂多少名人名言，而在于学生对自己以及身边的人和事有多少深刻的感受；

——不在于孩子会不会拉琴、画画或有其他特长，而在于他是否具有丰富的内心情感世界和对真善美的热切渴望。"①

曾经有一段时期，集体主义、组织主义、权威主义主宰了我们社会的意识形态与人们的行为，忽视、淡漠甚至践踏个体的思想、追求、兴趣与人格，民主消亡了，经济崩溃了，知识荒芜了，为此，我们民族付出了惨

---

① 吴志宏：《呼唤有智慧的教育》，载《教育参考》，2001(4)。

重的代价，我们的教育也受到了重创。由此看来，个性的自由、舒展与丰盈，不仅是个体存在的基本保障，而且也是社会得以进步发展的基本基石。为此，现代学者胡适做过冷静的考证："真的个人主义就是个性主义，它的特性有两种：一是独立思想，不肯把别人的耳朵当耳朵，不肯把别人的眼睛当眼睛，不肯把别人的脑力当自己的脑力。二是个人对于自己思想信仰的结果要负完全责任，不怕权威，不怕监禁杀身，只认得真理，不认得个人的利害。"①

反思基础教育界曾经有过的教训：一会儿学于漪，一会儿学钱梦龙，一会儿又学魏书生，但是为什么没有出现第二个于漪、钱梦龙或魏书生呢？你简单地套用别人的方法是不对的，硬要套用，只是表面的、形态样式的，而内中的学识、精神、修养是套不来的。所以说"教育智慧"的奥秘之一，就在于不要重复别人，而要体现出自己的教育个性。正如日本教育家小原国芳所言："世上可宝贵的是个性。如果没有个性，万物将归于无。那用任何东西都不能换的独有天地，那以自我为目的的本领，其中有着语言所表达不了的和谐的美。世界上没有比失去个性独创的模仿品和时髦货更丑了。"②

智慧既可以诗化于文学，又可雅化于哲学；既可蕴涵于科学创造，又可实践于生活世界。智慧不等于知识、经验或能力，也不等于纯理性的或感性的思维，更不等于智力或智商。它是人的理性与非理性、社会与人文等多方面素养的综合体现，是心理学、社会学、哲学等多领域素养在人的思维与实践中的折射。它常常潜植于人的思想观念，积淀于人的心理、生理结构，并时时影响人的思想行为，而成为人主体内在的个性的东西。

正如爱因斯坦所告诫的那样："要是没有能独立思考和独立判断的有创造能力的个人，社会的向上发展就不可想象，正像要是没有供给养料的

① 胡适：《个人自由与社会进步》，载《现代教师读本〈人文卷〉》，95页，南宁，广西教育出版社，2006。

② [日]小原国芳：《小原国芳教育论著选》(上卷)，刘剑乔、吴光威编译，258页，北京，人民教育出版社，1993。

社会土壤，人的个性的发展也是不可想象的一样。”①回顾反思我们的社会与教育，一个极为严重的弊端，就是过于强调规范统一。在规范统一的旗帜下，独特的思想泯灭了，管理的体制僵化了，创新的才情收敛了，出众的行为隐匿了，异类的方法消失了，发展的时机错过了……往昔切肤之痛的经历虽已成历史，但谁也不敢担保不会再度出现。保持、丰富和发展自由的教育个性，不仅是教师教育智慧形成的重要基础，而且也是促进教师发展的一项伟大使命。

八、效能

现代社会与以往社会区别的重要一点，就是人们做事情的效能大大提升了。在时间就是效益、效率就是业绩的高速发展的社会中，具有强烈的效能意识，并始终处于高效能状态中的人，往往能够在最短的时间内取得令人瞩目的成就。所谓效能，主要是指组织与个体完成必要任务所具备的能力与效率。同是新任教师，一个只用了一年左右的时间，便完成了从新手期向适应期教师角色的顺利转变，而另一个则用了两年多的时间还尚未完成这个过渡。两者相比，前者显然比后者的工作效能要高一些。快节奏、高强度的现代社会，将不会给思维愚钝、办事拖拉、反应迟缓的人生存与发展的机会，因此，强化效能意识、加快工作节奏、提升办事效率，尽快成为一位有成效、有品位的教师，当是每一个教师的睿智选择与不懈追求。

增强教育智慧，教师需要充分认识到“教育本是脑力活，巧用情智才成功”的道理，就得从过度忙碌浮躁的“量性敬业”走向巧干睿智的“质性敬业”。质性敬业要求教师把大量时间用在“研究”学生的问题上，通过潜心探索，发现解决学生问题的更巧妙的方法，变“苦干”为“巧干”。对于教师来说，这种敬业重心由量性向质性的转移，才更体现出教育智慧的精髓。

① ［美］爱因斯坦：《只有个人才能思考》，载《现代教师读本〈科学卷〉》，许良英译，132页，南宁，广西教育出版社，2006。

这不仅是教育发展的要求，也是保护教师自己身心健康必不可少的策略。以教师批改作业为例，量性敬业视角下的优秀教师是“全批全改”、呕心沥血、夜半烛光剪影的形象。但质性敬业的教师会追问，“我会感到疲惫和倦怠吗？学生有多少收获呢？这种方式在何种程度上有效呢？”等。接着，他或许会花时间来研究如何提高批改作业的效率，研究学生对待作业的态度，或许会有种种革新性的发现，以此来调节教学。

要想使自己成为有效能的教师，首要一点是要不断培养树立自我效能感。“自我效能感是指个人对其有能力组织和完成必要活动来处理特定情境的信念。自我效能判断一般应用于含有新异、不可预知因素的情境或含有能产生压力感因素的情境。”①由此不难看出，对于完成工作、任务、活动所具备的坚定信念，是自我效能感的核心元素，也是检验高自我效能感与低自我效能感教师的标尺。

高自我效能感的教师：面临困难时，他们并没有感觉到特别的压力，一方面付出更多的努力，一方面是将已经习得的行为进一步强化或增强；克服困难时，他们将努力和注意集中于情境的要求，在对多种活动和经验的深度投入中帮助自我；在分析原因时，他们最有代表性的是把失败的原因归因于缺乏努力而不是能力不足，不断强化引起持续兴趣和投入的挑战性目标。

低自我效能感的教师：面临困难时，他们人为地放大了困难的难度而不时感到焦虑和压力，一方面不断减少对困难的付出，一方面有可能会放弃任务；在克服困难时，他们把注意力集中于个人的不足和困难上，因而避免参与丰富的环境和活动，阻碍了发展；在分析原因上，他们只注意到了个人的缺点，破坏了对有效技能的利用，逐渐变成了避免压力而产生低期待机制。

明确效能预期，就是提升教师自我效能感的一个有效策略。效能预期

---

① ［美］格莱德勒：《学习与教学——从理论到实践》，张奇等译，306页，北京，中国轻工业出版社，2007。

是一个人对其有能力成功完成要求做到的行为的信念。作为教师，预先的社会认知、领导肯定、同行认可、学生欢迎、荣誉奖品以及自我满足是对教学工作得到最好成绩的结果预期；而坚信自己一定能在学生的配合支持下取得好的教学成绩，就是效能预期。经验表明：睿智优秀教师的突出成就，多数源自于高效能的工作，源自于乐观、主动的自我效能感与积极、良好的效能预期。因此，教师的教育智慧的一个重要需求，就是在于教师时常对自我效能感的调节与整合，使自己的效能感始终处于一种健康、合理、有序的状态中。“自我效能对自我调节是非常重要的，因为自我效能不仅影响目标的设置，也影响个体对没能达到先前设置目标的反应。在任何领域中，目标设置和自我评价都是获得良好成绩的关键。”①

教师自我效能的形成与运作不是简单的一个意念或一种想法，而是一个内涵丰富、结构完整的精神生态系统。它涉及专业设计、愿景抱负、敬业态度、认知结构、意志品质、生活节奏等多方面因素，缺少其中任何一项，都会影响到自我效能的正常发挥。学者格莱德勒对此曾有过深刻的剖析：“自我效能信念通过认知过程、动机过程、情感过程和选择过程直接地影响人类的机能。高自我效能的人建构成功的方案，设定挑战性的目标，在困难面前坚持不懈，控制破坏性想法。活动、任务甚至职业的选择也受自我效能的影响。”②

时下，我们有一种倾向，总是对那些勤勉努力、废寝忘食、加班加点做工作的教师褒奖赞赏，而对于节奏快捷、效率颇佳、工作之余充分享受生活的教师似乎颇有微词。其实，这种观念多少有些陈旧与落后。首先，我们赞赏工作勤奋者，因为勤奋永远是人类一种宝贵的美德。但这里面有一个前提，即“勤奋”的内涵是指不懈努力于工作与事业的精神态度，而不是陷于具体事务过程中的慢条斯理、拖沓倦怠的慵懒行为。其次，做事情

① [美]格莱德勒：《学习与教学——从理论到实践》，张奇等译，309页，北京，中国轻工业出版社，2007。

② [美]格莱德勒：《学习与教学——从理论到实践》，张奇等译，309页，北京，中国轻工业出版社，2007。

必须要讲究效率，一个小时能够完成的事情，就没有理由拖延到两个、三个小时去做。那些工作期间没有时间观念、办事没有效率意识，本该在上班期间完成的事情没有结束，只得拖到下班后才去加班加点地赶工作的行为，是不值得提倡与表扬的。现代发展理念告诉我们：只有奉献意识而没有效能意识的教师，不能算是优秀与睿智的教师。“现在要成为一个真正称职的老师并不容易，仅作‘牛型’的老师——早上六点起，干到很晚下班，是远远不够的；应该成为用心做的老师，能用较少的能量激发学生更多的能量释放和转化，做一个自己能思考、能引发大家思考、能和更多人一起思考的老师。”①

九、创造

熟悉的校园、教室，一样的学生、课程，很容易使教师的心理意识陷入一种往返轮回、陈陈相因的圈圈。有很多教师的才气与生机，就是被这样的年复一年的圈圈磨蚀殆尽了。其实，不仅是教师，几乎所有的人都有一种跟随、因袭、沿用过去的方法与程序的意识，只不过教师因为教育对象的相仿、教学材料的一致、教学环境的相同，更容易产生熟悉的套路与做法。因此，教师如想延留保持专业精神与提升教育睿智，就应当突破人的惰性弱点、努力培植不满足、不因袭、不停步的变革意识，在思维与行为两方面，不断地更新、否定和超越自己。

我们敬佩感慨美国教育的先进与科学，但我们更要探索、思考其科学先进背后的真正原因——注重探索、倡导创造。美国作为一个移民国家，创新教育的直接后果是吸引和培养了大批优质的教育资源与智力人才。在世界前200名顶尖名校中，美国大学占了2/3，汇集了世界上70%的诺贝尔奖获得者，荟萃了全球大约30%的工程类论文和44%经常被引用的论文。不足3亿人的美国从全球60亿人口基数里吸引到了最优秀的人才、师

① 雷玲主编：《故事里有你的梦想：18位名师的精神档案》，112页，上海，华东师范大学出版社，2007。

资和留学生生源，或为其有，或为其用。这种筑巢引凤或“借鸡下蛋”带来的人才优势，辅以市场经济条件下利益驱动的创新动力，以及完善的知识产权保护制度，使美国的教育质量与人才优势遥遥领先于其他国家。

教师要想在教学中有所创造，必须有眼光与勇气突破传统习俗与固定的思维模式。法国一位科学家约翰·法伯曾做过一个很有名的“毛毛虫实验”。他在一只花盆的边缘上摆放一些毛毛虫，让它们首尾相接，与此同时，在离花盆周围不远处撒了一些它们最爱吃的松针。这其中，只要有一只毛毛虫稍稍与众不同，便立刻会将所有转圈的毛毛虫带出死亡的圈圈，吃上美味的松针，可惜的是，没有一只毛毛虫能够另辟蹊径。但由于这些虫子天生有一种“跟随”的习性，因此它们一只跟着一只，绕着花盆一圈一圈地爬行。时间慢慢地过去，一分钟、一小时、一天……在连续走了七天七夜之后，它们终于饥饿难当，精疲力竭，结果全部死亡了。虽说此案例颇有点悲惨的意味，但其中蕴藉的道理是值得人类深刻思考的。数年前的教案，如今不改一字照常使用；在甲班怎样上课，到了乙班丝毫不变地雷同重复；别的教师怎样处理教材，我也就跟着效仿……一切的激情、生机、探索、尝试的可能与潜在的睿智品质，就在这跟随中、模仿中、因袭中丧失了。

教师不仅应敢于对外界的成规、习俗有所突破、有所变革，更重要的是还应努力做到突破、转变、更新自我。有时候前者的变化往往是依赖于、借助于后者的变化。明代大学问家王阳明曾给商人杨任德写过一封信，信中有两句名言：“山中之贼易破，心中之贼难破。”所谓“心中之贼”，是比喻内在学识、精神修养、品格德行的修炼功夫欠缺，正是由于品行修行尚不完善，或者说内在还存有一些贪欲、私念、懒惰或不雅情欲，致使承担的事情或人生愿望得不到很好地实现。问题在于，很多人并不能够清醒地认识到这一点，总是将人生坎坷、生活失意、工作困难归结于外部环境原因。教师如能深刻、理性地认识到自己的态度与意志与事物的发展有着必然关联，在努力转变学生、提升教学质量的同时，也能不断地反省自己、调整自己、促进自己，那他将会在不断地获取进步的同时，也获取着快乐与智慧。“在整个教育期间，从第一天到最后一天，应当有一种知识冒险意识。这个世界充满了疑难问题，若有足够的努力就能理解。理解疑难问题会使人感到振奋和愉快，每一个好教师都应当使学生产生这种感觉。”①

有些教师可能会认为，“创造”是科学家、艺术家、文学家的事情，跟我们教师联系不大。当然，教育工作所需要的创造与科学家所需要的创造可能会有区别，但相通的、一致的地方还是有的，比如都是对原来的、已有的东西不满足，因而要寻找一些满足的、能够更好地解决现实问题的新思维、新途径和新方法。教育每天都在面对层出不穷的问题，教师每天都在应对复杂纷扰的教学现实，离开了思考、探索与创造，就很难顺利地克服各种困难。要想培养具备创造的精神品质，一个重要前提是——真诚，用一种真心实意、激情满怀的态度对待教育工作，有一颗发自内心的关爱、引导、扶持学生的赤热心灵。正如英国教育学家沛西·能所告诫的那样：“首创性的特征不在于新奇而在于真诚，一个通常认为没有首创性的人，都能获得这个特征。但是，真诚是一种成就，只有那些能自由地按照他们自己天性而有较大的行动的人；那些能从别人那里，不是吸取强加于他们的东西，而是吸取他们自己所需要的东西的人，才可能有这种成就。”②

澳大利亚未来委员会主席埃利雅德博士曾这样说过：“未来不是我们要去的地方，而是我们要创造的地方；通向未来之路不是找到的，而是走出来的。”从某种意义上讲，创造就是内在理想的不满足。一个具有内在理想不满足的教师，看到一个用普通方法难以教育的学生，他就要动一番脑筋、想一点怪招来尝试一下；去年用过的一种策略不是很有效，今年要尝试探索一种新的方式来试一试；以前只对不满意的课用心思考和改进，今

① ［英］罗素：《教育论》，载《现代教师读本〈教育卷〉》，靳建国译，153页，南宁，广西教育出版社，2006。

② ［英］沛西·能：《教育原理》，修订2版，王承绪、赵端瑛译，255页，北京，人民教育出版社，2005。

后不管是满意的、不满意的课，都要来一番思维过滤：究竟原因何在？有什么教训与经验值得深入地思考？有了这样一番探究检视的经历，教育智慧就离我们不太远了。话又说回来了，教育智慧其实就酝酿形成、产生现身于这样的反省创造的过程之中。谁越是喜欢挑战性工作，越是喜欢尝试困难和复杂的工作，智慧女神就越是喜欢他和亲近他。

十、圆满

虽然苏东坡早就告诫人类“月有阴晴圆缺，人有悲欢离合”，虽然我们知道人生过程中难免有残缺、有遗憾、有磨难，但毕竟还有宁静的月圆时分，还有美好的欢乐时光，明朗、愉快、幸福毕竟还是生活的主旋律，因此，向往、追求、创造、享受人生的美好，当是人类永恒的使命。儿童是新生的一代，在他们还没有真正品尝世间各种辛酸、挫折的苦酒之前，应当尽力给他们生命基础打下明朗、亮丽、温馨的底色，以使他们在今后可能遭遇到各种人生波折之时，依然记得人生光明、幸福的美好，以支撑着他度过艰难困苦的时期。因此，以快乐的心境、积极的态度、幸福的笑容来努力做好自己的工作，并同时影响着、陶冶着、感化着学生，这就是一位心胸豁达、乐观真诚、富有睿智的教师。在此，我们倡导教师向圆满努力，并不像某些宗教中所宣扬的那样终极境界，也不像人们所想象的那样十全十美，而是只需在两个方面下一些工夫就行了。一是好上加好，一是不好变好。

所谓好上加好，就是能否在原有不错的基础上争取做得更好，让自己保持不断进步的态势，让学生获取更健康的成长。说实话，学生遇到高抱负、高素养、高品位的教师是很不容易的，一个有成效、有水平、有追求的教师给学生的感染与影响远远超出了课堂文化知识的学习藩篱，而长久地辐射、渍染着学生的人生取向。但为什么好教师学生难遇难求呢？除去人生期望不高、胸无理想追求等因素外，原因有两个：一个是教学工作出色以后，被提拔当领导了，去做学校行政管理，专业发展的脚步自然减缓或停滞了；一个是工作出色以后，自觉功成名就了，再往前走也看不到什么灿烂美景，因而不愿意再投入时间与精力去提升自己、打磨课程，因而也就谈不上专业的精益求精了。对于前者，笔者不愿意多说什么，只是觉得一个出色的教师当领导未必就是最佳的选择，因为做教师是一回事，当领导又是一回事，好老师未必就是好领导；再说，中国目前不缺管理者，而缺乏有思想、有品牌、有成效的好教师，缺乏有影响、有创造、有智慧的教育家。至于后者，我以为经过一番艰苦的努力，工作顺利、事业小成、名望已具，已经抵达了泰山的南天门了，只要不松懈、不气馁，一直向上攀登，“会当凌绝顶，一览众山小”的终极冲刺与幸福享受会成为人生享用不尽的巨大财富。对于一位好上加好、精益求精品质的教师来讲，需要注意的是，一次的努力不要寄希望太大，一次的尝试不要做过多的事情。因为过度的努力与希望不仅有违事物进展规律，而且也容易导致挫折后的失望或者垮掉。正如英国教育家约翰·洛克所预言的那样：“因为一个人要想干好任何事情，一次就不要揽得太多，如果一个动作能够分解为两部分，他们就不可奢望自己同时把两部分动作都完美地掌握。”①

所谓不好变好，是指在普通的甚至是劣势的基础上，经过自我一番刻苦的转变与努力，改变了原来的落后状况，跃进到工作的上游行列。众所周知，每个人都会面临着各种生活考验与人生历练，发展的道路不是一帆风顺的。遇到挫折磨难、艰难困苦并不可怕，可怕的是被困难吓倒，被磨难征服。有一个人在前半生中经历过失业、经商失败、爱人死亡、发表演说失败、角逐国会议员失败、角逐副总统提名失败等一系列挫折，但其依然矢志不改、奋力拼搏，最终获取人生与事业的成功。你能猜出他是谁吗？这个一生中充满失败经历的人就是美国历史上最杰出的人物，1680年当选美国总统的——亚伯拉罕·林肯。某种程度上来看，坎坷也罢，挫折也罢，暂时的落后也罢，既是人生中难以避免的苦雨风霜，也是磨炼人、锻炼人、成就人的烽火战场。你只有经历过磨难，方晓得人生的不易；你

① ［英］约翰·洛克：《教育漫话》，杨汉麟译，150页，北京，人民教育出版社，2006。

只有征服磨难，才能不断强化你的决心与意志；你只有战胜磨难，才能收获经验与智慧。估价一位教师是否真正有内涵、有品位、有思想，不在于其眼下工作是否顺心满意、环境是否顺心满意，而在于他是否有改变自己现状的愿望与设计，是否有提升自己、成就自己、丰富自己的意识与实践。因为只有这样，他才能够不断地在转变与提升的过程中，使自己的思想丰富而圆满，使自己的人生充实而多彩，使自己的工作有效而精彩。

纵览体察成功的教育实践，不难发现一个奥秘：富有成效的教师工作总是充满灵活机敏、睿智圆满的特征，无论是考察其目的初衷或是查看其最终效果，都能使教育者与教育对象双方皆感愉悦，不留遗憾。

教师作为引导和帮助学生成长的人，需要圆满，需要智慧。这种智慧，不仅仅是教育的智慧，更是成长的智慧，关于自身成长、学生成长、人类成长的智慧。教师的智慧，不仅仅需要用此成长的智慧去创造智慧的教育。它的生命力和归宿具有更深刻的内涵、更广阔的天地——这就是站在人类历史发展的洪流中，去引导和帮助学生健康、全面、可持续地、幸福地发展成长。正如维柯所说："智慧的义务有三项——用雄辩来驯服愚人的冲动，用审慎来引着他们离开谬误，用德性来对待他们以赢得其善意，并且，每个人以这样的方式，各自根据自己的能力，用热忱来养育人的社会。"①

肤浅的认识，片面的思想，平庸的教学，单调的言谈，偏激的行为，都不应当出现在有思想内涵、有睿智情怀的教师身上。如同卡夫卡所指出的那样："只有一个呼吸，没有呼吸，只有一个准备，没有准备，只有一个思想，没有思想，只有平静的睡眠。"②什么时候，我们的教师告别了简单线性的思维、耽于现状的态度，踏上了丰富圆满自己的奋斗征途，那么，教育智慧的甘霖就会普洒在美丽的校园之中。

教师教育智慧是一个系统完备、富有生机的心智思维品质，如同一棵

---

① ［意］维柯：《论人文教育》，王楠译，126页，上海，上海三联书店，2007。

② ［奥］卡夫卡：《误入世界》，黎奇译，156页，西安，陕西师范大学出版社，2002。

根深叶茂、苍翠欲滴的大树。这其中，生动丰富的专业知识如同大树发达的根系，源源不断地为树身提供着丰富的营养；宝贵的实践经验就像那大树的树干，支撑着大树那巍峨的躯冠；勤奋的思考则仿佛是那繁茂重叠的树枝，默默无闻地为大树搭起一片碧玉的绿荫；情感是绿叶，通过光合作用不停地为大树提供着生长能源；能力则如同那挂在枝头上的茂盛花果，凸显出大树存在的意义与价值。同时，教育智慧又是一个变动不居的常数，“智慧并不是一旦得到就可以永久保用的东西。它常常处于形成的进程中，要保持它就要随时戒备着，观察它的结果，而且要存着虚心学习的意志和重新调整的勇气。”①有完整地将教师教育智慧内涵构成视为是一个内涵构成丰富、彼此和谐互补、不断变化生成的完整系统，才能准确客观地解读和营造教师的教育智慧。

① ［美］杜威：《哲学的改造》，张颖译，52页，北京，商务印书馆，1958。

第四章 教师读书品质修养

在收音机、电视机尚未来到这个世界之前，人们认识世界的媒介与窗口主要是书籍。在那个漫长的时间里，书籍是传播信息与文化，说明经验、知识与介绍技术、经验的主要媒介工具。人们通过阅读书籍，逐渐地感知了解了自己所处的时代与社会。而伴随着电视机、互联网相继出现，书籍中传递资讯信息、技术经验的部分功能为明亮缤纷的屏幕所分享了。毫无疑问，迅捷、快速传递时讯信息的确是电视与互联网等现代媒体的优势所在，传统的媒体书刊在传播的速度方面与之无法相比。

在电视与互联网普及的今天，有一些人就将看电视、上网冲浪作为认知世界与了解社会的基本手段，淡淡缕缕的墨香书籍如今为闪烁的屏幕所取代了，人们渐渐地远离了书籍。这一变化，无疑是提高了人们获取外界资讯与信息的速度与广度，使人们能在第一时间得知世界发展的新变化与新动态，人的视觉与听觉能力较以前及时有效地得到延伸与加强，古人在文学作品中的“千里眼”与“顺风耳”的美好期盼，如今变成了现实。但就在我们舒心地坐在沙发里，轻松地观看着眼前闪烁的屏幕时，一种灾难与威胁正悄然地向我们逼近。长期沉湎于屏幕前，身心凝神聚焦各种的时事资讯，而不再有充裕的时间与精力来阅读经典；只满足于即看即懂、即听即懂的视听感官的需求，而荒芜松懈了解读力、思考力、理解力和探索力的培植与使用。在论及电视对人的生活负面影响时，美国首任联邦教育署长欧内斯特·L·博耶先生直言不讳地指出："我们将会发现，电视或是一种新的令人难以忍受的骚扰，破坏了人们生活世界的宁静，或是天空中光辉灿烂的救星。我们将因为电视而站起来或者倒下去，对此我深信不疑。"

学者肖川在其《用心培养一个读书的民族》一文中这样写道："我对国人的不读书，有着切肤之感：我们很多人对书籍没有兴趣，我发现很多人离开学校以后就几乎与书籍绝缘了。当我们走进许多家庭，就不难发现，什么高档电器都有，唯独没有几本书。我们这么大的国家，图书销量却很小，而且主要是教辅读物。以色列每年人均读书是55本，俄罗斯是50本，美国是44本，我们只有4本，而且90%是教参和教科书。"教师同其他社会职业人群相比较，是一个距离书籍、知识、文化最近的群体，应当与书籍、知识、文化有着一种天然的、不可分割的亲密联系。然而，如果让这个群体或群体当中的任何一员思考这样的问题：每天看电视的时间有多少？每天看书的时间有多少？然后再思考一个问题：从理想的、应然的角度来说，看电视与看书的时间，哪个应当多一些，哪个应当少一些？得到的结论会是什么样的，我们实在无法确切断定，但直觉告诉我们，情况不是很理想的，甚至是令人沮丧的。"现代的人有一种感觉，读书这件事好像已经不再像以往那样必要了。收音机，特别是电视机，取代了以往由书本所提供的部分功能，就像照片取代了图画或艺术设计的部分功能一样。"①美国学者的担忧不是空穴来风或杞人忧天，而是现实的真实反映。如果仅仅是一般人群远离了购书与读书，其造成的影响也仅仅是局限于自身的素养提升与改进的层面，而教师一旦疏远了书籍，其后果不仅会直接阻滞其自身的精神涵养与专业成长，而且还将会影响制约下一代的思想境

---

① ［美］莫提默·J·艾德勒、查尔斯·范多伦：《如何阅读一本书》，郝明义、朱衣译，3页，北京，商务印书馆，2004。

界、心灵气象、文化素养的和谐发展。由此，喜爱读书的习惯风气与善于读书的方法策略，一定首先要在教师中逐渐得以有力恢复并努力发扬光大。只有这样，才能有效地感染培植下一代爱读书的优良品质，才能在更多的人群中营造一种书香社会的良好氛围。

读书究竟有什么意义呢？可能多数的教师都没能够深入地考虑思忖这个问题，因为我们读书时往往目的很明确，或是为了打发时间，或是为了汲取知识，或是为了研究写论文，等等。其实，这些急功近利的目的并非读书的真正意义。对于教师来讲，读书应是一种“生活的艺术”，它的非同寻常的意义主要体现在以下三个方面：

第一，认识体悟生活。

生活是原生态的书本，书本是结晶化的生活。

读书可以认识生活。一门科学就是生活身上的一根触角，从中我们窥探生活的奥秘。一本书就是生活长河的一条支流，漂流其中，我们便可欣赏生活两岸的风景。读书不仅仅可以借助别人的眼睛看世界，而且也可以书本反观自己的生活世界。生活的困惑，在此疏解；生活的智慧，在此凝聚。我们是活着的书本，书本是变形的我们。我们和书本在生活的舞台上同台演出。我们演绎着现实生活的悲喜剧，好书则往往预示着未来生活的万花筒。读书还可以拓展生活，让我们进入被现实生活时空所束缚的领空。“上下五千年，纵横八万里”，我们可以深入历史，可以周游世界，可以进入生活的每一个角落。政府官员大多不读书，他们忙于公务，忙于应酬，忙于出国考察和洽谈项目，他们热衷于捞学位，热衷于拿项目、搞课题，可就是不读书——他们没有时间也没有必要读书。商人大多不读书，他们忙于经营、忙于公关、忙于猜拳、喝酒、洗桑拿。读书值几个钱？他们没有心情读书。工人农民大多受教育程度偏低，收入也低，既没有钱买书，又读不进去，读书对于他们是一件奢侈的事情。教师读书的也不多——中小学教师工作太劳累，没有精力读书。大学教师在为课题交差而读书，确切地说，是翻书，是查书。真正的阅读，超越功利的心灵阅读，恐怕是很少很少。2004年，中国出版协会作了一项调查，结果发现：我国有45%的家庭无一本藏书，无一个书柜。而韩国96.8%的家庭平均有500本以上的藏书。没有书香的家庭，哪有书香校园、书香社会？

第二，超越日常生活。

整体的生活是“生命—生活—存在”三位一体的结合。其中“生命”是整体生活的形而下维度，“存在”是整体生活的形而上维度，而中间的“生活”就是我们通常所谓的日常生活，它主要目的就是生存，它禀赋的是现实原则。当学生们背负重重的课业负担，当商人们在生意场日夜打拼，当政客们殚精竭虑，当无数的平凡人为了吃饭两眼一睁忙到熄灯……如何超越日常生活，立足生命感悟存在便是一个重要问题。

人是一个复杂的多重角色的统一体，兽—人—神的统一体。纪伯伦说：“人性就是降临在人间的神性。”梭罗说：“我们的整个生命是惊人地精神性的。善恶之间，从无一瞬休战”，“自知身体之内的兽性在一天天地消失，而神性一天天地生长的人是有福的。”人类为了求生和动物没有多少区别，但人不能一直永久地停留在这个层次。人性地活着就是内心拥有神性地活着。我们内心的神性渴望更高级的生活——精神生活。

读书是超越日常生活的一种有效手段。读书为我们开辟了一片纯净的精神领空，在此我们可以自由地吮吸让我们心灵安宁的甘泉，静静地积攒让我们重新生活的力量！超越日常生活还有一种方法，那就是跳出日常生活，把日常生活当书来读，这样我们便拥有了一份生活的坦然与超然，这就是一种理想的读书境界。越是图像时代、屏幕时代，我们应当越不妨反其道而行之，往相对冷落的、非图像的地方走。强光照射之处，烟气腾腾，炫人眼目，其实多半空无一物，远处安静的角落里，却可能有非常丰富的宝藏。这宝藏自然有多种形式：长辈的故事、尘封的家书、山地艺人的歌吟、咖啡馆里的闲谈、手机短信……而其中最重要的是——书。和现今所有别的信息和知识载体相比，书的内容是最丰富的。倘说一个沉迷于电视、由衷地觉得广告“真迷人”的人，多半所知不多，那么，一个生长在“图像时代”，却依然有脑子、有判断、明世理的人，可以肯定，他喜欢读书，也善于读书。

第三，传承文明之火。

人类一代代繁衍生命的同时，也在传承着人类文明之火。当我们自觉阅读人类历史上流传下来的经典著作并与人分享的时候，我们其实是不自觉地加入了传递圣火的行列之中，为此我们应感到光荣，并对那些伟大的作家心存感激，是他们照亮了我们的道路，让我们不再孤单、不再迷惘、不再绝望！“多少人在读了一本书之后，开始了他生活的新纪元！”教师怎样才能充当知识传递者的角色呢？怎样才能保证自己的知识传递使学生心服口服呢？我以为一个基本的前提，还是应当在知识占有——读书的质与量方面，要尽可能地多于学生、优于学生、先于学生，尽可能成为对学生而言的实际上的“知识权威”。

总之，教师不读书，做人则缺乏精神气象，上课则缺乏文化底蕴，言谈则缺乏趣味灵气。由此看来，教师读书，是一项开掘、疏通、拓展文化精神源头的重大工程，是修炼性情、净化心灵、开阔胸襟、陶冶品质的一件非凡善举。

一、博览

走进校园，学生将教师看做是传授知识、解读社会、阐述人生的智者，他们稚嫩的双眼期待着教师给他们解答一切的疑惑与未知。这虽然是近乎一种强人所难的完美要求，但对此，教师绝不能拒绝回答，或以“不知道”一语了事。理想的景象是给当下学生的疑问以完满的答复，或者给学生指出思索与探寻的途径，或在查询之后再及时告知。教师虽不能个个成为百科全书式的博学之士，但跨专业、跨学科、跨领域的博览群书，积极拓展知识领域，完善优化文化结构，不仅能使课堂教学丰富多彩、生动活泼，而且也能从容有余地应对解答学生的各种质疑。

漫漫一二百年岁月里，西方国家借助阅读完成了启蒙、反思、调控以及对社会、制度、人文的思索，一套主流价值体系基本定型，甚至产生了一些不可动摇的理念。西方是在精神财富、物质财富都相对稳定之后，在公民社会已经形成、发育起来之后，转而寻求娱乐休闲。时尚阅读、个性阅读、后现代阅读，是消费社会的外部景观，不足以影响根基深厚的主流价值判断。西方国家阅读史的发展，给了我们一个有益的启发与借鉴。不管你是中学教师还是小学教师，也不管你是教什么课程，多读一些历史，会让你变得比较明智与清晰，不至于容易被人欺骗和愚弄。无论是从公民发展的角度或是培育下一代健康和谐成长的角度来看，一切有明确理想与坚定志向的教师应当将哲学、思想、历史、政治、宗教、社会学的发展历史、专题讲座、学科读本等领域的书籍纳入自己的阅读视野，克服各种功利意识与畏难情绪，一本一本地、循序渐进地、耐心认真地进行阅读。阅读这些方面的书籍，能使教师逐步地探寻到人类社会发展的历史与逻辑的正确坐标，能使教师逐渐建立一种明晰牢固、充满朝气与生机的人生信仰与生活哲学，能使教师不断滋养一颗明敏睿智的慧心和一双洞悉事物的慧眼，以确保教师在良莠交错、真假混杂、诱惑纷纭、干扰频繁的现实中，有主见不盲从，有辨别不跟风，有道义不违心。当代学者周国平曾这样提醒道："记得一位老师曾说过这样一句话：'教师走多远，你的学生就能走多远。'我想如果没有一双明亮的眼睛，看不清前面的道路，是无法走得长远的，而哲学带给我们的恰恰就是这样一双慧眼。"①

"哲学的目的是寻找真理、学问和信念。"②在选择阅读这些关于思想价值取向、人类文明发展、社会运作规律等书籍的时候，特别要注意警惕实用主义与功利主义观念的影响。就解决当下温饱、满足眼前需求、获取现实利益方面来讲，思想类、哲学类、历史类、政治类、社会学类等书籍确显得"无用"与"乏力"，这就容易使得一些教师忽视与淡漠它，这是一种视阅读为单纯"工具"的思想。其实，任何一种阅读都有着双重价值：一种是工具价值，一种是意义价值。前者可以直接帮助我们解决当前问题或呈现即刻利益，而后者虽说不能直接给我们创造现实利益，但却可以为我们营造一种日常生活的精神与心理"背景"，它能影响到人们的人生选择、生存

---

① 周国平：《醒客的精神畅游之旅》，载《中国教育报》，2007－09－06。

② ［法］蒙田：《蒙田随笔集》，潘丽珍等译，117页，西安，陕西师范大学出版社，2002。

质量与幸福程度，虽然它们不能直接派上用场。对于阅读那些与自己所教学科无关的思想哲学书籍是一种浪费时间与精神的说法，我们的回答是：自然界提供人类的资源远远超过了人类的消耗，这不能算是浪费，种庄稼时播下的种子比希望的作物株数多些，这不能算是浪费，因此，教师阅读一些看似超越了眼前所需范围的书籍，也不应该说是浪费。退一万步来讲，即使说这些阅读是“浪费”的话，那也不能取消这些阅读，因为日后人们到底能用到哪些领域的知识现在谁也无法预测。

生命中有灿烂的阳光、欢喜、幸福，生命中也有现实的苦闷、污秽、残酷与不幸。如何直面应对后者，一种健康有效的解脱途径，就是到文学艺术中去锻炼自己、陶冶自己、充实自己和更新自己。去看画、听音乐、读诗、读小说、欣赏舞蹈、看戏剧或电影，让我们在苦闷中看到舒畅，在污秽中看到明净清洁，在残酷中看到温暖仁慈，在不幸中期待一切的圆满幸福。艺术，在某一个意义上，非常像宗教，懂得欣赏艺术，懂得向美致敬，也就懂得了宽容、悲悯与赎罪。目前在中国，无论是城市还是农村，教师的学历普遍得到提升，其思想观念正在逐渐更新，教育能力与专业素养也有明显改善。但实事求是地讲，教师的精神生活没有多大变化，尤其是文化品位与艺术素养缺失严重，与其从事的育人要求尚存较大距离，这是一种非常紧迫、非常重要的问题。文学艺术上的阅读，不只是在阅读作品，其实也有一部分在阅读自己。艺术欣赏的过程，不只是欣赏艺术作品，也同时是在学会以宽容之心欣赏自己和他人的生命。“艺术”与“人生”本来就是一体的两面。欣赏人生，使人生变成艺术；欣赏艺术，使我们更懂得宽容人生。

在我们平常的现实生活中，“理智”的运用太多了，我们总是用太过目的性的方式看待生活，一切都安排得井井有条，一切都从现实的利益考虑，一切都斤斤计较。但是，当我们微“醉”和微“痴”的时候，我们会忽然发现生命除了现实之外，还有其他海阔天空的领域，我们借着艺术欣赏上的“醉”和“痴”，把自己从狭窄的“理智”世界中解放出来，得到一种自由，得到一种对生命不同的爱与享受。

对于文学艺术的价值，日本著名教育家小原国芳有过如下深刻的论述："艺术不仅仅是一种手段和娱乐形式，它应该是一种摆脱一切自私的纯洁而有力的东西，是以其自身为目的的纯净情绪。只有这种情绪才能拯救人生，使生命丰富多彩。艺术教育是人的感情教育，是支配理性教育的人的教育。"①

对于艺术教育的有效实施，美国哈佛大学著名教育学者霍华德·加德纳颇有见地地指出："艺术教育非常重要，以至于无法将这项工作交给单一团体来做。即使这一团体的成员都是艺术教育家也不行。相反，艺术教育需要由艺术家、教师、行政管理人员、研究人员和学生自己通力合作才行。"②由此看来，无论从自身和谐均衡地发展角度思考，还是从学生幸福健康成长来讲，阅读一些音乐、美术、诗歌、小说等文学艺术类书籍，对教师来讲都是有益的。

我们生活在一个科学技术迅猛发展的时代。对科学技术的认识以及科学地认识、理解、把握自然社会与人类社会，是衡量一个民族、组织与个体现代文明程度高低的一个重要标尺，是一张进入现代社会的入场券。作为社会文明的继承者与传播者，教师的科学意识、科学素养与科学精神必须要跟上时代发展，必须要领先于、高过于一般公众。教师如何理解与认识科学的范围，是确定教师阅读科学技术类书籍的必要前提。对此，学者王渝生提出了自己的见解："什么是科学？第一，科学就是知识。第二，科学不是一般的零散的知识，它是理论化、系统化的知识体系。第三，科学还是科学家群体、科学共同体对自然、对社会、对人类自身规律性的认识活动。第四，在现代社会，科学还是一种社会建制。第五，邓小平同志说，科学技术是生产力，科学技术是第一生产力。我补充一句，科学还是

① ［日］小原国芳：《小原国芳教育论著选》（下卷），刘剑乔、由其民、吴光威译，吴光威、由其民校，286页，北京，人民教育出版社，1993。

② ［美］霍华德·加德纳：《多元智能》，修订2版，沈致隆译，153页，北京，新华出版社，2004。

一种文化，科学文化理所当然属于先进文化。”①无疑，这样一种认识视野与思维角度是全面的、深刻的。无论是文科教师或是理科教师，了解具备了一些基础的自然常识、科技知识与技能、人体构造与功能、医疗保健方法等科学常识，既能丰富滋润自己的科学素养，科学完善地看待世界与自身，也能给学生以科学精神、科学态度的浸润与培植。正如德国著名学者马克斯·韦伯所指出的那样：“科学首先带给我们这方面的技术知识：如何通过计算来把握生活，把握外在的事物以及人们的行动。其次，科学还能带给我们卖菜婆永远不卖的东西：思维方法、思维工具和思维训练。我们还能使诸位认识它的第三点好处：明白。前提当然是，我们自己先得明白。”②

对于佛教、道教、基督教、天主教等一些宗教经典，教师也不妨浏览涉猎一下。各种宗教形态、教义、主张能够生生不息、源源不断地流传到今天，自然有其一定的原因，特别是其对人的精神与行为的引导、规训、感化等，很值得我们做教师的借鉴。陶继新曾经明确地提出：“我还主张在座的老师学学佛学，特别是《心经》《金刚经》等经典作品。大家不要认为这是迷信。它们是哲学，博大精深。佛教自传入中国以后，就渐渐融入中国文化之中。释道的融合，儒道的融合，释儒的融合，成了中国一大文化奇观。苏东坡之所以在最得意的时候和最失意的时候都能够保持一种乐而忘忧的精神，就是得了儒、释、道三家之精妙。”③

教师如果仅仅读专业书，视野受到局限，发展受到制约。只研究教育，其余的事一概不关心，这样的教师充其量也就是个教书匠，无论怎么研究，也难有什么改观。对此种现象夏丏尊先生早有批判：“吾人于专门职业之外，当有多方之趣味。军人只知军人之事，商人只知商人之事，彼此谈话至无共同适当之材料，其苦何堪？为将来之教师宜注意及之。酱只

---

① 王渝生：《科学的昨天、今天和明天》，载《光明日报》，2007－08－02。

② [德]马克斯·韦伯：《入世修行》，王荣芬、陈维纲译，44页，西安，陕西师范大学出版社，2003。

③ 陶继新：《做一个幸福的教师》，19页，上海，华东师范大学出版社，2008。

有酱气者，必非善酱；肉只有肉气者，必非善肉；教师只有教师气者，必非善教师也。”

人的成长应该是多元的，多元的底子要打好打实，才能在某一方面有所建树，这个底子越大越坚实，越有利于单方面的成长。譬如建一座大厦，大厦越高，底座越大，如果仅仅注意高度，不顾及底座，大厦的稳固性是不可靠的。教师的广泛阅读就是打造宏大的精神大厦的底座。其实“专”与“博”是相辅相成的，没有“博”，“专”就失去了依托，重心就容易失衡，没有“专”就没有明确的发展方向，没有明确的标杆。

为什么当代中国难有大家风范的教育家？我想，其中的一个重要原因就是教师的文化积淀太浅、太窄，教师自主发展的空间太局促、太狭隘。如何矫正这些问题？关键还是要打破教师读书的局限，使教师开展广泛阅读，让阅读宽泛化、博览化、自由化。先让教师尝到阅读的甜头，丰富教师的精神底蕴。待时机成熟，再向专业书籍过渡，再通过一定的措施，鼓励教师读专业书籍。多数人有一个通病，即干什么烦什么，一个重要原因就是过分看重专业，除了专业，别无所有，这是很压抑人的。为此，肖川博士语重心长地告诫我们：“博学能够拓展我们生命的宽度，开掘我们生命的深度，提升我们生命的高度，使我们的人生变得丰富、纯净和厚重。走在通往博学的路上，是一种姿态，一种开放的姿态，一种学习者的姿态，一种诚实、谦逊和求实的姿态。”①

一个城市的文化标签，一个国家的精神取向，某种程度体现在国民的阅读选择与阅读数量上；一所学校的教育水准，一个班级的学习氛围，某种程度体现在教师的阅读程度与阅读范围上。教师熟读经典、博览群书，其视野就愈加宽广、储备就愈加丰厚、思维就愈加敏捷，见解就愈加透彻，学生就愈加钦佩，教育效果自然也就愈加成熟与完善。“关于读书，帕夫雷什中学有两点做法令人钦佩：一是他们严格为学生选择阅读书目，认为这是形成丰富的精神志趣、个人需要和道德理想的重要前提。这是多

---

① 肖川：《教育的情趣与艺术》，1页，长沙，岳麓书社，2008。

么明智与负责的举措啊！现在低级趣味以及色情与暴力的图书似乎越来越多，真让人担心学生纯洁的心灵会遭受污染；二是他们将学生所要阅读的书目精心装饰，使之像艺术宣传画一样醒目，再配上一些大作家的肖像，让人一看到书就肃然起敬，进而生发读书之欲，急切地饕餮一番。细数他们所开列的书目，俄罗斯文学和苏联各民族文学有 116 本，外国文学有 151 本，这些几乎都是大部头著作。倘若汇集到一处，恐怕要摆满一书架。平心而论，笔者所读的还不到其中二十分之一，有些书连名字都没听说过，岂能不脸红心跳？而该校绝大部分学生都能在学校里读完这些书。"①

二、专精

培根云："书有可浅尝者，有可吞食者，少数则须咀嚼消化。"有的书需字字精读，有的书可以一目十行地泛读，更多的书可能需要我们精读泛读相结合。中国古人非常强调精读，相当于外国新批评派的"细读"法。精读重在字里行间咀嚼出文章的味道与思想。慢速和重复是精读的标志。"韦编三绝"说的就是孔子读《周易》次数之多，竟使穿连《周易》竹简的皮条断了好几次。朱熹则强调读书要慢慢地咀嚼："读书切记太匆忙，涵泳功夫兴味长。未晓不妨权放过，切身需要细思量。"那么，哪些书需要或者值得教师精读呢？主要有三类：古代经典；自己专业经典；痴迷钟情之书。

教师读书要博览，旨在希望教师能够拓展学术视野、提升思想格调、丰富精神世界、夯实人生基础。在此前提之下，教师读书还得讲究专精。所谓专精，即指教师要有计划、有眼光、有侧重地投入时间与精力，专业化地、花费一番心血地重点攻读一些传世的经典书籍，重点研读一些学科专业书籍。如同有学者所指出的那样一种阅读姿态，"作为专业化读书方式的竭泽而渔，是耐人寻味的。泽中有水，甚至混有泥泞，不易看清鱼的真面目。要把这水呀、泥呀排尽，以便把鱼通通捉到，就要寻找到排水的

---

① 李学军：《无限相信书籍的教育力量》，载《中国教育报》，2008－05－14。

有效方法和渠道。”①

开展专精的阅读，首先要有眼光，准确判断哪些书籍是精品，值得花费时间与精力沉下心来细细阅读。图书市场上有一件怪事，别的商品基本上是按质论价，唯有图书不是。同样厚薄的书，不管里面装的是垃圾还是金子，价钱都差不多。更怪的事情是，人们宁愿把可以买回金子的钱用来买垃圾。至于把宝贵的生命耗费在垃圾上还是金子上，其间的得失就完全不是钱可以衡量的了。舍名家之书不读，而去读末流之作，是舍本逐末，浪费生命。读再多的末流之书，也不会写出好的文字来。对此现象，学者周国平不无遗憾地感慨道：“伟大的作品已经在那里了，却视而不见，偏把光阴消磨在源源不断的垃圾产品中，你不能说这不是惩罚。”②

实事求是地说，并不是随便读点什么都能算是阅读的。那些津津有味地观看市面上流行的通俗读物，或者随意浏览一些美观时尚杂志根本算不上是阅读。真正的阅读必须有灵魂的参与，它是一个人的灵魂在一个借文字符号构筑的精神世界里的漫游，是在这漫游途中的自我发现和自我成长，因而是一种个人化的精神行为。什么样的书最适合于这样的精神漫游呢？当然是经典，只要我们翻开它们，便会发现里面藏着一个个既独特又完美的精神世界。“唯有今天仍然活着的经典才配叫做经典，它们不但属于历史，而且超越历史，仿佛有一颗不死的灵魂在其中永存。正因为如此，在阅读它们时，不同时代的个人都可能感受到一种灵魂觉醒的惊喜。在这个意义上，经典属于每一个人。”③

作为教师，日日教书，却很少真正读书。即使读了一些书，也很少读经典的、专业的书籍，而是浏览一些时尚的、生活的、休闲的通俗读物。这些功利性的、消磨时光的阅读，目的明确而趣味甚少，大脑忙碌紧张而无所收获，长此以往，必使心灵枯竭，精神倦怠，直至意气全无。只有高

---

① 杨义：《读书的启示》，载《光明日报》，2006－07－27。

② 周国平：《最合宜的位置》，210页，北京，作家出版社，2009。

③ ［丹麦］克尔凯郭尔：《颤栗与不安》，阎嘉等译，序言，西安，陕西师范大学出版社，2002。

尚的、经典的书籍，才能给我们失血的心灵和缺钙的脊骨补充养分；也只有读书，我们才不会被世俗教育所淹没，才能涵养精神，滋养心灵。如果我们的精神成为一片荒漠，怎能使学生的心灵开满鲜花？心灵荒芜的孩子没有未来，精神衰弱的国家不打自败。教师读书，意义大矣！因此，读书就成了对自己最有效的拯救方式。有人做过比较切合实际的估计：3000 年来，荷马的史诗《伊里亚特》至少拥有 2500 万读者。名著通俗易懂，不卖弄学问。它们所论述的是关于人类共同感兴趣的题材，而不是学究式的空谈。名著永不过时，是当今世界上潜在的最强大的文明力量。读过德摩斯梯尼的演说词和西塞罗的信件，或是培根和蒙田的散文，任何人都会发现：人们对于幸福和正义、美德和真理是何等的笃信不疑。名著令人百读不厌，只要认真阅读，你就不会感到扫兴。名著最富有教育意义，它含有其他书籍所没有的东西，不论你是否赞同其中的观点，它都是人类不可缺少的老师。

在我看来，真正重要的倒不在于你读了多少名著，古今中外的名著是否读全了，而在于要有一个信念：不是最好的书不读。有了这个信念，即使你读了许多并非最好的书，你仍然会逐渐地找到那些真正属于你的最好的书，并且成为它们的知音。事实上，对于每个具有独特人性和追求的人来说，他的必读书的书单绝非照抄别人的，而是在他自己阅读的过程中形成的，这个书单本身也体现了他的个性。正像罗曼·罗兰在谈到他所喜欢的音乐大师时说的："现在我有我的贝多芬了，犹如已经有了我的莫扎特一样。一个人对他所爱的历史人物都应该这样做。"

有一句流传久远的名言——"书到用时方恨少"，现在看来，似乎应该倒过来："书到用时方恨多。"假如你认真检索，任何一个有意义的课题，都可能找到汗牛充栋的相关资料，以至于让你彷徨无地：读也不是，不读也不是。古今中外，书籍不计其数，该读哪些书呢？从精神生活的角度出发，我们也许可以粗略地把天下的书分为三大类。一是完全不可读的书。这种书只是外表像书罢了，实际上是毫无价值的印刷垃圾，不能提供任何精神的启示、艺术的欣赏或有用的知识。在今日的市场上，这种以书的面目出现的假冒伪劣产品比比皆是。二是可读可不读的书。这种书读了也许不无益处，但不读却不会造成重大损失和遗憾。世上的书，大多属于此类。我把一切专业书籍也列入此类，因为它们只对有关的专业人员才可能是必读书，对于其余人却是不必读的，至多是可读可不读的。三是必读的书。所谓必读，是就精神生活而言，即每一个关心人类精神历史和自身生命意义的人都应该读，不读便会是一种欠缺和遗憾。

有些专精书籍分量重、块头大，但并非所有的专精书籍都是长篇巨制。判断与选择专精书籍来阅读，其一是看其有无独特的思想与深刻的洞见，是否具有启蒙性与批判性；其二是看其有无专业性与创造性，是否具有权威性与代表性；其三是看其有无系统性与整体性，是否具有逻辑性与结构性。正如教育学者肖川所言："好书不在厚，也不在深，更不在玄，而在透——即在富于独特洞见、理智的穿透力、理论的彻底性，只有这些才真正具有启发性。"①

读书固然需要兴趣，但更需要目的。人生有涯，而书海无涯，跋涉森森渺渺书山，若无明确的方向与既定的目标，则犹如蹈入浩瀚无际的大海而不知游向何方，遁入茫茫大山而不知向何处攀登，今天抓起史书嗜读不休，明日捧起哲学爱不释手……最终不仅白白耗费青春年华与宝贵精力，而且终将一事难成、一树难建。为此，学者徐复观先生曾有过切肤之感："我不断的读书，是来自对书的兴趣。但现在我了解，兴趣不加上一个目的，是不会有收获的。读了四十多年的书，当然涉猎的范围也相当的广泛。但我现在知道，不彻底读通并读熟几部大部头的古典，仅靠泛观博览，在学问上是不会立下根基的。这即是我在回忆中所得的经验教训。"②

"读书"和"查书"，感觉应当是不一样的。我预感到，将会有越来越多的"聪明人"，不再耐烦一页一页地翻、一行一行地读了。可对于教师来说，"专精"阅读本身便是一门学问，远不只是为了查寻与课堂教学相关的

① 肖川：《教育的智慧与真情》，321页，长沙，岳麓书社，2005。
② 徐复观：《中国人的生命精神》，26页，上海，华东师范大学出版社，2004。

资料，更包含着对教育现实的体会、反省、怀疑、选择。成熟的教师，应当既有一目十行的“随便翻翻”，更有像朱熹所说的“耸起精神，竖起筋骨，不要困，如有刀剑在后一般”的专精阅读。

“在今天，眼睛的损害不是由于暗，而是由于‘亮’，是因为电视荧屏的媚惑和电脑屏幕的跃动，是因为每分每秒眼睛所接受到的超炫超限的刺激。更加重要的是，当习惯了屏幕奇观的眼睛回头看真实世界时，总会觉得不满足。那总在快速浏览的眼睛，越来越不习惯于安静的凝视、凝视中的深思。对绘画的诗意微妙的品味，对文学的倾心阅读，让位给了图像的快速浏览和奇观化的感官刺激。读图代替了品画，快感代替了美感，刺激震惊代替了凝视沉思，进而戏谑恶搞代替了诗意与思想的浸润，低俗嬉戏代替了品位的追求。”①我是多么希望，上述所言现象不发生在我们教师身上，至少说不发生在大多数教师身上。出现在我们教师身上的阅读现象应当是，对那些发“亮”的电视荧屏媚惑和电脑屏幕的跃动有着一种天然自觉的抵挡，伴随着一盏灯光，手持一卷心仪的书卷，端坐于书案旁，细细品味着、感受着书中的情感与认识，并随时圈点着、批阅着、记录着书中那些感动你的思想与话语。

三、笔记

每个人都有记忆力旺盛的时候，那是在青春四溢、心智正茂的年代；每个人也都将会面临着记忆力衰退的无奈，那是在步入不惑、精力不济的年龄之后。为了保持与留住记忆，特别是完整准确地保存那些书籍中光芒四射的思想、发展更新的知识、人世洞悉之理、楚楚感人情感的真实印迹，这就需要在阅读过程中始终如一、坚持不懈地做笔记。教师做读书笔记，一是可以帮助提高记忆，弥补脑力不足，不断强化提高读书效率；二是可以锻炼思维能力，读完书后或评论、或质疑、或整理，都需要动脑思考，这就有利于锻炼提升人的思维条理性、逻辑性、判断力和分析综合能

---

① 许江：《中国当代视觉文化的境遇与责任》，载《光明日报》，2007-02-01。

力。三是可积累大量有用信息和资料，开拓学术视野，为开展教学工作和研究思考提供鲜活的资源储备；四是做笔记会不断激发产生新的思考，有利于发现新问题与研究新问题。

直接在书上做笔记，是符号式笔记。教师在读书的时候，把书中的重要的、有疑问的地方，用各种符号(例如直线、曲线、括弧、三角、问号等)勾画出来，或在书的空白处写上批语，这种笔记，就是符号式笔记。符号式笔记使读过的书上的重点问题、疑难问题一目了然，这就为提纲笔记、摘录笔记或其他形式的笔记做好了准备。在阅读过程中，当看到触动自己灵魂与情感的语句或段落时，随时在书旁的空白处记下自己的切身感受；当遇到超出自己理解水平与能力的论述时，可在旁边提出自己的不解或疑惑，等等。“为什么对阅读来说，在书上做笔记是不可或缺的事？第一，那会让你保持清醒——不只是不昏睡，还是非常清醒。第二，阅读，如果是主动的，就是一种思考，而思考倾向于用语言表达出来——不管是用讲的还是写的。一个人如果说他知道他在想些什么，却说不出来。通常是他其实并不知道自己在想些什么。第三，将你的感想写下来，能帮助你记住作者的思想。”①

摘录式笔记就是把我们从书籍上、期刊上看到的一些精辟的、富有哲理的，对我们很有启发的内容抄写下来。这种方法看起来比较费事，其实是一种省时省力积累知识、信息的好办法。做摘录笔记时应当注意以下几点：一是要有选择地抄录，把文中对我们最有用、最有启发的内容抄下来，摘录的笔记应当做到“少而精”，“少”是指字数较少，“精”是指内容把握要点。二是要忠实原文。既然是摘录，作者怎样写，我们就应当怎样录，不但语句不能改动，就连标点符号都不能改动。一段话中，前后和中间不需要摘录的文字，可用省略号表示。三是要注明出处。每条资料都要一一注明是从哪本书第几页抄录的，作者、译者是谁。如果是期刊报纸，

① [美]莫提默·J·艾德勒、查尔斯·范多伦：《如何阅读一本书》，郝明义、朱衣译，45页，北京，商务印书馆，2004。

其名称、日期、作者、文章名称等都要注明，便于日后使用时查对。

在专门的本上做笔记，是摘录式读书笔记的一种方式。历史学家吴晗说过："要想学问大，就要多读、多抄、多写。要记住，一个人想要在学业上有所建树，一定得坚持这样做卡片、摘记。"唐弢先生也认为，大凡读书，一定要做读书笔记，不要自恃年轻时记忆力好，就不做笔记，如果那样，书读多了容易混杂，年纪大后记忆力衰退，就难免要吃亏。唐弢先生晚年写鲁迅传的时候，想找一个材料，鲁迅曾经说过他的父亲喝醉时老打他母亲。所以，鲁迅从不喝醉。这段话在哪里？他查找了半年没查到，又找了鲁迅博物馆研究员，也没查到，后来偶然读书时，发现在萧红回忆鲁迅的文章里面。因此，他一再告诫，必须做笔记，不要相信你的记忆力好。如果把鲁迅跟酒的关系都记在一个本子上，一查起来不就很方便吗？也就用不着花半年时间去大海里捞针了，一有感受就写下来，要赶快，不要偷懒。

本上记读书笔记也有个技巧与方法问题。学者杨义曾这样介绍过如下的经验："本子有个 A、B 面，最初的记录最好只写一面，然后在继续读书时发现同类问题，写在另一面，跟它对照，比较其间的同和异。积累多了，你对这个问题，就有各种各样的角度、层次上的材料，然后就可以梳理它的渊源流变，或解释它的多重意义了。比如读王国维的一段话，觉得耐人寻味，就写在一面，以后不知道哪天读到《道德经》上相似的意思，又记在另一面。如果发现别的书上也有类似的话，再把它积累下来。相互参证，就可能发现它们之间的传承关系，以及在不同语境中意义的微妙差异。"①

利用电脑做读书笔记，是摘录式笔记的一种高明便捷的现代方式。当一本书读完之后，可将书中精彩的语句或段落，原汁原味地、分门别类地录入到电脑里面，并且在每一段文字的后面清楚地注明这段话的详细出处（作者、译者、出版刊物名称、出版年代或期次、具体版次和页码等）。这

---

① 杨义：《读书的启示》，载《光明日报》，2006－07－27。

就需要在电脑里设立相应的文件夹，存放相关的笔记内容。这样真实地录入你认为有价值的书中段落或语句，其价值在于：可以再一次地重温精彩的思想与智慧，加深有意义的阅读印象；便于提高查找资料的效率，当需要查寻信息的时候，只需打开相应的读书笔记文件夹，即可翻检查阅所需资料；使用方便快捷，当选定所需要资料后，只需轻轻一按复制与粘贴，所需资料就准确轻松地出现在教案里或文章中。

剪贴式笔记也是一种常用的读书笔记。在自己订阅的报纸、期刊上看到好的文章或其他有用的资料应及时剪下来，经过整理就是剪贴式笔记。此方法收集资料快，也很简便。剪贴式笔记需要注意以下几点：一是做好分类。应当准备几个本子，或者把一个本子分成几个部分，把语文知识、历史知识、科学知识、艺术知识等内容分门别类地粘贴进去；二是每一个剪贴的内容要注明出处与时间；三是短小的剪贴笔记也可以作为读书卡片的内容。

“不动笔墨不读书。”古人的训诫旨在提醒我们：真正的阅读不是一种单向的知晓、输入、拿来与占有的过程，而是一种读者的心智、思维、情感与意志的投入过程，是一种读者与作者的思想、伦理、人格的相互交流、碰撞、启迪与印证的过程。而这一过程的完整实现，则必须借助于笔记的方式来展示和保存。“我建议你注意做好读书笔记。记笔记是人和书的生命对证。你读到哪点最有感觉，你觉得哪一点最有价值，你感到哪一点最为重要，你感到哪点最为可疑，都不妨记录下来。一字一句地记，可以加强你的印象和记忆；分门别类地记，可以积累你的知识；提要钩玄地记，可以在提要中把握要领，在钩玄中深化对意义的理解。张之洞说：‘读十遍，不如写一遍。’这也可以用在做笔记上。”①

四、策略

同样是读书，有些人速度快、领悟深、收效好，而有些人速度慢、感

① 杨义：《读书的启示》，载《光明日报》，2006-07-27。

受浅、效果差。究其原因，重要的一点是，缺乏读书的方法与策略。教师在进入读书状态时，头脑里应该始终清醒地意识到，是人在读书，而不是书在读人，人是主语。因此，人动书自动，人活书自活，要懂得方法、技巧与策略，不要让书把人的活泼脑筋套成死脑筋。宋代有个批评家讲读书要知道出入法，开始时要求得怎样才能进去，最后要求得怎样才能出来。

古今中外探索读书的方法策略无以数计，但这并不意味着每一种读书策略都适合于每一个人，适合于每一本书。不同的人有着自己钟情的读书方法，不同的书也有针对性的阅读策略。宋代思想家、学问家朱熹对于读书有着较为深刻独到的体验，其关于读书的见解与程序，对于我们今天拓展视野、构建知识仍有着积极的借鉴意义与应用价值。其关于读书的基本策略是：一是循序渐进。朱熹主张读书要根据自己的能力，由易到难，讲究次第，扎扎实实，步步为营。“读书之法，当循序而有常。”二是熟读精思。读书必须记得背得，仔细推敲、琢磨其意。“大抵读书，先须熟读，使其言皆若出之于吾之口；继之精思，使其意旨皆若出之于吾之心，然后可以有得耳。”熟读成诵，使学习内容烂熟于胸，这在人的成长、精神发育的一定阶段是非常必要的。三是虚心涵泳。读书需要虚心，不要因已形成的思想观点而影响所读之书内容的掌握，把“圣贤言语来凑他的意思，其有不合，是穿凿之使合”，是没有好处的。四是切身体察。读书时，要切身体会书中所讲的一切。比如书中记述好人好事，则将自己的所作所为与之对比，无则加勉。五是着紧用力。这点有两层含义：首先是读书需要围绕一定的目标，坚持不懈地努力。没有取舍，就没有重点；没有重点，就没有主攻方向；没有主攻方向，就没有自己独特的结构和优势。其次是读书的过程必须“宽着期限，紧着课程”。六是居敬持志。读书时须保持良好的精神状态，要保持一种恭谨的心态，做到心正、意诚，而且能立志专一。

除此之外，历史上还有许多学者名家就如何有效开展读书，提出了许多富有独特性与建设性的策略，现择其具有代表性的中外名家读书“十说”介绍如下：(1)一本说。中国历史学家郑天挺指出，在同一时间内精读一本最好的书。一个字、一个词、一个人、一处地、一件事，都要弄清原委。从头到尾，反复对照。(2)二分说。现代学者梁启超把所读的书分为二类：精读与浏览：精读的再分二类：有价值的文学作品与有益身心的名人格言。(3)三遍说。中国作家矛盾认为，读一本书至少读三遍：第一遍鸟瞰，即通读；第二遍精读，即细嚼；第三遍消化，即弄通。(4)四多说。毛泽东提出，读书要四多：多读，多写，多问，多想。(5)五到说。宋代理学家朱熹有读书“三到”之说(口到、眼到、心到)；现代文学家胡适加上“手到”；现代文豪鲁迅再加上“脑到”。五到俱全，乃读书良方！(6)六字说。法国哲学家卢梭把读书归纳为“六字”：储存、比较、批判。(7)七录说。中国明代文学家张溥之书房命名为“七录斋”。每读一篇佳作，必抄录之。录完，默读一遍便烧掉；再抄，再默读。反复七次，永志不忘。(8)八面说。中国北宋文学家苏东坡自称读书“八面受敌”。一本书分作几次读，每一次探究一个方面，方方面面掌握了，自己写文章就能多角度联想，挥笔自如。(9)九审说。现代文学史家东中凡研读古书“审谛九事”：别真伪，识途径，明诂训，辨章句，考古实，通条理，知家法，察史实，知流别。(10)十目说。中国清代学者阮元说：“世人每矜一目十行之才，余哂之。夫必十目一行，始是真能读书也！”

书之为物，不仅仅是冷冰冰的墨迹和纸张，它有体温，渗透着昔者或彼者的生命体验和智慧表达。英国诗人弥尔顿说过：“书籍绝不是没有生命的东西，它包含着生命的结晶，包含着像他们的子孙后代一样活生生的灵魂；不仅如此，它还像一个小瓶子，里面储存着那些撰写它们的活着的智者最纯粹的结晶和精华。”因此，对于古今中外那些思想深刻、情感赤诚、文采斐然的名篇佳什之作，不仅是用眼默看，而且还应当出声诵读。曾国藩在给后人的一封家书中提醒道：“读者，如《四书》《诗》《书》《易经》《左传》诸经，《昭明文选》，李杜韩苏之诗，韩欧曾王之文，非高声朗诵，则不能得其雄伟之概；非密咏恬吟，则不能探其深远之韵。”在我国的传统教学中，对诵读的要求与妙处已早有定论，所谓“读诗百遍，其义自见”。虽然在“自见”的时候可能会出现如陶渊明所说的“此中有真义，欲辨已忘言”，但优秀诗词所独具的深长而历久弥新的韵味正是在这样不断反复的过程中被朗读者渐入佳境地领悟着，而文化熏陶、道德修养诸方面也会同时自然地渗透在这吟诵和体会之中。“你什么都没有，只凭着内心的力量，玩味着眼前的字句，慢慢地提升自己，从模糊的概念到更清楚地理解为止。这样的一种提升，是在阅读时的一种脑力活动，也是更高的阅读技巧。这种阅读就是让一本书向你既有的理解力做挑战。”①

“吾生有涯而知无涯”。能在单位时间内尽可能多地阅读与理解书籍，不断提高阅读速度，是改善教师阅读效益的有效措施。结合自身阅读实际，不妨可以尝试如下的训练：将大拇指与食指、中指合并在一起，用这个“指针”顺着一行一行的字移动下去，速度要比你眼睛感觉的还要快一点。强迫自己的眼睛跟着手部的动作移动。一旦你的眼睛能跟着手移动时，你就能读到那些字句了。继续练习下去，继续增快手的动作，等到你发觉以前，你的速度已经可以比以前快两三倍了。当然，我们也不能单纯地以速度来判断阅读的质量与效果。究竟如何衡量把握阅读速度快慢，美国学者曾有过如下的简要阐述，“更好的秘方是：在阅读一本书的时候，慢不该慢到不值得，快不该快到有损于满足与理解。”②

读书必须要抓住书的主题，那么整本书就好理解了。康德的书，难读，但如果看懂康德的精神，那就是他要协调人类知情意，让它们和谐统一，你就能从总体上把握他的思想。黑格尔的书是逻辑的正反合三段式的演义。海德格尔的书是存在的宣言，存在是他的太阳，一切光辉都是从中发出。如果我们读书能够把作者的思想融会贯通起来，可能就会一通百通了。当然，作者的思想又往往是比较复杂的，前后矛盾的现象也比比皆是。这就需要我们走向另一个读书的维度——高度。高度意味着反思与批判。

① [美]莫提默·J·艾德勒、查尔斯·范多伦：《如何阅读一本书》，郝明义、朱衣译，11页，北京，商务印书馆，2004。

② [美]莫提默·J·艾德勒、查尔斯·范多伦：《如何阅读一本书》，郝明义、朱衣译，40页，北京，商务印书馆，2004。

对于只用眼去读书，而不用心去读书；只用双眸来吸收、输入与拿来别人的东西，而不用大脑与双手去思考与记录、甄别与判断，其结局正如叔本华所预料的那样："我们读书时，是别人在代替我们思想，我们只不过重复他的思想活动的过程而已，犹如儿童启蒙学习字时，用笔按照教师以铅笔所写的笔画依样画葫芦一般……然而在读书时，我们的头脑实际上成为别人思想的运动场了。所以，读书愈多，或整天沉浸于读书的人，虽然可借以休养精神，但他的思维能力必将渐次丧失。"①

现代书籍以文本、电子、网络、手机的形态同时呈现在人们面前，以前那种教师领先、优先于学生阅读的优势如今正面临着极大的挑战。这就需要教师增强阅读忧患意识，及时捕捉阅读信息，不断调整阅读行为，加快阅读学习速度，优先掌握知识信息。如果教师经常地都比学生晚学一步，经常地都是比学生学得少、学得差，在学生面前经常地都不具有知识权威的实际地位的话，那么，这样的教师究竟凭什么去召唤学生、吸引学生、影响学生呢？

每个人都有自己的专业与喜好，每个人也都有自己的认知方式与阅读特点。只要有速度、有收获、有助于思想提升与专业进步，那么这个读书策略就是最适合你的。当然，这里面也得区分阅读内容与阅读性质，阅读种类与阅读需求不同，阅读策略自然也就不同。

五、深度

好书是有情感、有洞见、有思想的。而这种情感、洞见与思想往往隐藏得很深，如同一个妙龄婀娜的女孩整日躲在闺房里，不肯轻易将其华丽容颜与天仙身姿展示于人一样。因此，倘若要想完整透彻地理解和把握书中的思想，非得在执著的精神与得当的方法引导下，一处一处地、一页一页地细心探寻和挖掘。只有经历过"披沙拣金""涵泳体察"的思忖揣摩，

---

① ［德］叔本华：《读书与书籍》，载《现代教师读本〈人文卷〉》，53 页，南宁，广西教育出版社，2006。

方能逐渐明了书中的思想玄妙。

通常的阅读可能会遇到这样的情景，一是我们自己在阅读报纸、杂志或其他的读物时，凭我们已有的阅读技巧与聪明才智，一下子便能融会贯通了。这样的读物能增加我们的资讯，却不能增进我们的理解力，因为在开始阅读之前，我们的理解力就已经与它们完全相当了。一是一个人试着读一本他一开始并不怎么了解、熟悉的读物。这个读物的水平显然比阅读者现有的理解力高出一截，阅读时对书中的有些陈述、判断或运用的推理方式感到有点吃力、困惑和费解，这说明，作者想要表达的东西，目前来讲，高出了阅读者的理解力。对于上述的两种情形，有着两种截然不同的选择：一种是知难而退，对于高出目前理解力的读物敬而远之，转向将时间与精力去阅读浏览那些不费力气、一看就懂的具有说明性、报道性、娱乐性的简单读物了，"事实上，一本书之所以能给你带来新的洞察力或启发，就是因为其中有一些你不能一读即懂的字句。"①另一种选择是知难而进，对于那些眼下还不能即看即懂、即看即知的读物有着一种较为强烈的征服欲和求知欲，抛弃怯懦心理，排除干扰，安下神来，耐心地、细致地、不服输地一句句地、一段段地、反复研读思考。最终由不懂转为懂，由不知转为知，由不解其意转为心领神会。这一深度探索、反复求解的过程不仅展示了思想的收获，而且还昭示了理解力的提升。令人担忧的是，能够做到选择后者的教师，似乎并不在多数，而选择前者的教师，似乎不在少数。多数教师如果真的停留在浅尝辄止、知难而退的阅读层面上，不去坚持不懈地、执著努力地深入到具有思想与知识深度的书籍当中，去感受、去体会、去探寻、去获取，那么，提升教师精神境界、专业素养、人文底蕴与科学意识的愿望恐怕将永远空悬于美好的设想之中了。

造成教师阅读缺乏深度的另一个时代原因，是现代科学技术带来的副产品——"浅阅读"，即不再愿意读书中那些冰冷冷的文字了，而喜欢读那

① [美]莫提默·J·艾德勒、查尔斯·范多伦：《如何阅读一本书》，郝明义、朱衣译，99页，北京，商务印书馆，2004。

些有图形、有变化、有色彩、有声音的影屏与视屏了。“浅阅读”既是一种快餐式的阅读方式，也是一种浮萍式的阅读方式，与网络的普及相伴而生。“浅阅读”首先表现出“快速”的特点，对文本的阅读强调通过对页面的浏览达到敏捷捕捉和迅速吸收的目的，不需要细嚼慢咽，不需要“反刍”，把传统的“读书”行为转化成“读网”的行为。“浅阅读”还表现出“表层”的特点，强调视觉的直观性，强调丰富、生动、形象和立体，因此常把文字转化为“图”，以达到一看就明白的效果，把传统的“读书”行为又进一步转化成“读图”的行为。“浅阅读”是网络时代的一种攻击力很强的流行病毒，破坏了传统积淀下来的阅读常识系统，比如“读万卷书，行万里路”“熟读唐诗三百首，不会做诗亦会吟”“读书破万卷，下笔如有神”等，一些教师不幸感染上了这种病毒，喜欢“读网”，也喜欢“读图”，独独厌倦了“读书”。教案从网上下载现成的，按部就班讲得头头是道，就是少了自己的“真知”；课堂上引述的材料大都源自网络，趣味横生，就是少了自己的“灼见”；课件做得“形象又生动”，不是图片就是影音，就是少了意蕴深沉、境界美丽的汉字。

从某种意义上来说，书籍也是一种特殊商品。既是商品，自然也就有好坏优劣之分。这个特殊商品制作者思想境界、专业水准、制作目的与人生追求的品格，自然决定了此商品的质地与格次。作为教人读书、求知的教育工作者，我们首先自己需要阅读有深度、有内涵、有品位的书，同时还要有深度、有执著、有耐心地读好书。深度地读书与读深度的书，应当成为每一个有品位、有精神的教师一生的理念与行为。“如果你的阅读目的是想变成一个更好的阅读者，你就不能摸到任何书或文章都读。如果你所读的书都在你的能力范围之内，你就没法提升自己的阅读能力。你必须能操纵超越你能力的书，或像我们所说的，阅读超越你头脑的书。”①

阅读是一个人一生的事业，关乎一个人的精神成长和思维水平，苏格

① ［美］莫提默·J·艾德勒、查尔斯·范多伦：《如何阅读一本书》，郝明义、朱衣译，291页，北京，商务印书馆，2004。

拉底说："未经省察的人生没有价值。"同样，未经艰苦的探究与深刻思考的阅读也是没有价值的阅读，它不能弥补缺失的人文精神，也不能架构传统的价值观念，更不能塑造和培养一种高层次的审美理想和道德规范。因此，对于"你最初阅读这本书的时候，这本书的层次就远超过你，现在你重读时仍然超过你，未来很可能也一直超过你。因为这是一本真正的好书——我们可说是伟大的书——所以可以适应不同层次的需要。"①

六、评价

完整的读书形态应当是：既要汲取书中的过人睿智、先进理念、新颖知识与思考方法，还要对书籍的基本思想、知识体系、逻辑框架与情感态度做一番由表及里的较为清晰透彻的分析与评价。只有吸收而没有评价与批判，我们的头脑就容易成为别人的跑马场。

当轻轻合上刚刚阅读完的书，特别是自己感兴趣或切合自己专业的书，我们恐怕首先要思考如下四个这样的问题：第一，整体地来说，这本书到底在谈些什么？你一定要想办法找出这本书的主题，作者如何依次发展这个主题，如何逐步从核心主题分解出从属的关键议题来。第二，作者在具体的各部分又说了些什么，怎么说？你一定要想办法找出主要的想法、声明与论点。第三，这本书说得有道理吗？是全部有道理，还是部分有道理？第四，这本书跟你有什么关系？如果这本书给了你一些资讯，你一定要问问这些资讯有什么意义。思考这四个基本问题，既可以使我们从整体角度上揣摩把握作者的核心思想与价值观念，也可以从细节层面上认识理解作者的真实意图与研究倾向，进而对此书的思想意义、知识构架、科学价值等做出一个扬弃取舍的真实判断。如果你有读书时提出问题的习惯，那就更能成为一个好的阅读者。

一般而言，我们通常会围绕着这本书所阐述的内容来做一些思考与评

① [美]莫提默·J·艾德勒、查尔斯·范多伦：《如何阅读一本书》，郝明义、朱衣译，295页，北京，商务印书馆，2004。

价。作者论述的思路与角度为何会这样处理；书中的思想框架与知识体系构建的创新点、突破点是什么；哪几个观点新颖独到、见地颇深；哪些资料、数据、信息使用得精妙有力充实等。通过上述一番观察与评价，我们对此书会有一个较为清晰的认识。但我们要特别注意并要力图做到的另一方面是，我们要批评这本书，我们还一定要知道它没谈到的是什么；作者为何要煞费苦心地撰写这本书，他的真实用意是什么；作者的思想主张、逻辑判断的社会依据与理论依据是什么；从专业角度来观察，这本书还存在着哪些疏忽与缺失；其理论主张与知识表述是否完整周到，是否能够自圆其说；与同类的书籍相比，这本书哪些方面还有缺欠或不足。因此，只有对书中所写的和没有写的内涵进行全方位地、入木三分地观察与透视，才能对全书做出客观、准确的评价判断，正如哲学家叔本华所言："况且被记录在纸上的思想，不过是像在沙上行走者的足迹而已，我们也许能看到他所走过的路径；如果我们想要知道他在路上看见些什么，则必须用我们自己的眼睛。"①

不要刚刚看了几页，就贸然地、急不可待地要对书籍发表意见或开展评价。最好的阅读评价，应当是在阅读过程结束之后才能开展。第一，应当先完整地了解一本书，不要急着开始批评。在你说出"我同意"，"我不同意"，或"我暂缓评论"之前，你一定要能肯定地说："我了解了。"这是评价的基本前提。第二，恳请读者不要争强好辩或盲目反对。要发表自己的看法，一定要先真正弄清楚书中的全部思想与作者的意图，明白观点提出、知识佐证、事件原委的来龙去脉，然后再有理有据地提出自己的观点。第三，将知识上的不同意见看做是大体上可以解决的问题。对于一种社会现象、认识判断、知识概念，只要有根据、有逻辑，允许有不同的理解或主张。"百花齐放、百家争鸣"不仅是社会文明规则与学术繁荣原则，更是一种胸襟、气度与学养。

① ［德］叔本华：《读书与书籍》，载《现代教师读本〈人文卷〉》，54页，南宁，广西教育出版社，2006。

哈佛大学的标志是三本书——两本朝上开着，一本朝下盖着。什么谜底？哈佛想告诉她的学生：书本传播了知识，传播了真理；但书本也传播了谬误。因此，哈佛的师生都要不唯书，不唯上！哈佛追求的就是培养学生的批判性阅读能力。

批判性阅读是一种自我教育的过程。从批判中吸收，是一种主动的吸收，是过滤后的吸收，吸收的是精髓，是在理解的基础上，进行质疑、批判，从而对知识进行重构，成为知识的主人，学习的主体。批判性阅读必须以独立思考为基础。没有独立思考，没有创新意识，就没有自己独特的观点。因此，批判性阅读是培养创造性人才的第一块基石。

批判性阅读的入门功夫是“批判性聆听”。“批判性聆听”不是事事作对、处处唱反调；或者干脆为反对而反对，进行盲目批判。“批判性聆听”，讲究的是不盲从，把独立分析和理性思考作为思维的“过滤网”，去吸收说话者的精华。“批判性聆听”的关键是：不要盲目地全盘接受，要虚心地吸收对方的精华，然后去“悟”出自己的思想。

主动的阅读不会为了已经了解一本书在说些什么而停顿下来，必须能评论，提出批评，才算真正完成了这件事。“当你有自己的主见时，那就是你的主张，不是作者的主张了。如果你不靠自己，只想依赖别人为你作判断，那你就是在做奴隶，不是自由的人了。思想教育之受推崇，正因如此。”①

评价本身不是目的，评价的意图在于更为准确洞悉与把握作者的思想动机与价值标准，在于完整合理地借鉴书中的观念与知识，在于不断提升自己的理解力、辨别力和判断力。只有做到了阅读后的深刻思考与理性评价，我们才不会做书的奴隶，才不会被别人操纵自己的头脑、奴役自己的思想，才能够在全面而准确、深入而有效地吸收借鉴他人的思想与知识的基础上，昂起头颅、挺起胸膛做一个有主见、不盲从的求真务实之人。

---

① [美]莫提默·J·艾德勒、查尔斯·范多伦：《如何阅读一本书》，郝明义、朱衣译，126页，北京，商务印书馆，2004。

七、心灵

同是读书，但却有着很大的区别：有些人是用眼睛在读书，书一旦合上，阅读的东西也就随之消失了；有些人是用心灵在读书，书中的判断、情感、知识全都留在了心灵深处，伴随着他在人世间持续地、步履坚实有力地行走。为了有收获、有探求、有内在的丰富与充盈，教师在展卷阅读时，一定要投入专注的情感，用真心和灵魂与作者相识与沟通。“真正的阅读必须有灵魂的参与，它是一个人的灵魂在一个借文字符号的精神世界里的漫游，是在这漫游旅途中的自我发现和自我成长，因而是一种个人化的精神行为。”①

很多人都有过这样的阅读经历，看到美好的被损毁、高尚的受冷遇、真诚的遭抛弃，都忍不住为之扼腕叹息、潸然落泪。但不知我们思考过没有，这份使你感动落泪的缘由，是暂时的、肤浅的，还是持久的、深刻的。一般而言，阅读落泪大体有如下三种形态。

一是眼哭。这种哭大多是由书中一些比较感人的小片段、小情节所引起。如当书中的小女孩稚气未脱，却被远卖他乡而受尽欺凌之时；好姑娘一片痴情忠贞不二，却被爱人误解而欲辩不能之际；老父亲供儿子上学不惜舍身卖血，以致晕倒街头之时……许多读者都会不由自主地为之泪下。这些眼泪无疑是可贵而高尚的，我们丝毫不应轻视。但在大多数情况下，这种哭泣也是短暂的，当读者泪眼模糊地翻开下一页，情节出现转机之后，可能很快又破涕为笑。由于眼泪只流过了读者的眼睛，而没有流进心中，其悲哀转瞬即逝，影响也随之消失。

二是心哭。《红楼梦》里宝黛二人青梅竹马、志同道合，却因世俗力量的重重干扰而佳偶难成，最后一个泪尽而亡，一个遁入空门；《悲惨世界》中，冉阿让侠骨柔肠、仁心义胆，却在行善之时被捕入狱、身受绞刑；而安娜·卡列尼娜天生丽质，却无法得到一份属于她的真挚爱情，最后身心

① 周国平：《最合宜的位置》，33页，北京，作家出版社，2009。

交瘁、香消玉殒……读这些书，我们在流泪的同时，心也在滴血。数日之内，我们都会为书中人物的命运而悲、而恨、而怒、而耿耿难眠。虽然时间最终会冲淡这一切，但经过一场锥心之哭以后，这本书就如一根尖锐的木楔，深深地打入了我们的心中，留下一份永远的痛楚。

三是魂哭。灵魂是我们的生命之根、智慧之源和精神之本。灵魂之哭见不到眼泪，但比任何有泪之哭都要深切，似乎感觉不到心痛，但比任何伤心之哭都要悲哀。读孔子的“逝者如斯夫，不舍昼夜”；读陈子昂的“前不见古人，后不见来者”；读苏东坡的“大江东去，浪淘尽，千古风流人物”，便会生出这种灵魂之哭。问悲从何来？又道不明说不清。这悲哀淡淡的、幽幽的，似乎一点也不强烈，却经久不散。它会慢慢渗进你的心田，弥漫于你的胸怀中，久而久之，你会发现自己的心胸因它而开阔，思想因它而成熟，行为因它而宽容，功名利禄之心也因它而变得淡泊。你感到自己被脱胎换骨了，然而，那份淡淡的哀愁却依然绵绵不绝，永无穷期。

一部经典读到最后，我们看到的就不该是一堆文字，而是一个心灵。读《论语》应该读出孔子的心灵，读《道德经》应该读出老子的心灵。孔子的心灵是热的，老子的心灵是冷的。孔子的心灵是实的，老子的心灵是虚的。“虚其心，实其腹；弱其志，强其骨”，这是《道德经》给我们的建议。一个被充满的心灵是喧闹的，甚至麻木。在虚静中，心灵才可以动起来，才可以发现这个世界的法则，发现真实的自己，也发现真实的他人。因此我们看老子对世界的描绘就有些清冷和虚静，作为世界开端的道是“独立而不改”的，从中分明可以看出透着寂寞和孤独。

阅读的经验告诉我们，凡是印象深刻的阅读，影响久远的阅读，收获颇丰的阅读，必定有一个鲜活、丰盈、主动的心灵在参与、在浸渍、在推动。

如果说阅读的目的纯然是为了改变处境、提升地位、谋取利益，那只用眼睛就足够了，因为眼睛完全能够满足“知晓”的实用工具和功利价值。而如果阅读的缘由是为了拓展视野、陶冶性灵、完善精神、润泽生命，那就必须要用整个心灵去感悟、去求索。书之为物，不仅仅是冷冰冰的墨迹和纸张，它有体温，渗透着昔者或彼者的生命体验和智慧表达。英国诗人弥尔顿说过："书籍绝不是没有生命的东西，它包含着生命的结晶，包含着像他们的子孙后代一样活生生的灵魂；不仅如此，它还像一个小瓶子，里面储存着那些撰写它们的活着的智者最纯粹的结晶和精华。"

教师的书架上没有书，就好像农民秋后的粮仓里没有种子。当书架上只剩下"教科书和参考书"，当书架变得不"厚"、不"杂"和不"智"，当书架成为书香飘走的地方，教师就开始了远离书籍阅读的人生苦旅。明人于谦在其《观书》这样理解人与书卷的关系："书卷多情似故人，晨昏忧乐每相亲。眼前直下三千字，胸中全无一点尘。"这种功利性阅读，目的明确而趣味甚少，大脑忙碌紧张而无所收获，长此以往，必使心灵枯竭、精神倦怠，直至意气全无。只有高尚的书籍，才能给我们失血的心灵和缺钙的脊骨补充养分；也只有读书，我们才不会被世俗教育所淹没，才能涵养精神，滋养心灵。如果我们的精神成为一片荒漠，怎能使学生的心灵开满鲜花？心灵荒芜的孩子没有未来，精神衰弱的国家不打自败。教师读书，意义大矣！因此，读书就成了对自己最有效的拯救方式。

八、思索

当我们说"读书可以明智"的时候，我们要格外小心。因为读书不一定使人智慧。读书与明智之间还有一段距离，即思索。读书而不思获得的只是知识，知识不是智慧，对知识的思索、运用才体现出智慧。我们读书的目的不仅仅是为了求知，获取知识，更重要的是求智，增长智慧。"知识就是力量"这句话没有错，但知识只有经过我们的思考、运用才能产生力量。知识是死的，而智慧却是活的。局限于别人的知识只是重复别人，没有多大价值。但我们又不得不从学习知识开始。这就要求我们要学会将他人的知识转化为自己的智慧，从"知"走向"智"，这要靠思索。

毫无疑问，书籍是打开世界的一扇窗口，能使我们凭窗瞭望广袤的世界与绵长的历史，在阐述着人类文化发现、思想历程探索、复杂情感描述、科学技术创造的时候，其中势必会夹杂着一些偏见、固执、傲慢、臆想甚至谬误，这是任何一本书籍都无法避免的一种尴尬与无奈。因此，在展卷阅读之时，教师要准备好充分的问号，以一种审视的、思考的甚至是怀疑的目光去阅读每一页。如此，我们既可充分有效地汲取书中的有益精华，也避免了良莠不分、照单全收地粗略野蛮阅读。对此，哲学家叔本华曾有过深刻的告诫："阅读并不能代替一个人的独立思考，它只是对精神起着一种引导作用。汗牛充栋的书籍仅仅告诉我们，错误的途径如此之多，如果一个人盲从轻信，就很可能会误入歧途。"①

一位教师问他的学生，今天你做什么？学生回答：读书。教师又问：明天你做什么？学生仍回答：读书。教师不但没有表扬他，反而愤怒起来：那你准备什么时候去思索呢？在教师看来，这位学生犯了一个非常严重的错误：读书而不思考。

从"知"走向"智"，最重要的就是思考。如果说读书是垦荒，思考则是播种，终会结出果实。思考能使你与作者拉开距离，对书进行审视，更能识别"庐山真面目"。没有思索的阅读，只是囫囵吞枣。只有经过思索的东西我们才能深刻地理解它，进而汲取其中的养分。智慧正如甘泉，须经过深深地挖掘(思考)才能得到。唯有深入本质的思考与鞭辟入里的剖析，我们方能探得深埋于书卷之中的思想精华。在这一点上，日本教育家小原国芳有过精彩的表述："每个人的批评实际上也是自我的表现，即：自我批判。好人把万事都看成是好的。浅薄的人把一切都看得很肤浅，思想深邃的人把一切都看得很深。"②挖得越深，它就越甜。不思考，我们便与甘泉无缘，甚至会"身在宝山不识宝"。

思考更进一步，还需要怀疑。这是转化的开始。我们不仅要思考"为什么会那样"，还要考虑"可不可以不那样"。在读书以前，我们可以对每一本

① [德]叔本华：《悲喜人生》，范进等译，128页，西安，陕西师范大学出版社，2002。

② [日]小原国芳：《小原国芳教育论著选》(下卷)，刘剑乔、由其民、吴光威译，吴光威、由其民校，290页，北京，人民教育出版社，1993。

书充满憧憬与敬畏，但在读书之时，我们须抱有一种怀疑的态度，敢于质疑、敢于发问。看看书中哪些讲得不对，需要纠正；哪些讲得不好，需要完善；哪些没有讲到，需要补充。大疑则大悟，小疑则小悟，无疑则无悟。英国科学哲学家卡尔·波普尔提倡的怀疑精神极有见地。他认为科学的精神是批判与怀疑，是不断推翻旧理论，不断有新发现。从某种角度来讲，知识仅仅是假说，它需要不断批判、不断质疑，才能不断进步、接近真理。对此，哲学家叔本华有过精辟的论述："真正精通学理的思想家也和那些没有受过正规教育的人一样对待书本知识，只不过是在更大的视野里来对待这些知识。尽管他十分需要丰富的知识，因而必须博览群书，但他的精神仍然足以支配这种知识，并能够对它兼收并蓄，融入自己的思想体系。"①

思索了、怀疑了，这本书才会和我们联系起来，激活我们的大脑。否则只是一汪死水，对我们没有任何意义。为此，德国哲学家叔本华正言厉色地告诫我们："我们读书时，是别人在代替我们思想，我们只不过重复他的思想活动的过程而已，犹如儿童启蒙学习字时，用笔按照教师以铅笔所写的笔画依样画葫芦一般……然而在读书时，我们的头脑实际上成为别人思想的运动场了。所以，读书愈多，或整天沉浸于读书的人，虽然可借以休养精神，但他的思维能力必将渐次丧失。"②

有了怀疑，有了激情，我们还要将我们所怀疑的，引起激情的，化成作品，写点什么，或者做点什么。胡适先生认为读书须有"四到"，眼到、口到、心到、手到。"手到才有所得"。我们不能只是接受知识，还应把所吸收的转化为自己的创造，用自己的语言把它表现出来，把它"物化"。从接受到创造，正是从"知"走向"智"的表现。"经过这样漫长而危险的自制练习，人便脱胎成了另一个人，有了更多的疑问，尤其是有了一种意志，即与过去之所问相比，今后要更加经常、深刻、严格、坚定、恶毒、平静

---

① ［德］叔本华：《悲喜人生》，范进等译，132页，西安，陕西师范大学出版社，2002。

② ［德］叔本华：《读书与书籍》，载《现代教师读本〈人文卷〉》，53页，南宁，广西教育出版社，2006。

地发问。”①

这时我们就会发现，在所读的书当中，有好书、坏书，有大作品、小作品。大作品使我们变矮，小作品使我们升高。这就如我们在强者面前感到自己的弱小、自卑，而在弱者的面前感到自己的强大、自信。小作品使我们升高、自信，这是不错的，但是若让大作品使我们变矮，就不太妙了。这会扼杀我们的积极性，滞缓我们前进的步伐。一旦我们屈服于大作品的阴影下，就很难走向“智”。要从“知”走向“智”，就必须走出大作品的阴影，抵抗“好书”。抵抗“好书”，就须力求独创。不局限于“好书”的樊笼，不被它迷倒，避免因袭、模仿。要说一些书中没有说过的话，书中这么说，我们就不这么说，另辟蹊径。从各个角度、各个方面去寻求新的出路，设想出新的思想、方案和方法。走在书中已有成果的前面，超越“好书”。这样，大作品不仅没让我们变矮，还使我们升高了，我们站在“巨人”的肩膀上。

从“知”走向“智”，一本书读完后并不停下来，而是思接千载，视通万里。太阳每天都是新的，每次读完书后都要力求有新的收获。永远有一本只读了一半的书。读完了一本书，我们只是完成了读书这个过程的一半，接着我们还必须思索、怀疑，引起激情和反抗，写点什么，或做点什么，抵抗好书，征服好书。

“但是不管你学到的是有关这本书的知识或有关世界的知识，如果你运用的只是你的记忆力，其实你除了那些信息之外一无所获。你并没有被启发。要能被启发，除了知道作者所说的话之外，还要明白他的意思，懂得他为什么会这么说。”②只有这样，我们才能将他人的知识转化为自己的智慧，从“知”走向“智”。只有做到这些，我们才能充满自信、自豪地说“读书使人明智”。

---

① [德]尼采：《疯狂的意义》，周国平译，63页，西安，陕西师范大学出版社，2002。

② [美]莫提默·J.艾德勒、查尔斯·范多伦：《如何阅读一本书》，郝明义、朱衣译，14页，北京，商务印书馆，2004。

九、习惯

综观现在人们要做的事情不可谓不多，不可谓不忙碌。上班、家务、散步、交际、上网、旅游、聊天、搓麻将、下茶馆、看电视……罗列不完。生活真是五彩缤纷，而这浮华喧闹的背后却是思想的慵懒、思维的僵化、品质的衰退。那么，如何才能让教师具有充实的灵魂和不断生长的精神呢？答案只有一个：让读书成为习惯。

曾有一位印度诗人说：播种一个信念，我们将收获一个行动；播种一个行动，我们将收获一个习惯；播种一个习惯，我们将收获一个性格；播种一个性格，我们将收获一个命运。同样，读书习惯的养成则来源于我们是否有着终身学习、持之思索、不停探究的信念。

诗人王家新曾经有这样一段经历，他曾在欧洲快车上遇到一位埋头阅读尼采、知道他是中国人后又兴奋地用英文背诵孔子语录的女士，他以为她是什么文化人，后来才了解她原是瑞士的一位理发师；他还在德国认识一位“杜甫迷”，他不仅热爱杜甫的诗，还曾为此前往中国数次，带着一本中国历史地图册，追寻杜甫当年的足迹；然而这并不是一位“汉学家”，他只是一位普通的中学化学老师。这其实就是教育的真谛！生命的成长必须建立在人类文化的沃土上，根基愈深，一个人成长的空间就越大。

读书是一种习惯。什么是习惯，习焉不察，习惯成自然。也就是说，一种行为方式自然而然到自己不能察觉的时候，就成了习惯。英国作家毛姆说他喜欢坐在公园的长凳上读诗，这是他读书的习惯之一；欧阳修的“三上，三多”是他的阅读写作习惯；三国著名学者董季直的“三余，即冬者岁之余，夜者日之余，阴雨者晴之余”是他争分夺秒学习的习惯；司马光的警枕夜读是他克服瞌睡、增加学习时间的习惯。读书形成一种习惯，而习惯形成一种生存方式，生存方式最终影响一个人的命运。特级教师于永正是这样看待读书习惯的：“我有四个习惯，一个爱好。四个习惯一是读的习惯，每天的报纸必读，订的刊物必读，好书必读，读到精彩处必记；二是看和听的习惯，每天晚上中央台的‘新闻联播’必看，每天早上中央人民广播电台的‘新闻和报纸摘要’节目必听；三是观察和思考的习惯，有着强烈的好奇心；四是“操笔为文”的习惯。一个爱好是唱京戏。”①

读书是一种需要。我们所熟知的匡衡凿壁借光、车胤囊萤、孙康映雪，他们千方百计为自己创造读书的条件，满足的是自己知识成长的需要，这种需要所带来的精神上的充实是物质生活不能提供的。躲在书房里，手捧心仪已久的书籍，细细品味、慢慢咀嚼书中的宁静和快感，实是一种享受，一种只可意会不能言传的绝顶享乐。有时，一册好书在手，为情节所牵，为人物命运而挂，真可谓：布衣暖，菜根香，还是读书滋味长。当代著名语文教师李镇西也是将读书视为一种内在需要：“前次我到张家口宣化区去讲课，电脑坏了，临走时我就只带了U盘走。带着U盘走的时候，我想，我还得带点东西，于是拿了两本书，第一本是《“教育学视野”辨析》，第二本是《爱因斯坦传》。在机场等飞机，一个小时，我就开始打开第一本书——《“教育学视野”辨析》，在飞机上两个多小时，下了飞机，从首都机场到张家口还要坐两个多小时高速路的车，车进宣化区的时候，一本书198页读完了。当时我特别有成就感。上完课第二天往回赶，就是从张家口往成都赶，开始读第二本书——《爱因斯坦传》。这么一来一往两本书给读完了。你说，谁强迫我了吗？没有，内在需要。”②

读书是一种享受。不断诵读，在回味中享受，读书人一旦获得悠然、超然、淡然的好心致，还怕品不出书魂、书香、书韵？读书，需要反复咀嚼且品味，就像吃豆腐干，嚼过来嚼过去，最后吞下细细的香末，还有余味在口中。享受书中的情节、细节，哪怕是一句话，有时都可令读书人以为哲理无穷，视为至宝。享受，有时妙不可言。所谓“精妙处，忍不住击节叫好；伤感处，止不住泪眼模糊；激愤处，耐不住拍案而起；谐趣处，憋不住哑然失笑”，享受的是一种境界。

读书是一种超越。读书，拨亮的是人的心灯。无论你从事什么职业，

---

① 雷玲主编：《故事里有你的梦想：18位名师的精神档案》，57页，上海，华东师范大学出版社，2007。

② 李镇西：《用心灵赢得心灵》，98页，上海，华东师范大学出版社，2008。

超越的梦想都是从读书开始酝酿的。九岁的时候，比尔·盖茨就已经读完了所有的百科全书。亚洲首富孙正义在23岁的时候，得了肝病，整整住了两年医院。在两年当中，他阅读了4000本书，平均一天阅读5本书。书，不是五彩斑斓却可望不可即的海市蜃楼，而是在茫茫戈壁迷失方向后抬头望见的北斗星。有书相伴，读书人必能做个明白人，沿着预定的目标坚定地走下去，必能“骐骥一跃”，无论艳阳高照，还是凄风苦雨。

读书是一种快乐。关于读书的乐趣，周氏兄弟有两个出乎意料却意味深长的比喻。鲁迅说：“读书如赌博。”就像今天爱打麻将的人，天天打、夜夜打、连续地打，周作人也有一个比方，他说：“读书就像烟鬼抽烟。”爱抽烟的人是手闲嘴空就觉得无聊，而且真正的烟鬼不在于抽，而是在于进入那种烟雾缥缈的境界。记得有个名人说过：读书意味着借贷，利用所学的来创造就是偿还自己的债务。读书的同时，我也在写自己的生活。写成了我的另一种快乐。插上宽带网这个现代化的翅膀，一台四方的电脑就是你倾诉的对象。在别人睡觉的时候，还可以去思考问题。别人熟视无睹的东西经过你的构思便成了经典的作品。在冲破阵阵苦苦煎熬之后，无论作品是以豆腐块或者重头稿的形式出现，只要最终能得到编辑的认可，读者的满意，这就是一件很有意义的事情。我可以把闲散的时间像串珠子一样连接，把丝丝点点的感悟汇流成河，最终编辑出自己满意的作品集，感到时间并没有虚度。当自己的心血变成一张张稿费单时，成功之感不禁油然而起。若世间之事都以钱来衡量，那也太粗俗了。个人价值的体现是写稿人最闪亮的光环。在满足一般的物质需求之外，你的能力能得到别人认可，你的观点能引发别人思索，你的喜怒能与人一同分享，那该是多么美妙的享受啊！不要别人怎样称呼你什么作家、诗人，只要自己有空的时候将自己的文集拿出来看看，就会觉得生活竟然这么踏实。倘若留给子孙后代也会是一大笔宝贵的精神遗产。你能不乐吗？

真正把读书的快乐说得让人神往的人可能是翁森的《四时读书乐》。翁森字秀卿，号一瓢，浙江仙居人，生卒年不详，生活在宋元更替的时代。他学问很好，宋朝灭亡以后，不愿为官，隐居办学，著有《一瓢稿》。他创作的这组诗在后代读书人中影响深远。春："山光照槛水绕廊，舞雩归咏春风香。好鸟枝头亦朋友，落花水面皆文章。蹉跎莫遣韶光老，人生唯有读书好。读书之乐乐何如，绿满窗前草不除。"夏："新竹压檐桑四围，小斋幽敞明朱曦。昼长吟罢蝉鸣树，夜深烬落萤入帏。北窗高卧羲皇侣，只因素稔读书趣。读书之乐乐无穷，瑶琴一曲来薰风。"秋："昨夜庭前叶有声，篱豆花开蟋蟀鸣。不觉商意满林薄，萧然万籁涵虚清。近床赖有短檠在，对此读书功更倍。读书之乐乐陶陶，起弄明月霜天高。"冬："木落水尽千崖枯，迥然吾亦见真吾。坐对韦编灯动壁，高歌夜半雪压庐。地炉茶鼎烹活火，四壁图书中有我。读书之乐何处寻，数点梅花天地心。"听到如此赞美读书的诗句，谁会不对读书充满遐想与渴望呢？

读书是为了充实自己的内心精神世界并参悟宇宙人生的真谛(悟道)。它已经不再是为了一种单纯的求知而是为了一种智慧的富足。拥有这种境界的人，像鲲鹏一样逍遥于天地之间，大千世界皆可阅览，人间万象莫不为书。清代张潮在其《幽梦影》中说得好："善读书者，无之而非书：山水亦书也，棋酒亦书也，花月亦书也。善游山水者，无之而非山水：书史亦山水也，诗酒亦山水也，花月亦山水也"；"文章是案头之山水，山水是地上之文章。"法国女作家杜拉斯也说："生活本身就是一种阅读，是事物的智慧。"

整体感知的习惯。拿过一本书来，要先看目录，明确全书的大致内容。拿过一篇文章，要先看题目，抓住关键词，再速读全文，对文章的思路、思想内容、写作背景、写作特点、作者的情感和语感等形成初步的认识。这种读书法符合人们认识事物的规律。人们看一个景物首先习惯于放眼看其全貌，获得全局形象，进而以此为标准，做出评价。只有把握住全局，才能准确理解局部。

局部研读的习惯。当整体感知之后，读者会发现一本书中有他最感兴趣的章节，一篇文章中有他最喜欢的段落，这时要对这些章节和段落进行认真的研读、揣摩、探究，细细品味文章的写作目的、思路、思想内容、层次结构、词语运用和写作特点，对于特别美的词、句、段，可以抄下来，甚至背诵。久而久之，许多优秀作品的语言，甚至结构就可转化成自己的东西。

及时批注的习惯。不动笔墨不读书。每次读书都将笔拿在手上，对重点、难点、文眼、题眼、警句、佳句、新意、创见、关键词语以及有疑问之处，用自己熟悉的符号标出来，或写出首要的、有见地的评语。经过多次训练，便能够养成习惯。这样做，不仅可以督促学生克服浮光掠影、毫无目的的读书习惯，还可引导学生静下心来，沉到文章中去作深入的探究。

查阅工具书的习惯。每一个教师都应备有《新华字典》《汉语成语词典》《古汉语常用字字典》及相关的参考书。要经常鼓励学生在遇到不认识的字、不理解的词语时，必定查字典、辞典；看到不懂的内容，必定想方设法查阅参考书，绝不轻易放过。这种习惯养成之后，就可以终身受用不尽。

规范诵读的习惯。读文章，特别是读诗歌，要注意朗诵技巧，绝不能“小和尚念经，有口无心”地乱读一通。可从以下四个方面培养朗诵习惯：(1)提出规范要求。让学生根据标点文意，把握感情基调，表情自然得体；明确停顿长短，注意节奏的快慢、语调的顿挫抑扬；吐词清楚，声音洪亮。(2)树立规范样板。可播放录音磁带，让学生依据“规范要求”去听、去评，也可由教师范读给学生听。(3)朗诵能力强者范读。教师让那些敢举手、朗诵能力强、又有好胜心的学生先行朗诵，并要求“听众”用“规范要求”对优缺点做出评价。(4)鼓励朗诵能力弱者试读。对那些一时不敢举手、朗读能力不强的同学，教师可先选择难度小、意义明、感情色彩好把握的句段，或前面个别同学一时读得不规范的句段，鼓励他们朗诵。第一遍不成功，教师给予点拨，让其根据点拨再次试读，直到能读好，要不失时机地寻找其“闪光点”给予肯定，以增强其信心。

质疑问难的习惯。孔子曰：“学而不思则罔，思而不学则殆。”这句话道出了学与思之间的辩证关系。“疑”是打开知识宝库的钥匙，可以提高学生的求异思维能力，激发他们的创造能力。这就要求学生读书时仔细思索，脑海里不断出现问号，又不断去消灭问号；碰到自己不能解决的疑难，则虚心地向别人请教，而绝不轻易放过一个问号。一旦养成这种习惯，他们的思想怎么也闲不下来，总是不停地、饶有兴味地比较、归纳、揣摩、体会，读书的过程也就充满了思考和解决矛盾的乐趣。

世间事事皆学问。不管你是小学教师或是中学教师，也不管你是教语文、数学、外语的，只要你有心、有意、有志，你都能从书中找到你想要的东西。因为那里是前人的智慧和经验，你掌握了这些智慧和经验，你就必定会少走弯路，你的工作就能越干越好。即使你可能今生今世出不了名，得不了利，但如果你养成了读书的习惯，你一定会成为一个精神饱满、气象不俗、底蕴丰厚的人。正如美国教育家杜威所说的："习惯有两种形式，一是习以为常的形式，就是有机体的活动和环境取得全面的、持久的平衡；另一种形式是主动地调整自己的活动，借以应付新的情况的能力。前一种习惯提供生长的背景；后一种习惯构成继续不断的生长。"①

1940 年 10 月 22 日伦敦遭德军轰炸，很多房子倒塌了，这间西伦敦荷兰屋图书馆，墙壁也已倾颓，地下满是砖石，竟然有人不顾敌机刚刚离去，又在书架前翻检自己喜爱的图书。或许，越是这种艰难时刻，越需要书籍作为精神支撑。记得著名学者朱永新就阅读的意义曾作过很精辟的论述："一个人的精神发育史实质上是一个人的阅读史，而一个民族的精神境界，在很大程度上取决于全民族的阅读水平。"②也就是说，一个爱读书的民族，必定是一个文化素质和品德修养高的民族，是一个有希望的民族；一个爱读书的人，也必定是一个文化素质和品德修养高的人，是一个有希望的人。

十、运用

本质而言，教师读书不是为了装饰脸面、炫耀博学、以资闲聊、应付

---

① [美]约翰·杜威：《民主主义与教育》，王承绪译，61 页，北京，人民教育出版社，1990。

② 朱永新：《读书与教师成长》，载《生活教育》，2006(3)。

检查，而是为了警醒大脑、梳理意识、提升素养、创新工作。教师读书的价值归宿，最终要落在净化灵魂、丰盈精神、改善品质，与学生一道走向明媚、明智和明亮的未来。

读书对于教师来讲，既有提高当下自我文化素养和专业水平的实际功效，也有改变自己未来发展机遇与境况的可能。北京大学著名教授钱理群，20 世纪 60 年代初大学毕业，被分配到贵州一个偏远地区卫校担任语文教学工作。那时候，他心中最大的理想就是读研究生，提升自己的学术水准与专业素养，对自己心仪敬仰的鲁迅开展系统深入地研究。但那时的社会剥夺了好学人们研读深造的权利。当人们将业余时光用于打牌、喝酒、闲聊之际，钱理群则在教学之余，将自己关在宿舍里，远离牌场、酒场、官场，展卷书籍与圣贤对话，奋笔疾书以探究事理，在坚守与期待中整整等了 18 年！一直到 1978 年恢复高考，39 岁，才获得报考研究生的机会。那一次机会对他来说是最后一次，是最后一班车，而且当他知道可以报考的时候，只剩下一个月的准备时间，准备的时候，连起码的书都没有。当时他并不知道北大中文系只招 6 个研究生，却有 800 人报考；如果他知道了，就不敢考了。在中国，一个人的成功不完全靠努力，更要靠机会，机会是稍纵即逝，能否抓住完全靠你自己，靠你原来准备得怎么样。虽然说只有一个月的准备时间，但从另一个角度说，他准备了 18 年，他凭着 18 年的准备，在几乎不具备任何条件的情况下，仓促上阵。他考了，而且可以告诉大家，他考了第一名，被著名中国文学史专家王瑶先生收为研究生。

教师读书的意义不仅仅在充实和完善自己，更重要的还有启发、促进、引领着广大学生喜爱书籍、共同进步的责任。报人陶继新曾经记述下这样一个教师与学生在读书的旗帜下共同成长的事迹："陈明磊是济南市育明小学的一位语文教师，他教的学生大多是下岗职工的孩子，但是，五年的时间，他带着他的学生背诵了洋洋十万言的国学经典。在这里，暂且罗列一下他们背诵的部分数目或篇目：整部《论语》和《老子》《爱莲说》《陋室铭》《岳阳楼记》《前赤壁赋》《醉翁亭记》《桃花源记》《秋声赋》《秋水》

《劝学》《晏子使楚》《滕王阁序》《兰亭集序》《登泰山记》《庄子选读》《孟子选读》《诗经选读》《楚辞选读》，还有《蜀道难》《将进酒》《梦游天姥吟留别》《春江花月夜》《长恨歌》《琵琶行》等古代诗词。这些都穿越了时间迷雾在史册上闪着耀眼光芒的经典篇章经由口耳相传，已融入孩子们的血液中；那经历了千百年的慢慢尘埃仍散发着馨香的诗行，如阳光雨露般滋润着孩子们的童年。”①

苏联教育家阿莫纳什维利曾经讲述过这样两类教师：一类教师，他在学校工作了三四十年，并以自己的教龄长而引以为豪。但他每学年的工作都是上一学年工作的重复，他没有热情、没有灵感地工作着，忠实、仔细地完成每天的工作，给自己的学生提出要求，严格地对待他们。在他的班上没有“2”分学生和留级生。在他的工作中没有疑问，没有探索，没有矛盾，他对新经验漠不关心，害怕改革。他自始至终这样地在学校工作着，直到退休为止。另一类教师，他也在学校工作了三四十年。但从初为人师之日起，他就贪婪地吸取同事们的经验，深入研究儿童和勤奋地钻研教育科学。在阅读了苏霍姆林斯基的著作以后，他产生了贯彻他的思想的强烈渴望。他决心不以引章摘句来卖弄聪明，而是以苏霍姆林斯基为榜样，像他一样地去生活。② 显然，读书行为在后一类教师那里，不仅仅是一种接受性、领会性的习得行为，而且还是一种以书籍的思想、精神、品格、知识为路标、为桥梁、为工具的输出性、研究性、创造性的探索行为。这种行为导致书籍不仅直接丰富着、充盈着、完善着自己的知识结构、人格内涵和精神世界，而且还支撑着、激励着、创造着自己的实践探索、创造热情和工作奇迹。

将书籍的知识与思想应用展示于教学实践之中，自然是读书的一个目的，但若能将阅读后的深度思考加之工作实践的切身感受，经过一番深思熟虑、比照梳理、综合提炼，最后形成自己的文字——人生感悟、教学体

---

① 陶继新：《做一个幸福的教师》，74页，上海，华东师范大学出版社，2008。

② [苏]阿莫纳什维利：《学校无分数教育三部曲》，载单中惠、朱镜人主编：《外国教育经典解读》，461页，上海，上海教育出版社，2004。

会、心灵记录、教育杂谈、方法荟萃等，无疑是质量更好、功用更强、价值更久的读书效果了。从思维方式上来说，有些人是用“嘴”思维的——只有在“说”的状态中，他的思维才是最活跃、最敏锐的——他可能“说”出从来没有“想”到过的东西；而有些人则是用“指尖”思维的——只有当他拿着笔或摸着键盘的时候，他的思维才是流畅的、激荡的，他能“写”出从来没有“想”到的东西，因为当他“写”出某些观点的时候，他才发现，自己的思维落后于笔端所流淌出的文字。“我个人认为促进教师的专业成长，写作是一个非常重要的方式。鼓励我们的教师写作，写有真实情感的文章，促进教师作为积极的生活者和教育者的成长，用生命的情怀对待工作和生活，是非常有意义的。”①

孔子说：“道不远人。”是说日常生活中处处都有道，但作为文明结晶的好书更是道的源泉。当我们读书不仅仅只是为了自己的内心充实与快乐，而是通过书本悟道，进而传道、践道，那么我们的读书就拥有了一份崇高的意味。

① 肖川：《教育的情趣与艺术》，44页，长沙，岳麓书社，2008。

第五章
教师人格品质修养

“人格”一词在生活中有多种含义。有道德上的人格，它指一个人的品德和操守；有法律意义上的人格，它指享有法律地位的人；有文学意义上的人格，它指人物心理的独特性和典型性。在心理学上，由于心理学家各自的研究取向不同，对人格的看法也有很大差异。我们认为，人格是构成一个人的思想、情感及行为的特有统合模式，这个独特模式包含了一个人区别于他人的、稳定而统一的心理品质。

人格作为一个人内在特质总和，是人之所以成人的根本基点，也是人类文明进化与社会发展前进的原点和终点，它包括知、情、意、行等几个方面。其中，知是指一个人的科学文化知识；情是指一个人的情感、情操、情趣；意是指一个人的意志品格；行是指一个人符合社会道德规范的行为。人格具有生物性和社会性、稳定性和可变性的特点。它是需要、动机、兴趣、价值观、理想、能力、气质和性格等心理特征的有机统一，这些特征不是孤立地存在着，也不是机械地联系在一起，而是错综复杂地相互联系、相互作用组成一个完整的人格。人格决定人的外显行为和内隐行为，并使他们与别人的行为有稳定的区别，反映了一个人主要的精神面貌。正如日本著名教育学家小原国芳所说："所以我对人格下的定义是：'人格就是其人的总量'。诚然，人格就是其人的本身。它实际上是其人的特质，是其人的个性。"①

教师是传授知识给学生的"经师"，也是促进学生全面发展的"人师"。一个好教师不仅能教给学生知识，让其发展智能；而且能对学生健全人格的养成产生良好的影响。健全的教师人格不仅影响教师的教书育人效果、教师自身的身心健康以及教师的专业发展，而且对学生的学业成绩、自我概念以及人格塑造等均有不同程度的积极影响。

健全人格是一种在结构上和动力上向崇高人性发展的特征，它表现出人格的完整性、统一性、稳定性等特点。所以，可以概括地说，健全人格是各种良好人格特征在个体身上的集中体现，能够很好地适应社会环境、具有和谐的人际关系、乐观向上的生活态度、情感积极稳定、心理健康等特征。在很多人眼里，教师敏锐的观察力、准确的记忆力、丰富的想象力、优良的思维品质，再加上广博的知识和良好的言语表达能力似乎就可以构筑一名合格的教师了。其实，这只是涉及作为一名合格教师所必备的心理素质中的一部分。教师的心理素质包括教师的情感特征、教师的意志品质、职业兴趣、教师的智力与教育能力、教师的人格特征、教师的教育信念等多方面的内容。其中健全的人格是合格教师必备的重要的心理素质。个体的人格对其行为、情绪、动机等都会产生重大影响，有时甚至是起决定作用的。如退缩人格往往使人无法把握成功的机会，健全的人格是人顺利从事活动的必备条件。教师职业具有特殊性，其对象是极具可塑性的不断发展变化的人。教师与学生在教与学互动过程中关系密切、活动频繁。教师在传授文化知识的过程中，其思想、作风、价值观等在起着潜移默化的作用。所以，健全的人格对教师来说尤为重要。

"模范人格"是社会进步的价值尺度，是现实人格中佼佼者人格。徐特

① [日]小原国芳：《小原国芳教育论著选》(上卷)，刘剑乔、吴光威编译，140页，北京，人民教育出版社，1993。

立先生曾经说过：“教师是有两种人格的，一种是‘经师’(因为中国过去教经书中知识的称经师，现在是教科学知识，为了容易记，所以仍旧袭用这个名称)；一种是人师，人师就是教行为，就是教怎么做人的问题。经师是教学问的，就是说，除了教学问以外，学生的品质、学生的作风、学生的生活、学生的习惯，他是不管的，人师则是这些东西他都管。我们的教学是要采取人师和经师合一的，每个教科学知识的人，他就是一个模范人物，同时也是一个有学问的人。”①

研究表明，教师的科学知识和在学术方面的修养因素，有的只同教学的有效性有较低的正相关。这些因素，主要决定其能否有效地塑造学生的认知结构，形成相应的技能和能力。而教师的人格品质及其魅力，在很大程度上决定着学生个性的健康发展。盖兹达等人的研究指出，教师人格品质的基本内核是“促进”，也就是对学生的行为有所帮助。可以提高他们的学习能力，培养他们的情趣、意志品质和性格，形成他们的价值观，以及形成并巩固他们待人接物的积极态度等，从而促进学生整个人格的形成和发展。

教育实践表明，教师的人格魅力对学生的发展具有导向性、示范性、感召性和亲和性等。教师与学生在人格上是平等的，教师应该尊重学生人格和他们对自身人格发展的正确选择，并为这种选择提供示范和导向。在教育实践中，正是教师人格及其魅力所产生的导向、示范、感召、亲和作用，促进学生知识、智力、能力、情趣、需要、动机、态度、价值观、性格等各种人格素质的发展。

作为影响、关照、启迪、帮助、引领学生一步步地走向自由与公正、成熟与理性、自信与真诚光明彼岸的教师，为不辱其神圣光明的教育使命，当是克勤克智、淡泊致远、恪守不懈地打造、修炼、提升自己的人格品位，努力使自己人格架构合理有序、人格内涵健全丰满、人格底蕴淳美深厚、人格魅力光华四溢。

---

① 徐特立：《徐特立教育文集》，204～205页，北京，人民教育出版社，1979。

一、慈祥

所谓“慈祥”，“本指父母的爱，引申为凡爱怜之称。”①对人类、自然和社会充满着一种殷切关心、真挚热爱与厚道善良等情怀与举止应当都归属于“慈祥”的基本范畴。从宏观的层面来考察，“慈祥”无疑是人类善待世间万物的一种优秀基本品格。儿童处于一生当中身心发育尚未成熟、情感人格需要滋养、行为能力需要训练的启蒙成长时期，因此，具有一种“慈祥”的心态和举止来对待儿童和开展教育，是教师首要的职业角色人格特征。“与真正的人格优势，如伟大的心灵或高尚的情怀比较，那么，显赫的地位，高贵的身世，乃至王侯将相，充其量不过如同舞台上的王侯而已，而前者才是人生的真正君王。”②

一是心善。由于家庭背景、志趣性情、思维才能、学业基础等各种差异，呈现在教师面前的学生水平参差不齐、良莠皆有，由于社会变迁与认识多元所造成的教育困惑、障碍与矛盾接踵而至、层出不穷，面对如此纷繁复杂、变化多端的教育现状与问题，教师应当以一种平和仁义、慈善友好的心态来正视与处置。需要提供帮助与支持的，应积极奉献出热情与智慧；需要消解与克服的，亦及时付出行动与策略；即使眼下看起来收效甚微的教育活动，也要仁至义尽地不懈努力；对于一些不理解或者误会所带来的冲撞或无礼的言行，也会大度莞尔一笑了之而不是以怨报怨地回应之。心善作为一种人类珍贵品质，它是构建信任、密切情感、消弭裂痕的天然法宝，它的存在价值不是以词语言说的，而是以具体的行为举止来展示的。因此，心善是教师立身行教的根本，也是与学生相处的根本。正如教育学者马克斯·范梅南所说：“一个鼓励的点头、一个理解的目光、一个满怀深情的眨眼、一个请求和开放的脸部表情——这些都不是一套简单的行为学技巧，可以在一个关于课堂管理研讨班上学得到的。一个用温暖

① 辞海编辑委员会：《辞海》，缩印版，245页，上海辞书出版社，2002。

② ［德］叔本华：《悲喜人生》，范进等译，2页，西安，陕西师范大学出版社，2002。

和支持的目光机智地鼓励孩子的老师必须要有对孩子温暖的感情。”①

教师的心善不仅体现在课堂上与学生身上，还应当广泛丰富地体现在认识世界、理解社会、处理事务、与人相处等方面。毋庸置疑，我们目前所处的现实世界还有许多不尽如人意的地方，面临的社会人生问题依然层出不穷，我们所接触的人群良莠参差有别，面对众多的缺陷与遗憾、等级与差别、先进与落后、得意与失落、富贵与匮乏，我们既不能熟视无睹、灵魂麻木，也不能耿耿于怀、愤愤不平，而应当怀有一个善良、丰富与高贵的胸怀坦然地正视现实的一切，以一种理智、平和、大度的目光来扫描认识喜欢与不喜欢的所有事务。当然，具备这样的人格品质是非常不易的。正如当代学者周国平所言：“我们最缺乏的品质也是善良，丰富，高贵。现在普遍缺乏善良，很冷漠，而且精神贫乏，人生追求非常单一，就是物质，还缺乏高贵。如果从前的哲人复活的话，来到我们这个时代，他们最怀念的品质一定就是善良，丰富，高贵，他们会为今天我们缺乏这些品质而感到遗憾。”②

二是师爱。世界最伟大的成功大师拿破仑·希尔用了整整 20 年时间，走访了 504 位社会各界名流与成功人士，最后列出了他们在生活和事业中所亲历的 20 条经验，其中的经验之一：你应当承认，“爱”是你生理和心理疾病的最佳药物，爱会改变并且调适你体内的化学元素，促使它们有助于你表现成功的心态，爱也会扩展你的包容力。接受爱的最好方法就是付出你自己的爱。“一个人最值得珍视的仁慈的天性，这远比聪明重要；如果缺乏仁慈的天性，就应当通过艰苦修炼来叩击良知；如果连良知也叩击不出来，那就要以长期的教育使他至少懂得敬畏、恪守规矩；如果连这也做不到，那就只能寄希望于他的愚钝和木讷了。”③

虽说爱是人类世界的一种基本情感，但师爱却有着另样一番的不同之

① [加]马克斯·范梅南：《教学机智——教育智慧的意蕴》，李树英译，237 页，北京，教育科学出版社，2001。

② 周国平：《做一个有灵魂的人》，载《光明日报》，2008－01－10。

③ 余秋雨：《余秋雨人生哲言》，86 页，上海，上海人民出版社，2006。

处：一是它无影无踪、无声无息，默不做声地跟随着学生、滋润着学生、成全着学生；二是它没有预设、没有功利，把自己全部的学识才华与智慧心血本能地全都奉献给学生而心甘情愿、乐此不疲；三是它没有边际、没有尽头，只要为师一日，这种感情便会牵挂一生；四是它严肃、认真，它不会轻易放过学生成长过程中出现的任何一个闪失与过错。师爱以其无形的、天然的、深远的和理性的温暖色彩，影响着、感化着和征服着他的教育对象。当然，这种师爱不是说有就会有的。它不仅要发自肺腑，要不遗余力，而且还需要自我培养，需要理论熏陶，需要人的内在良知，需要文化浸染。在这一点上，德国教育家第斯多惠的告诫是非常深刻的："如果一个正在成长的教师仅仅以研究一本还不完全熟悉的教材为乐，而根本不是出自对教学的热爱，那么他这种热情自会逐渐冷下来。真正的永不消失的教学热情必须建立在对教师职业的热爱上，对教师工作的心驰神往，必须建立在对发展儿童世界事业的热爱的基础上，至于如何教学那是次要的。"①

三是宽容。如果说"心善"与"师爱"构筑了教师人格"慈"的质地与高度的话，那么"宽容"无疑拓展了"慈祥"的大度与宽度。什么是宽容？从某种角度上讲，就是爱到极致，就如热恋中的爱人，相互看到的总是对方的优点，而缺点和不足却被包容，很多时候，教师对学生的宽容就是无声的教育。

土地宽容了种子，才拥有了收获；
大海宽容了江河，才拥有了浩瀚；
天空宽容了云霞，才拥有了神采；
人生宽容了遗憾，才拥有了未来。

宽容意味着承认儿童差异，承认儿童未完成状态，教育应从宽容开始。从某种程度上讲，学生是在失误过程中长大的。人世间没有不犯错误

① ［德］第斯多惠：《德国教师培养指南》，袁一安译，59页，北京，人民教育出版社，2001。

的学生，即便是大家公认的好学生也是如此。因此，在整个教育生涯中，教师既要充分认识教育过程的复杂性、艰巨性和长期性，还应有海纳百川的气度与耐心来引领、帮助学生，甚至有时不得已还得静候一旁，期待着学生的自我醒悟。宽容无疑是一种伟大的力量，它能让坚冰化为春水，使对抗转为接纳，把错误变为美丽。当然宽容不是说有就会有的。宽容需要自我克制，宽容需要心理健康，宽容需要人格健全，宽容需要胸怀博大，宽容需要心灵高尚。"宽容是另一种美德。没有宽容，教育工作无法展开；没有宽容，可信的民主实践就失去了可行性；没有宽容，所有进步的教育实践都将自我否定。宽容不是那些玩弄取信于民把戏的人所采取的不负责任的立场。"①

一个好教师应具备什么样的人格？这里我们可以借鉴美国著名教育家保罗·韦地博士概括出的一个好教师人格魅力的 12 个方面。保罗·韦地博士花了 40 年时间，收集了 9 万名学生所写的信，内容是关于他们心目中最喜欢的老师。据此，他得出下面的结论：

(1) 友善的态度。"她的课堂有如一个大家庭，我再也不怕上学了。"

(2) 尊重课堂内每一个人。"她不会把你在他人面前像猴子般戏弄。"

(3) 耐性。"她绝不会放弃，直到你能做到为止。"

(4) 兴趣广泛。"她带给我们课堂以外的观点，并帮助我们把所学到的知识用于生活。"

(5) 良好的仪表。"她的语调与笑容使我很舒畅。"

(6) 公正。"她会给予你应得到的，没有丝毫偏差。"

(7) 幽默感。"每天她会带回来少许欢乐，使课堂不致单调。"

(8) 良好的品性。"我相信她与其他人一样会发脾气，不过我从未见过。"

(9) 对个人的关注。"她会帮助我去认识自己，我的进步有赖于她使我

① [巴西] 保罗·弗莱雷：《十封信》，熊婴、刘思云译，75～76 页，南京，江苏人民出版社，2006。

得到松弛。”

(10)坦率。“当她发觉自己有错，她会说出来，并会尝试其他方法。”

(11)宽容。“她装作不知道我的愚蠢，将来也是这样。”

(12)有方法。“忽然间，我能顺利念完我的课本，我竟然没有察觉是因为她的指导。”

由此可见，友善和爱心是教师最重要的品质之一，教师尊重学生的人格和尊严，应常站在学生的立场换位思考，关注并认同学生的个体差异，以一颗仁慈和宽容之心，满足不同学生的需要。

教师人格的崇高主要体现在从利到义、从肉到灵的迁跃过程中，而教师的爱心则主要体现在师生互动中教师对学生的热爱与帮助上。崇高和爱心是密切相连的，都属于教师人格的意志特征。崇高可以体现为爱心的丰沛，爱心也可以表现为精神的崇高。人民教育家陶行知先生认为，师爱是教师的灵魂，爱是教育的别称，教师必须用爱心来哺育学生成长。近代教育家夏丏尊也说过，教育之没有情感，没有爱，如同池塘没有水一样。可见，爱心是教师人格魅力的必要条件。教师通过对学生倾注爱心，赢得学生的信赖和尊重，让学生在有别于友爱、母爱的纯洁师爱中成长成才。师爱有别于友爱，因为师爱中夹杂着教师独有的威信；师爱也有别于母爱，母爱再伟大，它也是基于血缘。师爱既有母爱的伟大、充沛，也有友爱的平等、尊重，更有其自身的纯洁、神圣，师爱是教师对学生无怨无悔的无私奉献。教师通过“爱满课堂”的辛勤劳动，赢得“桃李满天下”的丰收图景。师爱能使自卑的孩子变得自信，能使鲁莽的孩子变得沉着，能使优秀的孩子更上一层楼。

二、睿智

“睿智”作为教师职业角色人格特征，其内涵主要是指教师在其专业领域深刻体验与执著思考的基础上，对教育本质与教育过程所持有的一种深刻洞察、精确理解、迅速判断等成熟完善的心智思维品质。能够成为一个焕发出机敏睿智人格魅力的教师，不仅是学生殷殷祈求，也是教师为之追求的人格境界。

睿智主要体现在教师对世界和人生的科学认识与正确把握上，属于教师人格的理智特征。教师通过自己的认知活动，或开卷有益，博闻强志；或旁征博引，逻辑论证；或实验求证，调查说明；或反求诸己，直觉感悟，来认知客观世界。通过对客观世界的认识，科学地反映客观世界，获得正确的知识，并建构科学合理的知识结构。同时，在认识客观世界的过程中，不断形成和发展自己的心智技能(或智力技能)和认知策略。心智技能用来认知外在事物，认知策略则用来对内在的认知活动进行反思、调控。最后，形成并完善自己的元认知。元认知是对认知的认知，是人们在对自身认知过程的反思、调控中建立起来的。随着对客观世界的认识不断深入，对社会、人生的认识也会随之加深，进而树立起科学的社会发展观和人生价值观，对社会、人生进行科学把握。因此，教师的睿智，既体现在丰富的科学文化知识、扎实的专业知识、娴熟的专业技能上，也体现在分析解决问题中的独特视角、巧妙方法以及科学策略上，更体现在艺术生存、幸福生活上。睿智是教师人格魅力的基础。这是因为，首先，学生和教师一样，认识世界和面对人生是其生活的基本内容；其次，认知是价值的基础。没有科学的认识论，哪有正确的方法论？没有科学的世界观，哪有正确的价值观？因此，睿智人格是教师教书育人的基础。教师睿智的头脑，将激发学生对自然之谜、社会问题以及人生困惑展开积极地思索和探讨。

一是不懈求知。“要在真理面前做一个纯真虔诚的孜孜不倦的朝拜者，这确实能匡救我们的教学。与其做一个完成的大行家，不如永远做一个未完成的学徒。”①我们倡导“教书育人”是教师的天职，岂不知，要想真正履行好这项天职的首要前提是“读书育己”。缺失了“读书育己”的基础，“教书育人”终究是要落空的。因此，要圆满地肩负起“教书育人”的使命，要

① [日]小原国芳：《教师论》，载《现代教师读本〈教育卷〉》，294页，南宁，广西教育出版社，2006。

使职业角色人格中洋溢着智者的光辉，教师应当像“向日葵”那样本能地、强烈地“向日”那样求知求学。这期间不仅要孜孜不倦地大量阅读经典的教育著作、教育报刊以及相关的社会科学、人文科学和自然科学书籍，不断提升专业素养与学术水准；而且还要虚心地向资深教师、优秀同行和专家学者观摩请教，汲取借鉴他们独具特色的经验策略，有效改进自己的教育实践与教学技能；另外，还要充分利用网络媒体，浏览和搜集优质的教育信息，切实丰富自己的资源储备。只有持之不懈地徜徉沉醉于书山学海之间，教师才能一步步地走向人格新高地，才能真正给学生以人格上的感召。“学生的智力生活的一般境界和性质，在很大程度上取决于教师的精神修养和兴趣，取决于他的知识渊博和眼界广阔的程度，还取决于：教师到学生这里来的时候带了多少东西，教给学生多少东西，以及他还剩下多少东西。对于一个教师来说，最大的危害就是自己在智力上的空虚，没有精神财富的储备。”①

二是善于思考。21 世纪的公民不仅要有理想、有文化，而且还应当有思想、有品格。这是时代赋予教育的新使命。教育要教会人思想，教育者首先应当是思想者。教师如果不能成为思想者，只能靠别人的思想指导自己的行动，他就丧失了教育的资格，他的教学行为就不会具有创造性；同时，他也就不可能有所发现，也就不可能从教育中获得愉快。实现思考的基本途径是：首先要有问题意识。几乎所有的优秀教师，都是“有问题”的教师。他们目光敏锐、思维活跃、好奇心强，往往能够在细枝末节或司空见惯之处看出症结、发现问题，并且善于将一个表面的问题提炼成一个深刻的科学问题。这种能够从熟悉的情景和过程中来寻找问题和发现问题的洞察力与判断力表征着一个教师问题意识的基本素养。其次是探索精神。以前的教育形态决定了教师只是扮演一个大纲的执行者、教材的讲解者的传授角色，如今的教育发展给教师提出了更新、更多的使命与任务：从自

① ［苏］苏霍姆林斯基：《给教师的建议》，修订 2 版，杜殿坤编译，150 页，教育科学出版社，1984。

身专业发展来看，有校本课程的建设者、教学改革的研究者、校本研修的参与者、专业能力的构建者等；从学生成长来看，有价值取向的引领者、社会实践的组织者、心理疏导的咨询者、自我教育的帮助者等。而要想满足这些职业角色需求，教师必须具备探索精神，不抱残守缺、不故步自封、不人云亦云，勇于尝试、勇于开拓、勇于变革。再次是反思习惯。教师的反思习惯既包括教学后的总结回顾与反省，更有教学中的观察思考和教学前的考量预设，这种贯穿于整个教学过程的一体化反思习惯不仅极大地提升了思考的质量，而且还完善了思考的过程。在保持完整的广度与过程同时，反思习惯还应特别注意反思的深度与源头。如果教师对自己所教学科的了解大多只是停留在知识和能力的表象上，没有对学科本身的渊源有更深层次的把握和了解，就很难真正在教学过程中体现学科的人文内涵；如果教师只是了解知识的结果而不懂得知识的形成和发生，就容易使得本来可以妙趣横生的科学知识掌握探究变得枯燥乏味，没有一丁点儿思想的流动和灵感，更谈不上思想的深度和风骨。应当清醒地认识到，反思习惯的价值并不仅在于既有的教学行为判断与认定，而且还蕴涵着对新方案的思考与选择。“在教育学的理论中，反思是一个基本的概念，从某种单义上说它是‘思考’的另一表达形式。反思就是思考。但是在教育学的领域，反思含有对行动方案进行深思熟虑、选择和做出抉择的意味。”①

三是机智教学。哲学家罗素曾聪慧睿达地提醒我们：“没有智慧，我们这个复杂多变的现代世界不能继续存在；缺乏智慧，这个世界一点也不能取得进步。因此，我认为智慧的培养，是教育的主要目标之一。”②而要想实现智慧的生活与智慧的教育，首要的前提是教师必须机敏聪慧的实施教学。关于机智教学的基本内涵，加拿大教育学者马克斯·范梅南曾做过如下论述：“机智由一系列的品质和能力构成。第一，一个富有机智的人

① ［加］马克斯·范梅南：《教学机智——教育智慧的意蕴》，李树英译，131页，北京，教育科学出版社，2001。

② ［英］罗素：《教育与美好生活》，载《现代教师读本〈教育卷〉》，225页，南宁，广西教育出版社，2006。

具有敏感的能力，能从间接的线索如手势、神态、表情和体态语来理解他人内心的思想、感情和愿望……一个富有机智的人，可以说，能够读懂他人的内心生活。第二，机智还在于具有理解这种内心生活的心理和社会意义……第三，一个富有机智的人表现得具有良好的分寸和尺度感，因而能够本质地知道应该进入情境多深和在具体的情境中保持多大的距离……第四，机智还有道德直觉的特点。一个富有机智的人似乎能感受到什么才是最恰当的行动。"①当然，教师的机智教学不是生来俱有的。纵览国内外富有智慧的教师，不难发现，有的来自敬业、来自好学、来自实践、来自体验，有的来自底蕴、来自胆识、来自研究、来自创造。各人的背景不同，基础不一，机智教学的形成往往带有很强的个性化色彩。总体来说，"智"不仅作为教师职业角色重要的人格特征彰显于整个职业生涯过程中，而且还将是确保教育实现优质化、民主化、人性化的重要核心元素。正如美国教育学者帕克·帕尔默所提醒的那样："教育就是试图从自我内部'引出'智慧内核，只有这智慧内核才有力量抵制谬误，用真理启迪生命。教育采用的方式不是靠外部规范，而是靠理智的反思的自明自断。教师的内心是使我们的生命鲜活的核心，而使生命鲜活又是无愧于教育这个词的真正教育所强调和召唤的。"②

三、真诚

"真诚"本身含义不难理解，一般用来表示或评价真情实意的言行。但作为教师职业角色一个人格特征来讲，它的内涵就会在此基础上而得到具体地拓展和丰富。"教师们一方面应当是学识很高的人；另一方面应当是无上诚实的人。因为诚实的性格，甚至可以说，高尚廉洁的性格，不仅使孩子们敬仰，并且还熏染孩子们，这种性格能够在孩子们的毕生生活中烙

① [加]马克斯·范梅南：《教学机智——教育智慧的意蕴》，李树英译，166页，北京，教育科学出版社，2001。

② [美]帕克·帕尔默：《教学勇气——漫步教师心灵》，吴国珍等译，32页，上海，华东师范大学出版社，2005。

上极深刻的印象。”①“诚”作为教师的职业角色人格特征主要表现为：

一是对事业虔诚，这主要体现在敬业方面。从字面上来理解，敬业就是以事业为重、以工作为先、以发展为要，能够自觉抗拒各方面的干扰与诱惑，全力以赴、全神贯注地履行应尽的职责。我们的教育事业之所以能够在当今时代保持不断地发展态势，重要的原因在于广大教育工作者秉持着宝贵的敬业传统。当然在物欲横流、利益至上的市场经济和商品社会中，若要保持敬业精神不受腐蚀与侵扰，还是需要一定的理念学识与人生信仰的。首先是要透彻地领悟“敬业就是敬自己”的辩证哲理。尊重自身人格、改进自身命运、彰显自身价值是每个人的天然本能，这是无可非议的。但人格、命运、价值的显贵与展现的逻辑起点在哪儿？恐怕还是应当确立在学识、才能、智慧等方面，而最能锻炼、丰富、提升和展示人的学识、才能、智慧的场所恐怕还是在日常的工作与事业中。因此，表象上看“敬业”是为了工作与事业，实则也是为了自己，这是一个事业与自身双赢的圆满结局。其次，在领悟“敬业就是敬自己”的道理的同时，还有必要经常地检视梳理自己的心态，测量校对自己的行为。“教师的内心有一个警卫，守护着自己的个性，把有损我们自身完整的任何东西拒之门外，把有益于我们自身完整的一切东西拥入怀中。”②再次，要持久保持旺盛的敬业精神，教师还要牢固树立明确的教育信念。教育信念确立的基石就是对于社会的理想和人生的理想。无论是对于社会的理想，还是对于人生的理想，如果缺乏现代文化精神的价值指向，缺乏自由、民主、平等、人权这些核心的价值，这个“理想”就值得怀疑。这意味着教师应该成为具有丰厚的文化底蕴、谙熟人类文明历程、确立现代社会核心价值的人，成为有思想、有灵魂的人。

二是对学生赤诚，这主要体现在童真方面。童心和爱心，是教师能够

① [苏]加里宁：《在欢迎荣受勋章的乡村学校教师晚会上的讲演》，载《现代教师读本〈教育卷〉》，315页，南宁，广西教育出版社，2006。

② [美]帕克·帕尔默：《教学勇气——漫步教师心灵》，吴国珍等译，31页，上海，华东师范大学出版社，2005。

在孩子天空中得以飞翔的两只翅膀。童心，使得教师俯下身来，永远是孩子中的一员，让孩子感到你和他们是同一棵树上两片相同的叶子，在风中吹拂着相同的韵律；爱心，使得教师敞开心胸，像是家长，让孩子感到温暖，感到你是一棵大树，把绿荫覆盖在他们的身上。在师生彼此理解、信任和尊重的基本前提下，教师对学生的赤诚人格主要体现在：首先，应具有等同适宜的距离。我们不赞成师生关系亲密无间、相融为一的观点，主要是因它既不真实也不会持久。我们看重的是教师对所有学生应持的那种既温馨关爱又恰当适宜、既厚此又不薄彼的态度。对那些你最爱的学生，尤其不要缩短这个距离；对那些你最不爱的学生，尤其不要拉长这个距离。“任何人都不能以任何借口阻止教师偏爱某学生甚于他人。这是教师的权利。教师不应该做的，是喜爱某个学生而不尊重其他学生的权利。”① 其次，平静温和地化解各种矛盾。学生与教师、教与学永远是既对立又互动的双方，在交往、教学过程产生矛盾与冲突是非常正常的。正如“德国社会学家G·齐美尔指出：在社会交往的诸多形式中，‘冲突’与‘合作’是两种最值得关注的形式。在任何一种形式的社会合作中都存在社会冲突，完全和谐的社会合作是不存在的，不存在冲突的群体即使存在，也是没有生命力的。”②问题不在于有无矛盾冲突，而在于教师如何认识并富有人性与智慧地化解矛盾冲突。“我十分坚信，确实有那么一些精神品质，一个缺少了它们就不可能成为真正的教育者，而其中首要的便是深入儿童精神世界的本领。只有那些始终不忘记自己也曾是一个孩子的人，才能成为真正的教师。”③

三是对教学真诚，这主要体现在激情方面。课堂是知识传授习得、认知开启运行、人格启蒙感化、精神滋养熏陶、技能培训提升的场所，如同

---

① [巴西]保罗·弗莱雷：《十封信》，熊婴、刘思云译，79页，南京，江苏人民出版社，2006。

② 张希希、田慧生：《课堂交往冲突研究》，载《教育研究》，2005(9)。

③ [苏]苏霍姆林斯基：《把整个心灵献给孩子》，载单中惠、朱镜人主编：《外国教育经典解读》，320页，上海，上海教育出版社，2004。

一池汪汪的春水，它需要浓浓殷殷的激情鼓起它美丽多彩的涟漪。学生需要激情，因为只有激情才能激发激情，才能点燃心灵圣火，拨动生命的琴弦；教师需要激情，因为只有激情才会有创造，只有激情，才能使教诲永远具有探究的魅力。教师的身躯可能不健美伟岸、相貌可能不秀丽出众、衣着可能不时髦华丽，但其登上讲台所焕发出的崇拜真理、向往知识、追求思想、恪守信念的绵绵执著、盈盈充沛的情感正体现出教师所独有的人格力量。而对此深有感悟且激情如火地将其描述得淋漓尽致的是诺贝尔奖获得者、智利女诗人米斯特拉尔《一个女教师的祈祷》中的诗句："让我把那砖土垒成的校舍变为培育崇高思想的场所，让我热情的火焰温暖它简陋的教室和清寒的走廊。"

四、正直

如同思想真理、人文艺术、科学知识永远是真、善、美的具体化身，人类文明、历史发展、社会繁荣的主流永远代表着进步的力量一样，教师的职业角色也应当充分体现出公正、公平、正义的精神。因此，教师职业角色人格内涵中必然少不了"正直"的特征，其具体表现为：

一是正气。正如法国思想家卢梭所说："一个好教师应该具有哪些品质，人们对这个问题是讨论了很多的。我所要求的头一个品质（它包括其他许多品质）是：他绝不做一个可以出卖的人。"①尽管校园不像商场、官场、战场那样充满着尔虞我诈、玄机重重、血雨腥风，但也不能说是一派风和景明、杨柳依依、波澜不兴。世间的复杂人情、业内竞争、职称晋升、荣誉功名等个体利益的是非抉择是教师不容回避的，学生个体的乖巧与倔强、性情的内敛与外向、思维的敏捷与愚钝、成绩的优异与差劣等迥然不同必然会影响到教师的态度与情感，这些既是真实的存在，也是衡量判定教师人格层次的标杆。我们不可能苛求教师淡漠利益、远离荣誉、放

---

① [法]卢梭：《爱弥尔》，载单中惠、朱镜人主编：《外国教育经典解读》，104页，上海，上海教育出版社，2004。

弃喜爱、拒绝美好，教师完全有理由、有权利追求自己应得的鲜花与掌声，喜爱自己中意的同事与学生。但基本前提是不出卖灵魂与人格、不背离信仰与规则。堂堂正正做人，认认真真教书，以自己的充满正气精神的人格来影响与感染学生。“想当教师的人必须学会勇敢，即具备为正义而战的倾向，明确地捍卫创造有利于学校教学的条件的需求；虽然这可能是有趣的工作，它也必须在学术上严谨。”①

二是公正。如果正气是教师为人的精神标尺的话，那么公正则是教师做事的行为准则。从某种程度上讲，学生成长与发展的节奏与认定就掌控在教师的手中。知识传授的程度、生活关心的照顾、课后辅导的次数、作业批改的质量、成绩分数的判定、奖学金的评比，等等，都由教师具体来操作实施与取舍评判。虽说其各项教学程序有着明确的细则与标准，但实施的主体毕竟是具体的教师，谁能担保其间个人的性情、印象、亲疏等人为因素不渗透于、作用于其中？尽管可以制定严格周密的措施将人为的因素消解到最低限度，但这些毕竟都是外在的、有限的制约，不能从根源上解决问题。真正有效、完整客观地免除学生受到种种不公正的待遇，使他们在人格尊严、学业成长和利益获得等方面没有人为障碍，恐怕还是教师人格之中的公正因子在起着关键作用。其实，教学过程中的教师对学生评判公正，说到底就是对自己的公正。因为“假若教师对天资愚蠢的学生打下不公平的分数，那我相信，这种不公平的分数在学生们的心理上不会不留下痕迹。可见教师每天都仿佛在一面镜子里，外面有几百双精敏的、富于敏感的，即善于窥伺出教师优点和缺点的孩子的眼睛，在不断地盯视着他。”②

三是严谨。首先是严于律己。晓之此理者众矣，践之此理者鲜矣。同样的环境条件和同样的教育对象，为什么有些教师不厌其烦地要求学生努力上进但总是事与愿违而事倍功半，而有些教师三言两语的点拨而总能收

---

① ［巴西］保罗·弗莱雷：《十封信》，熊婴、刘思云译，8页，南京，江苏人民出版社，2006。

② ［苏］加里宁：《在欢迎荣受勋章的乡村学校教师晚会上的讲演》，载《现代教师读本〈教育卷〉》，315页，南宁，广西教育出版社，2006。

到画龙点睛的奇功而事半功倍呢？个中原因恐怕只能从“其身正，不令则行；其身不正，虽令不从”的古训中去寻找答案了吧。“不言之教”“身正为范”的表率与楷模无疑是古今中外成功教师的一座人格灯塔。“孩子们对那些言行相反的教师是极为敏感的。以‘照我说的做，别学我的行为’来弥补言行矛盾和不连贯，常常是徒劳无益的——说‘常常’，是因为与其所为相矛盾的言论并不总是完全受压抑的。”①其次是勉励学生。我们倡导以人为本和尊重学生，我们反对体罚学生和歧视学生，因为发展的时代要求我们尊重学生的基本人权；但我们并不倡导放纵学生，我们并不反对惩罚学生，因为发展的社会需要品学兼优的学生。任何打着尊重学生或爱护学生的旗号却对学生的差错、失误不管不问甚至姑息容忍的态度与行为，既有失教师职业人格的起码准则，也是对学生和社会的失职。对学生勤勉的教师，应当对学生的自然的存在、社会的存在和精神的存在三个层面认真严肃地负责：规范学生学习——掌握生存的常识和技能，以便独立地面对世界；督促学生学习——遵从生活规则与规范，以便和谐地与人相处；鼓励学生学习——探索生命的价值与意义，以便有尊严地立于天地之间。再次是精于学术。教师，是指以精于教育教学为职业并具有服膺真理、求真务实品格的人。这就意味着不固执己见，有开放的胸襟，勇于承认自己的局限，勇于修正错误。今天的人们衣食无忧、物质丰饶，反而容易放弃操守，个中原因耐人寻味。在一个沉湎于物欲追求的时代，有没有勇气在对待做学问的态度上保持特立独行的姿态？这是一种考验。我们先不要问自己学的东西有没有用，而是应该先问一问自己学没学好？不管学什么专业，只要你学成一流水准，不怕没有用。因此，与其说今天做学问的浮躁是由于外部原因所迫，倒不如说是由于我们自己的易于屈从。“一个文化人，处在不断丰富的文明中，有他的思想、知识、课题，他可以‘活累’，但不是：活够了。”②

---

① [巴西]保罗·弗莱雷：《十封信》，熊婴、刘思云译，102页，南京，江苏人民出版社，2006。

② [德]马克斯·韦伯：《入世修行》，王荣芬、陈维纲译，24页，西安，陕西师范大学出版社，2003。

五、雅致

何谓雅致，《现代汉语词典》相关的解释有二：一是“合乎规范的”，二是“高尚；不粗俗”[①]此即表明，小则言谈举止、人际交往，大则价值取向、人生追求，都有一个高下、文野、精致与粗糙、长远与短浅的层次区别与境界分野。教育是人的灵魂的教育，如果一种教育未能引起人灵魂深处的转变，它就不能真正的成为教师。教师要给学生一种正确、健康、和谐、自由的价值引导，将学生引领到求真、向善、尽美的价值中，就需要教师自觉不断地丰富、提升雅——不俗的、高尚的人格情操。

《论语·述而》曰：“子所雅言，诗书执礼皆雅言也。”《荀子·劝学》曰：“吾尝跂而望矣，不如登高之博见也。”古代中国的人文精神中，“雅”与“博”，乃是一种人生境界和人生态度。“雅”与“博”，反映了人生境界的二重性。雅即向内——修养身心，获得奉献社会的人生价值，依靠健康和谐的身心、儒雅自尊的品格来体现；博即向外——不断登高，追求天人合一的人生境界，依靠求真务实的精神、勤恳好学的作风来实现。

就人生态度与人生追求来讲，雅要求教师在行为规范方面，无论言谈举止、气质风度、学识修养、人格品行等，都应文质彬彬、温文尔雅、适度有宜，要做仁人、文人、雅人。教师重视人格品性修养，追求心灵的中和温雅以及人伦秩序、天人秩序和谐适中、文雅有致，进入文雅之境，就能“使之阳而不散，阴而不密，刚气不怒，柔气不摄”，温柔敦厚、中正和平、以礼节情、自强不息、积极勇敢、超迈旷达地面对人生。

就教师的日常行为来讲，风度是一个人内在雅趣的外在表现。一个人的风度如何，总是从他的衣着、言行、举止中表现出来，常常在不经意间从生活小节中悄然表露。作为教师，无论何时何地，人前人后，严谨认真的作风、庄重得体的着装、温文尔雅的谈吐、稳重大方的举止，无一不是

① 中国社会科学研究语言研究所词典编辑室编：《现代汉语词典》，修订 5 版，1560 页，北京，商务印书馆，2005。

风度的具体体现。教师儒雅的风度恰如龙章凤姿，对学生有很强的示范教育作用。

就教师的行为规范来讲，礼仪是雅趣的外在表现形式。如果从礼仪来审视一个人，他的生活方式、习惯举止、说话的口气与使用的字眼、阅读的兴趣、关注的问题，无不显示他的修养的程度。博雅教育的另一个倡导者，德国思想家雅斯贝斯充分肯定礼仪教育的重要性。他说："它在整个现存的状态中营造出一种适当的氛围，使人以严肃的态度对待事物、信任和敬意。礼借助于普遍性来控制人，并通过教育使礼成为人的第二天性。这样，人就把普遍性看做自我本质的一部分，而不会感觉勉强生活。这些范式给予个人的是坚固、安稳与自由。"①教师教育的博雅化，就是要使教师成为文雅的人、有涵养的人，远离任性、粗野、庸俗、自私，而离自律、文明、高雅、大度更近一些。面向教师的礼仪教育，也是师德教育的具体化，主要是使教师懂得如何待人接物、如何自尊自爱、如何规范行为，让自己的行为美成为学生效仿的楷模。

具备儒雅气质人格的教师，课堂上，他(她)会不激不厉、不暴不弃、循循善诱地讲课，如一位平和中正的智者，引领着一群天真迷茫的孩童，一同去追寻他们心中的梦想，一同去朝圣他们心中的文化圣殿。课堂外，他(她)又甘于寂寞，甘于清贫，一豆烛光，一杯淡茶，一卷青书，远离世俗的喧嚣，远离尘世的纷争，然而他(她)却胸藏万壑，心怀天下。当然，儒雅之气不是演出来的，更不是做出来的。演出来的儒雅是表面的，不入目；做出来的儒雅是虚伪的，不入髓；只有修出来、炼出来的儒雅才是动人的、感人的、吸引人的。

拥有雅致的教师，是一个散发着、浸透着魅力的教师。魅力是一种精神境界的表现，是一种足以使人感动、觉悟和振奋，具有很强的吸引力。它包括品格魅力、气质魅力、学识魅力和仪表魅力。"桃李无言，下自成蹊"是一种品格魅力；口若悬河、文采纷呈是一种文采魅力；美而不妖、

① 张卓玉：《现代教育思想》，89页，北京，北京师范大学出版社，1999。

靓而不俗是一种仪表魅力；秀外慧中、儒雅风流是一种气质魅力。魅力是一种内在与外在相结合的产物，是一个人思想品格、学识才华的结合体。抵达飘逸之态、温润之容、安闲之度、温雅之风、恭俭之体、庄毅之操、旷达之怀、超逸之貌的人格魅力境界，是需要长期不懈、坚持修炼方能逐渐进入的。

温文尔雅的人格魅力一般具有以下几个特征：一是聚神力。学生大都会有这样的体察，当教师一走进课堂，大家就会自然而然地产生一种激动，一种振奋，一种希望教师开口的期盼。教师的每一句话，甚至是举手投足、一颦一笑，都会使学生欣赏不已，留下难以磨灭的印象。二是启迪力。很多时候，一个富有人格魅力的教师的优美言谈、渊博学识、独特性格、得体仪表都会成为学习欣赏、赞叹、心仪、效仿的榜样与追求的目标。三是威摄力。一个具有魅力的教师严而不厉、威而不怒，学生看到他自然会肃然起敬，进而顺利情愿地在教师设置的和谐愉快的学习环境充分表现自己，不断上进。

通常来讲，幽默感是教师文雅人格的情感特征。幽默感意味着教师具有宽阔的胸怀和活泼的个性，意味着教师具有变窘迫为从容、化严肃为轻松的心智。幽默感与鸡肠小肚的心胸和拘泥呆板的个性无缘。幽默是对日常尺度的轻轻悖反的客观实在，幽默是对日常生活的“常规”、“常理”不大不小的悖反，是出人意料、惹人发笑和引人入胜的。而幽默感则是对日常生活的美学逃逸，是人的“自觉自由”的类特征的展示。幽默和幽默感无疑都产生于人的“自觉自由”的类特性，源于人们无限超越、不断圆满的精神追求。教师的幽默感可以看做是教师内心自由、精神解放的标志。当今时代，物欲横流、名缰利锁是社会现实，淡泊明志、两袖清风是精神追求，教师的内心自由、精神解放就体现为在这样的社会现实面前，坚持超越于社会现实的精神追求。教师幽默感与其领悟人生价值、超越名缰利锁、追求精神家园有很大关系。一旦教师不为名利所惑，就会眼界开阔、内心澄明。“登东山而小鲁，登泰山而小天下。”可见，教师精神的自由解放，是教师获得幽默感的前提。教师幽默感不仅是对狭隘自私、丑陋卑下、呆板偏执的超越，而且是人性的丰盈与内心的澄明。充满幽默感的教师永远是最受学生欢迎的教师。在教师幽默感的观照下，课堂将充满欢声笑语，教学将变得趣味横生，学习也将变得兴趣盎然。课堂的轻松欢快，可以化解沉闷、克服矛盾，也可激越心智、浓厚趣味，而使课堂变得生动、和谐。“这里有一个重大的问题，文章、诗歌、音乐、绘画、雕刻、建筑、庭园、戏剧、乃至书法、花道、茶道，一切的一切都是人的问题。世间有许多的人，不知不觉地只顾苦心致力于技巧和表现，这是一种错误思想。归根到底还是一个人格流露的问题。”①

教师优秀的职业人格是一种巨大的教育力量。现代教育家夏丏尊先生在谈到著名教育家、艺术家李叔同时曾说过：“李先生教图画、音乐，学生对图画、音乐看得比国文、数学等更重。这是有人格做背景的缘故。因为他教图画、音乐，而他所懂得的不仅是图画、音乐；他的诗文比国文先生的更好，他的书法比习字先生的更好，他的英文比英文先生的更好……这好比一尊佛像，有后光，故能令人敬仰。”可见教师的人格是以崇高的理想、宽厚的学识、精湛的审美为背景的。“举手投足、眼神、表情，甚至一条领带、一支钢笔、衣服的花样，都能表现全人格，可以从中看出其背后的无限的人格的韵味来，能看到无限深的生命之流。”②

说到“教育”，人们首先联想到教室、教师、学生、黑板、教材等这些我们非常熟悉的场景。这样的教育通常称之为“显形教育”；而与之相对应的就是“隐形教育”。隐形教育虽然看不到，可是对学生的影响作用却是十分重大，往往会影响一代人的成长，直接关系到国家与社会的发展。而隐形教育的实现，在较大程度上要依靠教师的人格魅力感染学生来实现。隐形教育是指教育者不公开教育目的，通过教学环境有意或无意地向学生传递教学信息，让受教育者在“非压力环境”中逐渐体会、感知事理，自然地

① [日]小原国芳：《小原国芳教育论著选》(上卷)，刘剑乔、吴光威编译，192页，北京，人民教育出版社，1993。

② [日]小原国芳：《小原国芳教育论著选》(下卷)，刘剑乔、由其民、吴光威译，12页，北京，人民教育出版社，1993。

在不知不觉中掌握知识技能、养成良好习惯、培养美好品德的一种教育。隐形教育是人与人之间的态度、价值取向、感情的表达方式，它时时刻刻、无所不在地影响着学生的发展。

六、勤奋

何谓勤奋，《现代汉语词典》中这样解释："尽力多做或不断地做"①这一解释从两个维度给"勤"的本质内涵做了明确的说明：一是从行为发生的幅度上来看，数量多，范围广；二是从行为持续的时间来看，持久做，不间断。从行为学的角度来分析，一时的勤奋、勤勉、勤恳、勤苦、勤谨，多数人都能坦然为之；而一生一世、自始至终地克勤克奋、克勉克谨，很多人就难以为继了。既然勤奋勤勉堪为人类宝贵品质，为人师者就要全面、深透和辩证地认识其思想价值，并在实际教育活动中有意识地主动强化自身勤奋勤勉修养，使自己的人格内涵得以充实、丰富，境界得以净化、提升。

"少壮不努力，老大徒伤悲"、"书山有路勤为径，学海无涯苦作舟"是教师经常勉励学生刻苦努力、用功学业的古谚，但不知教师本人是否意识到，这些激励人勤于学习、勤于进步的名言警句，在自己的身上是否得到充分的实践与彰显？作为一个少年的人生引路人与学业指导者，教师的人格表现——珍惜把握时间的作风、勤勉执著工作的态度、善始善终育人的行为，既能时时刻刻、潜移默化地影响、感染、滋养、熏陶着学生心灵世界与行为方式，同时也会不断地涵养、丰富、提升着自己的人生价值与人格境界。正所谓：教人勤者须自勤，教人奋者须自奋。有一首教师《惜时自警歌》，颇值得教师思考："月到下弦光阴少，人到老暮叹息多；唯有少壮勤努力，春华秋实果丰硕。惜时如金自有金，笃志励行莫空过。劳动之余休息好，精力充沛利工作；饭后茶余光阴贵，探索创造有开拓；时似海

① 中国社会科学院语言研究所词典编辑室编：《现代汉语词典》，修订5版，1106页，北京，商务印书馆，2005。

绵可挤压，志者得来乐呵呵。时间空余难打发，只有庸者如是说；身边时流他不觉，岂知瞬间机遇过；娱乐嬉游荡时光，消耗生命是罪过；转眼岁月染白发，回首万事成蹉跎。人心敬你凭能耐，莫把俗见放心窝。从来业精执著者，时间载志不懈惰。白驹过隙抓不住，唯有事业普赞歌；心血育人付流年，桃李天下自康乐。①

深入辩证地来思考判断，教师人格之勤大概有两种：一种是不分巨细、不辨轻重、不讲意义，黎明即起，夜半方息，终年操劳，永远有上不完的课，做不完的题，考不完的试，但人生中没有规划与目标，事业中没有探索与研究，工作中没有读书与思考，生活中没有自我与个性；一种是人生有方向，事业有规划、工作有目标，无意义、无价值的事情尽量不做，操作性、重复性、体力性的事务尽量少做，将时间与精力集中于富有探索性与创造性的工作上去，使自己的思想、智慧、知识的价值在有限的时间里尽可能地得以强化与增值。这两种人格之勤从内涵上来看显然是有质的区别的，从效率效益上来考察也是有差别的。无论从教育效果的层面或是从人生幸福的层面来讲，我们希望所倡导的教师敬业与勤业，都应当是后一种。曾有西方学者到复旦大学讲学，他忠告中国学生“少学习，多思考。”据说大名鼎鼎的费米教授差不多每天要花半天时间陪他的学生谈心，而不是在教室里翻开课本上课。不错，勤奋是传统的美德，只是我们这个时代有时候逼得教师和学生勤奋过了头。有人说，很多时候人们宁可让岁月淹没在仿佛很有价值的忙碌之中，却极不情愿拿出时间进行思考，以至于思维总是在低水平的层次上徘徊，最终一无所获。因此，勤于思考、判断、甄别是教师人格之勤之中最有价值、最有意义的核心要素，在勤于思索的教师那里，不仅盲目、从众、跟风的行为不会发生，而且平庸、乏味、重复的劳作也不会出现，教师的基本工作程序、课堂教学行为甚至日常生活都是在科学有序、合乎情理的思维指导下勤而不忙地进行

① 周楠丁、郭祖生、曹永明、杨传向：《教师自我发展与实践》，载《当代教育论坛》，2004(10)。

着。当然，伴随教师思考的内涵往往不是昔日的回顾与旧习的重温，而是对未知的探索与前行的预测，这就很容易导致对往昔教育行为的深刻地自我反省与质疑，容易引发自己以前确信不疑的人生信念与教育信仰的再思考、再斟酌。一位教师果真出现了这种现象，这就说明他已初步抵达了一个雾消云散、气象万千的教育境界。在这样的境界里，每一位教育者都会不断地对复杂的教育现象审时度势、谨慎取舍，都会不时地对自己的行为心态进行追问自省，诸此现象有时候看起来有点傻，有点痴，有点呆，但这才是真正的睿智与高明，因为他是在用心思在不懈探索一条属于自己特立独行的道路。正如学者余秋雨先生所言的："真正的游子是不大愿意回乡的，即使偶尔回去一下也会很快出走，走在外面又没完没了的思念，结果终于傻傻地问自己，家乡究竟在哪里。"①

教师的人格勤奋还体现在主动精神方面。教师的主动精神意味着：一是善于创造性地执行，不让自己陷入被动和琐碎；二是善于做好人生规划或生涯设计，为自己争取发展的机会；三是自强不息，遇到任何障碍都不断寻找新的出路。拥有主动精神的基本前提是专注与执著的人格品质。专注，是指持之以恒地将自己的注意力集中在某个问题上；执著，原意指对事物或事理固执不舍，这里指的是面对困难能够坚忍不拔、努力完成任务的坚毅精神。以往人们认为有创造性的人或真正聪明的人不需要努力工作就能获得创造成果，但事实却不是这样。事实证明，光是冒险或是单纯依靠智力是不足以获得创造成果的，因而需要坚持不懈地努力，需要有在困难面前不退缩的意愿，在得不到回报时仍保持动力，长时间地专注于任务，这样才能最终获得理想的成果。"懒散、怯懦、冷酷和愚笨是现有的教育带给我们的坏品质，而理想教育必定给我们带来勤奋、勇敢、善良和聪慧的美德。教育是人类开辟新世界的钥匙。"②

① 余秋雨：《余秋雨人生哲言》，238页，上海，上海人民出版社，2006。

② [英]罗素：《教育与美好生活》，载《现代教师读本〈教育卷〉》，227页，南宁，广西教育出版社，2006。

七、快乐

当代心理学家认为，人类的情绪分为基本情绪和次级情绪。基本情绪有五种：快乐、悲伤、愤怒、恐惧和厌恶，它们分别对应于特定的躯体状态。次级情绪是上述五种基本情绪的细微变体，比如，欣喜和惊喜是快乐的变体；忧郁和惆怅是悲伤的变体；惊慌、害羞与焦虑是恐惧的变体；憎恨是愤怒的变体；鄙视和轻蔑是厌恶的变体。

值得注意的是，上述五种基本情绪中，除快乐之外，其余四种都是负面情绪。这一点意味深长。它表明，地球上的动物(包括人类自身)大多时候都生活在一种危机四伏的环境之中，身边随时会有天敌出现，更不用说洪水、干旱、疾病等自然灾害的如影相随。因此在所有的情绪中，恐惧是一种最为原始古老的情绪，它犹如忠实的报警装置，提醒我们避开危险，防患于未然。其余则有悲伤、愤怒和厌恶，它们同样是对世事无常或可憎之事的提醒。休谟深刻地洞察到了这一点。在他看来，“最早的宗教观念并不是源于对自然之工的沉思，而是源于一种对生活事件的关切，源于那激发了人类心灵发展的绵延不绝的希望和恐惧。”①这是因为，“我们既没有充分的智慧去预知，也没有足够的力量去防范那些不断威胁我们的灾难。我们永远悬浮在生与死、健康与疾病、丰足和匮乏之间”。② 这就是说，人类生活中的厄运远远多于好运，正如古希腊诗人荷马所说：“诸神赐予我们一份快乐，就要相伴双份的苦难。”也正如作家张爱玲的叹息：“长的是磨难，短的是人生。”而人又是这样一种动物，到手的好运认为是理所当然，经历的厄运则久久难忘，所谓“一朝被蛇咬，十年怕井绳”。其间的缘由则在于，正是对厄运或痛苦的深刻记忆避免让我们重蹈覆辙。生于忧患，死于安乐，居安还须思危，实在是古代圣人留给我们的极为深刻的智

① [英]大卫·休谟：《宗教的自然史》，徐晓宏译，13页，上海，上海人民出版社，2003。

② [英]大卫·休谟：《宗教的自然史》，徐晓宏译，16页，上海，上海人民出版社，2003。

慧。难怪在五种基本情绪中，负面情绪会占四种。

作为一个正常健康的生命个体，乐观与开朗是其人格之中一个非常重要的基本元素。教师的乐观开朗主要体现在两个方面：一是对人对事充满热情，和蔼可亲，容易相处，易接受别人的批评。二是面对挫折以乐观的态度看待，适应性强，能够很快地从失意中恢复过来。教师从事的育人活动是一项艰巨复杂的工作，需要教师保持一往无前的热情、乐观开朗的态度，甚至达到“发愤忘食，乐以忘忧，不知老之将至”的境界。以积极饱满的情绪去从事教育工作，以充沛的精力、豁达的心胸去迎接挑战，以活泼开朗的性格去感染学生，培养学生乐观向上、热情开朗的性格。特级教师魏书生提出教师应“保持童心”、“笑对人生”，善于寻找欢乐。只有在愉悦的心境下，教师才能充分发挥自己的育人才能。而学生在良好的氛围中学习也能接受良好信息。

学校教育不仅担负着传授知识、塑造人格的职责，同时也深刻地影响着学生的某种情感和观念。在情感上，教育要让学生体会到学习过程的满足和愉悦；在观念上，教育应帮助学生建构起自主学习的意识。相比较而言，学校教育对学生产生的影响首先外显为学生的某种情感倾向和态度选择。简单地说，就是看教育过程和教育本身给学生的感觉是令人愉快的还是招致厌恶的。如果学生在走出课堂、离开学校后变得讨厌教育、厌恶学习的话，那就说明我们的教育失败了。要想使学生体味到学习的快乐，让学生享受教育、享受学习，教师首先就应该是快乐的。“教育，不管是来自父母的，还是来自学校的，都不应该仅仅是课本知识，还应该包括人格培养。因为父母、学校和文化确实能够塑造人。”①

一些调查结果显示，现代人经常面临情绪危机，如快乐减少、情绪低落、心情郁闷、焦虑骤增等。从教师群体的情况看，这种现象也不乏存在。教师职业是最需要投入情感的职业之一，教师不仅传递知识，也传递

---

① [美]托马斯·弗里德曼：《世界是平的》，何帆、肖莹莹、郝正非译，310页，长沙，湖南科学技术出版社，2006。

情感；不仅用知识影响他人，也用情绪来感染他人。所以，无论是从教师自身的发展和成熟来看，还是从教育的要求、学生的成长角度来看，都需要教师经常保持愉快、开朗、乐观、满足的情绪状态，对生活、工作和未来充满希望，做一名开朗、快乐的教师。

情绪作为一种主观意识的经验，对人的行为目的、方式的选择以及实施力度的影响是非常巨大的。这往往也是师生冲突产生的一个重要因素。对于教师来说，刺激经验引发的情绪经验往往与人的过去经验和个人对学生的主观评估有关，它的产生，教师自己可以感受到，但很难实施自我控制。教师的情绪表现给学生身心的负面影响是相当巨大的，有时甚至是毁灭性的。从这层意义上来看，教师情绪管理策略的研究是非常必要的。

具有乐观开朗的人格特征的人在困难挫折面前有较好的运转能力。教师经常有挫折感，这是有多方面原因的。一个比较突出的原因是教书育人是极为复杂的工作，教师必须掌握学生认识发展的规律，具体学科教学的规律，学生身心发展的规律等各方面的知识，并要能综合把握，指导具体工作，才有可能收到较好的教育效果。而很多教师尤其是新教师在这方面的综合能力的发展还不够完善，当他们的劳动无法收到预期效果时，就易产生挫折感。我们都知道，注意力集中、适应性强、愿意学习、情绪积极的学生，和那些烦躁、容易分心和退缩的学生所引发的教师的反应显然不同。与前者相处令人愉快，老师以奖励回应他们；与后者相处则容易引发教师的挫折感，使教师常常不得不向他们发出强硬的指令。而实际上，后者往往是更需要帮助的。如果教师缺乏一种热情，以悲观心境视之，就很容易放弃对他们的教育。专家型教师往往相信后进生、困难生能取得进步，并善于运用多种方法，是因为他们的态度使他们更容易走向成功。

开朗乐观的人格生成既不是与生俱来的，也不是一蹴而就的，而是在正确的观念引导下，经过生活的反复磨炼与心灵的感悟积累而逐渐滋养培植起来的。综合而言，人格的开朗快乐特征的生成基本上有三大源头。

一是求知的快乐。细读孔子的《论语》就不难发现，其全书所有的恳求，皆建议人如何让自己快乐。而所有的快乐，以“学而时习之”为快乐的第一要素。“孔颜乐处”，是一种学习、探索之乐。孔子晚年仍然喜读《周易》，依然保持学习、探索的心境，以至于“不知老之将至”。孔子有一个学生叫子路，有人曾询问孔子晚年的生活状况，子路不敢评论他的老师。后来，孔子知道了这件事，他说：你怎么不告诉他，“其为人也，发愤忘食，乐以忘忧，不知老之将至云尔。”这是一种因学习、求知而智慧的快乐和幸福。其实，孔子的幸福感或快乐感离我们并不遥远。一个人如果快乐，他的快乐很可能来自他的学习、好奇、探索的生活方式。在教师的群体之中，有多少教师的快乐不是显示为求知、智慧的欢乐？

“求知”就在教师的生活近处。相比之下，教师比其他行业更容易获得求知的快乐，因为，学校中的人长时间地与知识、学习打交道。就此而言，教师拥有较多的幸福资源。可是，我们开发这种资源了吗？我们利用这种资源了吗？教师是否拥有自己喜欢的书，哪怕是一本或者两本呢？哪怕是一篇文章或两篇文章呢？如果不读“书”，哪怕教师的包里时常存放着一本《读者》？培根说：“读书足以怡情，足以博彩，足以长才。其怡情也，最见于独处幽居之时；其博彩也，最见于高谈阔论之中；其长才也，最见于处世判事之际。”当我们拥有了自己喜欢的书或者文章，我们会不断地感叹培根的话，实在抵达了读书人的心灵深处。教师是否拥有自己喜欢的作者？哪怕是一个或者两个？比如鲁迅或者胡适，比如苏霍姆林斯基或者杜威、罗素？

二是游戏的快乐。闲暇、游戏，是人生快乐的一个重要源头。闲暇、游戏的价值甚至不止于让人快乐，它的另一个价值在于让人因轻松而拥有自己的自由人格和独立精神。相反，“负担过重必然导致肤浅”。爱因斯坦说：“使青年人发展批判的独立思考，对于闲暇、游戏，是人生快乐的一个重要源头。闲暇、游戏的价值甚至不止于让人快乐，它的另一个价值在于让人因轻松而拥有自己的自由人格和独立精神。相反，负担过重必然导致肤浅。”爱因斯坦又说：“使青年人发展批判的独立思考，对于有价值的教育也是生命攸关的，由于太多和太杂的学科（学分制）造成的青年人的过重负担，大大地危害了这种独立思考的发展。负担过重必导致肤浅。教育应当使所提供的东西让学生作为一种宝贵的礼物来领受，而不是作为一种艰苦的任务要他去负担。”

三是爱的快乐。如果一个学生不能在他的老师那里获得爱的感受，比如被老师爱或者他爱他的老师，而且碰巧这位学生又不那么幸运：他在同伴那里也得不到爱的感受，或者他在整个学校都找不到爱的感觉，那么，他是否会选择“逃学”？或者，他是否会成为一个“问题儿童”？要么，他是否会在他的内心从此埋下“仇恨”“孤僻”“怪诞”的种子？如果一个教师不能在他的校长那里获得赏识的感受，比如被校长赏识或者他欣赏他的校长，而且碰巧这位教师又不那么幸运：他在同事那里也得不到赏识，或者他在这个学校都找不到赏识别人或被别人赏识的感觉，你说，这位教师是否还能够在这个地方长久地待下去？他在这个地方长久地待下去难道不是一种受罪和苦难？美国超现实主义作家亨利·戴维·梭罗说：“生活有千万种，为什么我们只过一种？”教师的生活要像诗一样丰富多彩，浪漫与凝重，沉郁与顿挫，现实与超脱，清新与俊逸。教师的生活不仅仅是一种——苦教！教师的生活中不能只唱一首歌——分数！教师的生活空间不仅仅是三个点（教室、办公室、家）！教师读的书不仅仅是一本——教科书！

一切快乐都是由精神、心态决定的。无论是“纡青拖紫，服冕乘轩”，还是“引车卖浆，贩夫走卒”，都应该自己觉得快乐，自己寻求快乐，人生才能具有意义。也许你学富五车、满腹经纶，也许你踌躇满怀、壮志凌云，而与你同过学、同过事的庸才俗子却平步青云了，你也只消用老杜的《古柏行》自慰：“志士幽人莫怨嗟，古来材大难为用。”其实更何况大自然历来遵循“夫大木为杗，细木为桷”的规则，很多时候，人是需要一点自知和自尊的。正如卡耐基所说的：“生活的快乐与否，完全决定于一个人对人、事、物的看法如何，因此生活是由思想造成的；所以一个人的幸福并不在于他从事了什么工作，而在于他是否从这份职业中找到真正的快乐，一份来自灵魂深处的快乐。”只有当教师心中洋溢着幸福美好的情愫，他（她）的脸上才会有灿烂的阳光并自然地照亮和温暖学生的心房；只有当教师情绪饱满和内心充实，他（她）才会自然地流露出对细节的关注和乐于真诚的分享。

八、禅意

禅本是佛家用语，其所涉及的内涵与用途比较复杂与广泛。但从日常生活与普通人生的角度来考察，“‘禅’作为本体范畴，它的内涵涉及两个层面。其一，它指禅境。而禅境乃是作为生命的表征的‘本体心’的敞亮与展开，乃是一种随缘任运、自然适意、一切皆真、宁静淡远而又生机勃勃的自由境界，一种最高的人生境界。其二，它指理想人格。禅宗视禅为众生的‘本来面目’，而且总是借助艺术的观点来美化人生，力图塑造完美的心灵，把肯定人生、把握人生、塑造一种理想人格作为自己的终极目标。”①以上所解，看来“禅”与教师还是发生一些联系的，因为以授受知识、启迪智慧、润泽心灵为业的教师，无论如何，还是要讲人生境界或理想人格的，甚至再更为广泛地说，禅与世间的每个人都有着千丝万缕的联系。并不像人们平常想象的那样，禅是宗教之事，顶多与音乐、书法、绘画、雕刻等艺术创造有关联。

当然，禅意作为教师人格构成元素之一，并不是要教师言遵佛家训诫，行奉佛家戒律，心有佛家法度，而是要豁达心胸，极目眼界，不要与人计较收入、地位、名誉，不要暗怨自己时运不济、命运不好，尽量摒弃各种杂念与烦恼，尽量放下精神负担与紧张，努力使自己活得超脱一些、自如一些、潇洒一些。

佛家有三句话，比喻人生修养的三重境界，颇值得我们思考：

看山是山，看水是水；

看山不是山，看水不是水；

看山还是山，看水还是水。

---

① 皮朝纲：《禅宗美学的独特性质、人生意蕴及当代启示》，载《西南民族学院学报》（哲学社会科学版），2001(1)。

第一句是说一个人的人生之初纯洁无瑕，初识世界，一切都是新鲜的，眼睛看见什么就是什么，人家告诉他这就是山，他就认识了山；人家告诉他这是水，他就认识了水。

第二句是说随着年龄的增长，经历的世事渐多，就发现这个世界的问题了。进入这个阶段，人是激愤的、不平的、忧虑的、疑问的、警惕的、复杂的。人不愿意再轻易地相信什么。这个时候看山也感慨，看水也叹息，借古讽今，指桑骂槐，山自然不是单纯的山，水自然不是单纯的水。就会这山望着那山高，这水望着那水清，天外有天，人外有人，不停地攀登，不停地跋涉，如何做人，如何处世，绞尽脑汁，机关算尽，殊不知人生短暂而有限，哪能与无限与永恒计较呢？许多人到了这第二重境界，就到了人生的终点，追求一生，劳碌一生，愤慨一生，遗憾一生。最后发现自己并没有到达理想，于是抱恨终生。

第三句话是指也有一些人经过默默修炼，便会专心致志地做自己应该做且能做到的事情，不想入非非，不耽于物欲，不与旁人计较，任你红尘滚滚，我自清风朗月。这时他已进入到了第三重境界了。这时候看山又是山，看水又是水了。正是：人本是人，不必刻意去做人；世本是世，不必刻意去处世。这便也是真正的做人与处世了。

每个教师都会遇到这样一些学生：学习不努力、作业不认真，考试成绩差、纪律不太好，一心只想玩。缺乏禅心禅意教师的基本态度是：严厉批评、挖苦嘲讽、重重责罚，或是用将来升不了大学、找不到体面职业、可能失业等话语来威胁、告诫学生，但如此的教育效果往往不甚理想。富有禅意禅心的教师则通常表现为：不急不躁、不愠不火，平和安详地与学生坐下来，师生之间进行一番温和、全面、细致和深入地沟通，以平等、开明的姿态化解学生的对立情绪，以道理与情感转化学生的态度，以诚恳与耐心赢得学生的理解与信任，以鼓励与期盼来推动学生的转变，如此效果想必是不会差的。此时此地，这是禅意最关注的时态。禅意的生活态度就是放下过去和将来的包袱，多看现在和眼前，教师应当和学生共同经历并教他们珍惜现在的每时每刻，而不去追悔过去和梦想不切实际的将来。

这几年抑郁症已成为新的流行病，家庭功能低落，离婚率提高，问题少年不断增加，现代人已生活在严重的情感污染中了。结果，生活过得乏味，情绪开始低落，身心健康受到摧残。看来，我们教师得给自己的生活加点禅，让生活过得坦荡自如，潇洒快乐一些。

提到禅意，有人或许马上想到的是剃度出家、削发为尼，觉得那是看破红尘的和尚尼姑们的事。这种观点就大错特错了，难道禅就是神秘的宗教吗？禅就是古刹青灯、清贫孤独吗？禅就是不可思议的另一个世界吗？不！禅固然是宗教，但它关怀现实人生，注重当下的平凡生活。古德曾说："挑水担柴，无非是道；行住坐卧，无不是禅。"可见，禅并不神秘，禅门从来对所有人开放。

禅的宗旨是以出世的精神做入世的事业。禅意味着心灵的超脱与自在，智慧的顿显与运用，行为的潇洒与自由，个性的独立与张扬，生活的和谐与完美，生命的解脱与升华。禅的功能就在于训练自己的心。它让人从贪婪、敌意、野心、享受和放纵中解脱，使自己的智慧自由地运作，去过清醒而有益的生活。同时，在禅的修行中，也能看出生命的丰富意义和希望。

禅其实很简单。睡觉时好好睡觉，睡得甜熟安详，睡醒了有茶喝，就喝得满怀温润，身心如洗；饿了有饭吃，不计精粗，一样吃得滋味深长。元代禅师有诗云："闲居无事可评论，一炷清香自得闻。睡起有茶饥有饭，行看流水坐看云。"这告诉我们禅就是用一颗平常心，用一颗简单的心去面对世界，过素朴的生活。

禅意就在对本性的开悟中。本性是天然，不是人为的，所以，当心灵不被任何牵挂时，那便是禅了。当你在痛苦面前，一样能汲取快乐的养料时，尤其是不借外界条件而以心灵的感悟去获得超然与自在时，那便是禅了。禅一点也不神秘，因为它属于一颗平常心。禅不尚神秘玄机，禅是朴朴实实、实实在在的。如果你认为禅很神秘，那是因为你还没有找到"自己"。

王维居士《叹白发》中有诗云："一生几许伤心事，不向空门何处销。"

从古至今，喜爱参禅的人数不胜数，如大家熟悉的苏轼、白居易、朱自清、林清玄等。当今，从西方到东方，参禅已趋于时尚。在有些地方，从政界人员到普通员工，无不利用节假日到寺院去寻师问禅，向现代的禅师请教如何驱除烦恼，如何才能生活得洒脱自在。给生活加点禅吧！让我们即使在面对烦恼、悲伤、痛苦时亦能进入自在的境地，领略到“雨过竹风清，云开山顶露”的境界。

九、自信

自信对一个人来说非常重要。爱默生说，“自信是成功的第一秘诀，是英雄的本质”；海伦·凯勒说，“信心是命运的主宰”；爱因斯坦说，“自信是向成功迈出的第一步”。自信像是一根柱子，能撑起精神的广袤天空；自信是一片阳光，能驱散迷失者眼前的阴影。要想成功，自信必不可少，而要树立学生的自信心，教师必须首先是个自信的人。

教师的自信是指教师对自己有能力成功地完成特定教学活动的信任程度的心理人格特性，是教师自我调节教学活动的一个重要因素，也是成为优秀教师的自我意识激发的重要品质。因此，自信在教师自主成长过程中具有非常重要的作用和价值，是学校教育教学活动中的一种无形的宝贵财富，是教师走向成功的必备品质。

在法国，有一个青年叫巴利昂，他从小生活在非常艰苦的农村，穷困潦倒。因为生活所迫，巴利昂就到城市去打工，从推销员开始做起。因为他过惯了贫穷的日子，比较能吃苦耐劳，所以在城市打工的时候，他勤勤恳恳，很快从一个普通的推销员做到了一个部门的负责人，后来逐步发展下来成为一个亿万富翁。在他暮年垂垂即将告别人世的时候，他想起自己的一生有太多的感受，而且他视自己的一生经历的风风雨雨为其最大的财富，却又不想把这笔宝贵的财富带到坟墓，于是他就出了一个题目，在全国征集答案。这个题目是“穷人最缺什么”，谁能把这个题目答对了，他就把万贯家产奖给这个人。这个题目一经公布，全国的答案如雪花般飞来。有人说，穷人最缺的是金钱，穷人最缺的是智慧，穷人最缺的是知识……

但是竟然没有一份答案符合他的要求，他只能遗憾地撒手人寰。后人把写有答案的纸条打开，答案是“穷人最缺的是成为富人的信心”。这个事例说明了一个人生道理：成就一个什么人生，取决于人生的理想与信念，而建构这个人生的理想与信念的基本前提，就是要对自己抱以坚定无比、充满激情的信任。

以自信彻底改变了人们对他的看法，进而成功考入大学，任教以来一直用自信来激励广大中学生找回信心、培植意志、奋勇拼搏，实现人生梦想的自信者——中国人民大学附属中学教师王金战的事例很值得我们思考和玩味。

1978 年，国家宣布恢复高考制度，王金战在读高一，班主任动员班里成绩前五名的同学提前参加高考。这五名学生奔走相告、喜气洋洋，这种氛围深深地触动了他，于是他也表露出想报考的心声。但是，由于他是班里成绩排名倒数的学生，老师不信任的眼神、同学们的嘲讽与挖苦，使他长期潜藏于内心深处的自信找到了爆发的窗口，顿觉一种从未有过的激情在心中升腾，“啪”的一拍桌子，站起来反击道：“谁规定大学只许你们考？为什么我就不能考大学?！今年还不一定谁能考上呢。我本来想放弃这个想法，就凭你们今天的态度，我非要考上大学让你们看一看！”在自尊、自信、自强的激励鞭策下，王金战忘我地投入学习之中：由于初中空缺的知识太多，他就把初一到高二的各科课本用铁丝串成一摞，别人看书是一本一本看，他看书是一摞一摞地看；教室学习环境不安宁，他就独自一人躲到农民的菜窖里挑灯苦读……他的成绩直线上升，到了期中考试，他竟然名列班级的第一名。班主任大惑不解：王金战要是抄人家的，也不可能抄个第一，顶多抄个第二。他就去问同学，于是发现了王金战学习的秘密。班主任非常感动，写了一篇文章《向王金战学习》，登在板报上。被班主任这样一表扬，他更是一发不可收拾，乘胜追击，在当年的高考中，他竟然考上了大学，而且是班里唯一考上大学的人。

后来王金战大学毕业后，做了一名中学数学教师。他以自己的亲身经历与深刻体会，在教学活动中始终以自尊、自强、自信的精神来鼓励学生，使学生在精神上不服输，在意志上不气馁。在他的眼里没有学困生，他曾让全班倒数第一的学生考上北大；他曾被誉为“高考战神”，考前面对面辅导2小时，学生一般就能提高20分；他的寥寥数语就能打开“问题”学生的心结，被许多学生家长当成“救命稻草”……他在山东期间连续当过五年的复读班的班主任，到1993年，他带的那个班一共有83个学生参加高考，百分之百地考上大学，在山东省轰动一时。因为当时山东省的高考录取率是很低的，而他教的又是一群落榜生。为什么能够产生如此的教育效果呢？原因就在于他能够有效调整学生的心态，无论处于什么学习基础、家庭背景、复杂境况下的学生，只要经过他的一番认真观察与交流沟通，都能准确地诊断出学生学业困难、成绩落后背后的心理原因，并且高效地引导学生调整心态，帮助其恢复学习信心与旺盛斗志。“‘哀大莫过于心死’，心死了，谁也救不了；只要一息尚存，你就有创造奇迹的可能。诺贝尔和平奖获得者南非前总统曼德拉先生说过：‘人生可怕的事情，不是你更多的看到自己的不足，而是没看到自身所具有的巨大潜能。’你自己承认不行，谁也帮不了你。”①

自信是胸襟的母亲。人是一种高度智慧的动物，他能想出许多绝妙的主意，干出大量辉煌的事业，但人的经历有限，难免说一些错话、做一些傻事。这个时候，另一些人站出来，指出他的不足，纠正他的缺点。胸襟狭窄的人认为这是别人故意给他难堪、让他出丑，但胸襟宽阔的人则觉得这是别人关心他、帮助他，他始终相信他人出自善意。正因为相信别人是善意的，自己当然要回报以欣赏的微笑，这是为什么有的人面临极为严厉的批评始终保持君子风度的深层原因。

让我们记住著名学者赫巴特关于自信的名言：“当你出门时，请把下颌收进，额头抬高，肺部吸满空气；碰着朋友，含笑地向他打个招呼；和人握手时要精神饱满，不要怕被人误解；不要浪费哪怕一分钟的光阴去想

① 王金战：《王金战育才方案——学习哪有那么难》，111页，北京，北京大学出版社，2009。

你的仇敌；做事必须打定主意，不要常常改变方向，一直向着既定的目标前进；把你的心，完全放在你所希望的光明而伟大的事情上去。”愿每个教师都展示出自己的自信！

十、幽默

何谓幽默，仁者见仁，智者见智，众说纷纭。有位研究幽默的学者说，幽默这个问题不亚于“哥德巴赫猜想”，至今尚未有人给这一神秘的怪物安置一个樊笼。有的人认为幽默是一种技巧、方式；有的人认为幽默是一种素质、能力；还有的人认为幽默是可笑有趣。有人综合了上述观点认为，幽默从主体上看是一种能力品质；从表现上看是让人发笑、滑稽有趣；从幽默的技巧方式上看，有修辞、喜剧、艺术表现等。我们认为，教师的幽默就是教师运用巧妙的、诙谐的、机智有趣、出乎意料的语言、体态，对学生施加教育影响，以活跃师生交往的气氛，愉快高效地完成教育教学任务的人格能力素养。它是教师深刻本质的反映，是教师的思想、观念经历、精神、意志、性格、能力等各项素质的综合反映。

苏联教育家斯维特洛夫指出：“教育家最主要的，也是第一的助手是幽默。”幽默多为即兴式的临场发挥，那种挥洒自如淋漓尽致充满情趣的自然与和谐，是教师各项素质和全部人格的有机展现。老舍在《谈幽默》一文中说：“文字要生动有趣，必须利用幽默。”1995 年在新加坡举行的国际大专辩论会的评分标准中有一条，就是看说话有没有幽默感。英国的乔丹曾研究了“称职教师”的特征，在他的分析和研究结果中，就有“幽默”这一指标。培根说：“善言者必善默。”在教育教学工作中，“教师善不善于运用幽默，具不具有幽默感，能不能充分发挥幽默的力量，这是衡量教师教学机智和教学口才的重要标志。”①因此，我们认为幽默是教师人格的重要构成要素之一，是知识经济时代高素质教师不可缺少的素质。“健康的幽默往往取决于两个条件：人的正确生活态度、对生活的深刻理解和充满自信的

---

① 唐树芝：《论课堂教学的幽默》，载《湖南师范大学社会科学学报》，1999(2)。

心态以及愉悦的心境；敏捷的多向思维习惯、富有创造性的聪明才智和表达上的力避平庸的欲望。”幽默是知识与智慧的产物，没有知识不会有幽默；幽默需要乐观的性格，心胸开阔才会有幽默；幽默要与人为善，其出发点是善意的，抱与人为善的态度才会有轻松、含蓄的幽默。由此观之，幽默作为教师人格的构成要素与其他要素一样是要经过教育培养、自我学习、自我完善等途径和方式才能形成和获得的。

曾经流传过这样一个教育故事：开学初，李老师接了个新班，班上有个学生，很是顽皮，爱搞恶作剧。一天，这个学生在黑板上画一座坟墓，墓碑上写着“李老师之墓”。上课了，李老师走进了教室，发现黑板上的“杰作”，内心十分难受。顿时，教室里的空气凝固了似的，同学们都屏住呼吸，等待着一场“暴风骤雨”。但是，李老师克制了自己，他叫学生起立，向死去的李老师默哀半分钟。半分钟过去了，李老师面带笑容地说：“李老师又活过来了，现在我们开始上课。”这时所有的同学都把责备的目光一齐投向那位给李老师画墓的同学，这位同学羞愧难当，无地自容，课后主动找到李老师认错。听罢这个故事，我们不禁为李老师“诙谐的默哀”幽默拍手叫好。大量教育实际和众多调查反馈都表明：学生非常喜欢具有幽默风趣、平等随和人格气质的教师。那么教师的幽默从何而来？

形象比喻。比喻就是打比方。在教学中比喻虽然运用得最经常、最广泛，但是，并非任何比喻都有幽默感，关键在于新奇恰当。有位历史老师在讲到19世纪末英德竞争时，比喻说：“德国作为帝国主义筵席上的迟到者，是根本不满足得到一些残汤剩菜的。它像一个吃不饱的饿汉子，自然首先盯着英国的那个大盘子……”这一连串的形象比喻，既新奇恰当，又幽默风趣，确切地揭示了英德之间的尖锐矛盾。

成语变用。在使用成语时，为了需要，对某些成语进行临时性改造。如有位政治老师在讲反腐倡廉时，说道：“当前极少数身居高位的党政干部，不是想人民群众所想，而是‘大功无事’、‘大显伸手’，他们的用人之道是‘唯财是举’、‘己人善任’。”在这里成语“大公无私”“大显身手”“唯才是举”“知人善任”被临时改动了一个语素，使语言讽刺有力，增添了幽默情趣，给学生留下了深刻的印象。

巧用反语。巧用反语是使用与本意恰恰相反的语言来表达本意的一种方法。例如，有位班主任教师在对学生进行日常行为规范教育时，教育学生不喝酒、不吸烟，用了这样一个设问：“你能说出吸烟的好处吗?”看着学生茫然的样子，老师接着说：“我听人说吸烟的好处有‘三防’，一曰防老，二曰防盗，三曰防狗。防老，是严重吸烟者难以长寿；防盗，是严重吸烟者没日没夜地咳嗽，难以入睡；防狗，是说严重吸烟者未老先衰，早早就用上了拐杖。”学生哗然，这堂课的教育效果自然大增。

有意曲解。有意曲解就是对某词语的原意有意进行歪曲的一种方法。如有位老师在讲第一次世界大战时，学生问意大利为什么不马上参战？老师风趣地说：“意大利，意大利，意就在大利上，它要看哪儿利大就到哪儿去。”把“意大利”有意曲解为“意在大利”上。既讲清了原因，点明了性质，又满足了表达的需要。具有幽默诙谐的特色，使学生拍案叫绝。

巧妙借用。借用就是把某社会习惯用语，包括专门术语和行业语用来说明、表达另一特定的人物或事物。例如，一位老师在讲到西汉中山靖王刘胜时，诙谐地说：“此人在历史上没做过一点好事，却有点名气，只是他保持了生儿子的冠军。”这位老师巧妙地授予刘胜一个“生育冠军”的称号，赋予它一种新的含义。这种用法不仅给语言增添了幽默情趣，而且也有力地抨击了刘胜，造成了特殊的表达效果。

巧借歇后语。巧借歇后语就是巧妙地借用各种歇后语的一种方法。例如，一位语文老师教《詹天佑》这篇课文，在讲完帝国主义要挟清政府，认为中国人无法造铁路时说：“帝国主义认为中国人造铁路是圆顶帐子——没门道，而詹天佑是晏子使楚——不辱使命，带领中国工程技术人员自己设计，自己制造，寅时点兵，卯时上阵——说干就干……终于修筑了京张铁路。”一连串的歇后语，妙语连珠。还有一位老师讲完秦、赵长平之战后，讥讽地说：“赵括纸上谈兵，惨败长平，真是腰里别着个死耗子——冒充打猎的。”整个歇后语充满幽默与讥讽的意味，引人深思。语言幽默风趣的方法还有很多，诸如“今词古用”“数字辨析”“影射”“双关”，等等，只要我们潜心研究语言表达的艺术，就会摸索出更新的方法来。

“对于好教师的特征，已有大量研究。热情、宽容、幽默、善于对自己的情绪进行管理，能缓和学生的焦虑感，呵护学生的自尊与自信，等等，都是一些重要的品质。”①良好幽默品质的养成，是教师对教学艺术不懈追求的结果，是一个由低级向高级、由模仿到创造、由不稳定到稳定的逐渐成熟的过程。这个过程既包含着量的积累，也包含着质的飞跃。只要不断发掘自己的幽默潜能，明确并坚定自己所要形成的素质标准，就一定能形成自己良好的幽默素质。

以上所述教师人格特征内涵，既有必然存在的实然基础，也有理想可能的应然期盼。只要教师恪守职业理想、追求自我完善，自然能够在专业生涯中不断地修炼乃至完善自己的职业人格角色。教师人格的完善与提升，不仅预示且象征着教师的教育风格与生命境界的确立与成熟，而且还将给学生的人格、生活、学业等发展起到示范、引领、感染、熏陶的积极作用。主要体现在如下几个方面：

一是启迪功能。教师人格魅力具有启迪学生智慧的功能。睿智是教师人格的理智特征，是教师在认知上所体现出的特点。教师的睿智会引导学生对世界和人生进行思考，以启迪学生的智慧。睿智的教师主要有以下方面的特点：好奇探究、博闻强志、真知灼见。首先是好奇。人们在生活中总会遇到这样或那样一些新问题，这时，有些人躲闪回避，有些人热情拥抱，而教师往往选择后者，而喜欢新鲜事物，探究未知世界，因为他们每天都会面对一双双渴求知识的眼睛，久而久之，习惯于好奇与探究。教师的好奇心可以直接引起学生对现实生活中未知问题的关注和思考。其次是博闻。“学高为师”的社会期待，要求教师不断地积累知识，积少成多、聚沙成塔，用“有涯”的生命不断地去占有“无涯”的知识，以便以自己的“一桶水”来装满学生的“一碗水”。教师丰富的知识、宽阔的视野，一定会带来学生知识的丰富和视野的宽阔。再次是智慧。在长期的认知客观事物的

① 肖川：《教育的使命与责任》，305页，长沙，岳麓书社，2007。

过程中，教师获得知识的同时，智慧也会随之增强。在“知其然、知其所以然、知其所必然”的认知的“无限后退”中，教师的元认知会获得发展，而使智慧得以增强。智慧往往体现在对问题的思考、对思考问题的再思考，以及这种思考的“无限后退”中。教师刨根问底的思索、拈花一笑的开悟，都会转变成教书育人的机智；其提纲挈领的讲解、循循善诱的引导、真知灼见的思想，都会让学生茅塞顿开，获得智慧的启迪。

二是激励功能。教师人格魅力具有激励学生人生追求的功能。崇高和爱心属于教师人格的意志特征，是教师在道德活动中所体现出的特点。教师人格的崇高和爱心，主要体现在对道德规范的恪守、对人生幸福的追求、对社会和他人的爱心奉献以及对美好明天的向往憧憬上，等等。教师的崇高和爱心，将激励学生告别自私而富有爱心、告别渺小而走向崇高。教师人格的崇高主要体现在义利关系上，即重义轻利、乐于奉献、两袖清风，而非见利忘义、沽名钓誉、自私自利，正如陶行知先生所倡导的“捧着一颗心来，不带半根草去”的伟大精神。强烈的社会责任、浓郁的教育情怀、高涨的工作干劲，是教师人格崇高的具体写照。学生在教师崇高人格的感染下，也会实现从利到义、从肉到灵的伟大迁跃而走向崇高，养成“富贵不能淫，贫贱不能移，威武不能屈”的大丈夫性格。教师的爱心，主要体现在教师热爱学生、关心学生、服务学生上。教师通过自己的爱心来培养学生的爱心，引导学生爱世界、爱人类、爱生活、爱他人。教师通过“爱满课堂”的教育实践，而“桃李满天下”，最终实现“爱满天下”的人生夙愿。教师人格的崇高与爱心，在师生互动过程中，通过教师以身示范，学生模仿学习，而传播开去，并深入人心。教师人格的崇高和爱心，是一本活的教科书，告诫学生遵守规范的同时，也激励他们追求幸福生活和向往美好明天。

三是陶冶功能。教师人格魅力具有陶冶学生情感的功能。幽默感是教师人格的情感特征，是教师在情感体验或审美活动中所表现出的特点。每一名教师的情感都具有不同的特点，诸如，在情感的稳定性、丰富性、社会性、愉快性等方面，表现是各不相同的。情感是对个体内在需要和外在事物之间关系的一种反映，是客观事物是否符合个体内在需要的主观反应，也是个体内心世界的“晴雨表”。教师通过不断体验，而获得情感；情感不断升华，净化为情操；情操不断凝练，积淀成美感。教师的幽默感即是一种审美化的情感。教育教学中，教师的幽默感，会让教师活用知识、风趣人生、活泼课堂，使学生的情感在审美愉悦中得到陶冶。教师在处理情与理、心与物、利与义、灵与肉、形与神、器与道、身与心、镜与灯等关系中，纵横捭阖，辗转腾挪，谈笑风生，拈花一笑，字字句句是艺术，一举一动成风景，通过审美创造，变认知道德场所为审美艺术的天地，从而把课堂变成自己幽默感展示的舞台。在审美化的课堂里，沐浴教师幽默感，学生情感得以陶冶、身心得以洗礼、灵魂得以净化。

美国教育学者史蒂芬森曾把当今美国教育教学效果十分理想的部分优秀教师的三百多条不同特征浓缩为六条，即：“(1)优秀教师对他们的工作饱含热情；(2)优秀教师知道该教什么，如何教，如何提高自己；(3)优秀教师擅长创造活跃的课堂气氛；(4)优秀教师擅长与学生交谈；(5)优秀教师能激励学生去挖掘出自身的潜力；(6)优秀教师的教学效果十分理想。”这六条深刻反映了教师的人格通过教学风格和管理方式等特点对教育效果的影响。教育效果无疑要受一定客观因素的影响，但首先取决于教师本身发展的水平，取决于教师的学识能力、道德面貌、意志情感等方面的修养。在教学活动中，当每个教师具体实施教学内容时，都要受到自己人格的影响。

“教师是一个冒险甚至危险的职业。伟人和罪人都有可能在他的手中形成。因此，教师必须如履薄冰，尽最大的努力让自己和自己的学生走向崇高。”①梳理探究教师职业角色人格特征，不仅关涉教师的存在方式和生命质量，而且还决定着教育的质量和学习的深度。学生感受教师的人格美，领悟教师人格特征慈、智、诚、正的品德美、机智美、真情美和公道美，进而在其熏陶感染下向其不断地靠拢接近，本身就是学习，而且是更

① 朱永新：《读书与教师成长》，载《生活教育》，2006(3)。

深刻、更全面、更有效的教育和学习。总之，优秀教师没有卑劣，没有猥琐，坦荡出磊落，肝胆照日月。他们以高尚的人格熏陶学生，塑造青少年美好的心灵，把学生培养成大写的人。从他们那里，学生不仅学到了渊博的知识，更获得了终身受益的做人道理，熔铸了道德的丰碑。教师无欲而刚，不怒而威，举止有道，魅力无穷。

第六章 教师专业品质修养

教师作为学校教育教学的主力军，应具备怎样的教育品质呢？对时代发展具有一定的预见能力，是教育的未来属性对教师的基本要求。学科教师要对未来具有预见性就必须做到：首先，要有宽广的胸怀，容纳人类社会的昨天、今天，把握它的发展规律和运动轨迹，从中推演出它的未来走势；其次，要有敏锐的知觉，把世界的变化尽收眼底，从这些变化中揣摸出引领世界潮流的先机，并针对性地培养能够把握它的人才。

对学生心灵具有敏锐的洞察力和深刻的理解力，是教师得以履行社会职责、施展个人才华的前提。历史和今天的许多教育盲动性和蛮干行为无不是教师对学生心灵茫然无知的典型反映与真实写照。怎样避免教育的盲动性和蛮干行为呢？首先，教师要有崇高的事业心。只有把教育当成事业，教师才不会沾沾自喜于已经掌握的一点点知识，才会乐此不疲地向学生心灵这个未知领域去开拓。其次，教师要有正确的学生观。学生是生长过程中的生命体，学习是他们的义务。教师必须看到，学生存在这样和那样的不足，这是他们所处生命成长阶段的必然反映，正是学生身上这样和那样的不足给我们创造了教育契机。学生肩负着学习义务，这是学生从跨进学校的第一天就应明确认识的。这种义务履行的好与坏，对应着学生的幸福或痛苦。教师应把这种幸福或痛苦当做学生真切的情感体验来理解，因为这种理解是师生心灵沟通的桥梁，是教师打开学生心扉的钥匙。

教师对自己的教学思想、教学方法和教学行为具有良好的价值判断力，是时代对教师的一项基本要求。教学思想、教学方法、教学行为的价值是因时而异的。在世界飞速变化的今天，教师如果不能与时俱进，仍然因循守旧、抱残守缺，很难教出高素质的学生。落后的教学思想、教学方法、教学行为将会造成一代人的落后，甚至是一个民族的落后。

在教育教学过程中，教师无疑担任着主角的作用，有意无意间以权威自居，甚至唯我独尊，几乎所有的学生也是把教师当做权威、标杆。特别是在今天的知识经济时代，教师的地位和作用越发突现出来，社会和个人对教师的尊重也不可同日而语了。同时我们教师的职业道德和学识水平得到了空前的提高和完善，教师的诸多优秀教育品质感染着学生，学生对教师日益仰慕崇拜，师生关系融洽。但不时也出现一些不和谐的音符，甚至极端的学生伤害教师的个案。在保持良性的教学秩序、构建和谐的师生关系中，教师起主导作用，教师应具备诸多的优秀教育品质，其中自醒自责的教育品质是可贵的但又常被忽视的教育品质。

自醒就是对自己的行为或过失进行自我提醒。自责就是对自己的行为或过失进行自我责备。它是一种心理状态，每人都有这种心理状态，每人都有过自醒自责的时候。但作为教师，在教育活动中进行自醒自责的不多，看得多、听得多的倒是对教育对象的抱怨和责备。因此教师能自醒、自责就显得难能可贵，而且教师必须具有自醒、自责教育品质。

一、理念

何谓教育理念，即对教育的目的、本质、精神、价值意义、策略形态等方面的总思考、总认识和总看法，即可称为教师的教育理念。教师的教育理念既涉及教育形上的意识形态领域的价值判断，也包含教育形下的实践功能领域的策略选择，因此，教育理念不仅直接左右着、决定着教师教育行为、教学实践的价值取向与策略准则，而且还间接地关涉、影响着学生的道德判断与人格形成。

教育目的，是一切教育活动的总旨归和总意义，教育的一切制度、一切过程、一切内容、一切策略等都要受它的制约与统领，它不仅规范与引领着教育者的教育思想与教育行为，而且还影响、关涉到受教育者的学习与成长。因此，教育目的的厘定解读与领会把握，是教师职业生涯中第一桩值得关注的大事。由于时代的、地域的、哲学的、政治的、宗教的、文化的、社会的、民族的、阶级的、国家的等种种因素，关于教育目的思考与阐释，世上有无数种的认定与解说。凡是提出对教育目的做出一番解析、解说、解读的观点的自有其当时的背景因素与合理的因素。也许我们广大普通教师对于众说纷纭、莫衷一是的教育目的种种观点无法评头论足、甄别判定，但作为21世纪中国时空背景下的教师，我们在充分借鉴、吸收他人的思想营养与学术精神的前提下，自当对所要履行的教育职责有一个总思考、总认识和总看法。概而言之，教师应当知晓、恪守、履行的教育基本职责主要有：一是“授知”，即认真履行传授文化知识的职责，使学生知晓、掌握相应的、系统的文化知识，具备一定的文化精神和文明素养；二是“养习”，即精心培植学生逐步习得与具备良好的生活习惯与正确的学习习惯，使学生逐渐树立并掌握良好的生活态度、生存技能、生活习惯和持久的学习兴趣与有效的学习方法；三是“润泽”，即智慧地培植和陶冶学生的灵魂、情操和精神，使之性灵、人格、思想始终沐浴在人道、人性、人文的和煦明媚的春光之中；四是“立人”，即不懈地鼓励指导学生积极参与各种有益的社会实践，力求在实践活动中通过磨炼、锻炼，逐步培养各种实践能力，使之成为一个富有朝气活力的现代公民。“现在的教育者，不但不能以‘教书’、‘教学生’为满足，即使他能‘教学生学’，还没有尽他的教之能事。他应该更进一步，‘教学生行’。‘行’些什么？简言之，就是行做人之道。这样，才能算是好的教育。”①

① 张伯苓：《学行合一》，载刘铁芳主编：《新教育的精神》，267页，上海，华东师范大学出版社，2007。

从人类社会战略发展的角度和眼光来考察教育的意义，教育对文化的传播延续、科学的发明进步、经济的繁荣兴盛有着不容忽视的重大促进推动和积极支撑援助作用。尤其是现代社会，教育发展的水平与质量，甚至直接决定着科学与经济发展的水平与质量。但从教师个体的地位、能量与职责来考察教育功能与作用，我们既要充分看到教师对学生身心成长所起的示范、引领、帮助、培育等重要积极的影响感召作用，同时也要清醒地意识到教师作用力、影响力的困难性、有限性、滞后性和无奈性，并不是所有的教育障碍、教学矛盾、学习困境、纪律问题，教师都会在第一时间及时地、有效地和圆满地予以解决。有些教育问题教师当下可以解决，有些问题解决需要时日与条件，而有些恐怕目前依然是无解的难题。在有所为与能够为的前提下，教师应当全力以赴、不畏辛劳地尽职尽责；而在无法为与不能为的情况下，教师应当耐心地等待时机并懂得进退之道，千万不可逞才使气、一意孤行地勉强自己或勉强学生，蛮横、粗鲁、暴躁的行为只能给教育、自身或学生带来深深的遗憾和伤害。“教育就是对于学生成长的守望，在必要的时候，在学生自由地行走和奔跑时，提醒他们哪儿有陷阱，哪儿是悬崖，哪儿可能被绊倒，哪儿有荆棘可能刺伤肌肤。教育不可能无所不能，不可能包打天下，不可能在短时间内使一个弱国变成世界强国，永远不可能使一个弱智变成天才。”①

奇迹可以产生于军事和政治领域，可以出现于企业经营和产品销售领域，也可以诞生于科学发明与技术创造领域，可是唯独在教育上，大概永远不可能出现什么奇迹。无论抱以何种目的、假以何种手段，企图在教育方面迅速地实现一种根本性的、颠覆性的变革与改进，其结果不仅是徒劳的，而且还是有害的。因为教育的外部是一个宏大的、完整的系统，其中任何一个元素都对教育有着种种的影响与制约，教育的内部也是一个复杂的、周密的系统，其中各个要素间存在着千丝万缕的关联，一荣俱荣、一损俱损是它们的本质特征。因此，我们教师一定要有系统的、全面的思

① 肖川：《教育的情趣与艺术》，22页，长沙，岳麓书社，2008。

维，一定要有长远、透彻的眼光，稳妥、合理、周到地处理好眼前与长远、内涵与形态、功利与意义、现实与理想间的关系，千万不可重分数而轻品格、重知识而轻智慧、重实用而轻兴趣、重利益而轻意义、重眼前而轻长远。为此，杜威曾语重心长地告诉过我们："我们应该怎样才能有远大的眼光，而不牺牲实行的效率？我们怎样能使个人应用他的智力，而不牺牲他的智力？我们应该怎样使兴趣多样化，而不支付孤立的代价？怎样使艺术、科学和政治在丰富的精神状态中相互增强它们的作用，而不是牺牲别的事情去追求自己的目的？怎样能使生活的兴趣和强化生活兴趣的科目丰富人们的共同经验，而不使人们互相分开？"①

歌唱是音的表现艺术，雕塑是刻的展示艺术，绘画是色的调配艺术……既然教育是一门艺术，它的基本特征与精神气象究竟是什么？换言之，它与其他门类的艺术有着哪些本质区别呢？综合考察教育实践的本质内涵，我们认为：教育是一种润的滋养艺术。

润，在自然界中主要表现为一种滋润、湿润和温润的样态。有了润，物之形不干不燥，物之色晶莹圆饱，物之质丰满润泽。在润的作用下，群山葱葱、芳草萋萋、鲜花丽丽、江河盈盈、五谷累累，万物喜得适宜生长环境而呈现出一派欣欣向荣、生机勃勃景象。而在教育中，润则应当表现为教育态度的温柔平和、雍容大度、宽厚致远、耐心细腻，教育行为的神和面蔼、气平色温、语柔言婉、意善情浓，教育实践的多启发而少灌输、多顺势而少拂逆、多正面而少负面、多诱导而少强制。在润的作用下，一切的教导、教诲与教化，期许与追求的是一种由表及里、由口入心、由形到神的透彻、和缓、适宜地滋润与温润，人类文明的品格良知、社会行为的游戏规则、科学文化的知识资源、生命个体的独特人格等习得，都在这潜移默化和绵绵持久中的滋润中渐渐生成与固化。其过程宛如春风拂面惬意舒服，春雨润物细腻无声，其效果如沐春风、如沾化雨，怡人心田、沁

① [美]约翰·杜威：《民主主义与教育》，王承绪译，266页，北京，人民教育出版社，1990。

人心脾、益人心志。

从性能上看，润的教育艺术应体现为一种浸。教育的本质是以文化育人，教育对儿童施加的影响是以文化的方式浸润、浸渍、浸染着儿童的心灵世界，教育中的一切行为、策略、方式应当始终体现着一种人类优良文化的渗透。为此，实现应然的教育，学校、家庭和社会各界必须有机融洽地协同起来，共同营造创设一种利于学生成长发展的从容节奏、自由氛围与宽松环境。课堂上教风淳厚温和，学风积极主动，师生和谐而教学相长；校园里风气纯正而自由、活动丰富而健康；家庭中长幼和睦、平等相待；社会上崇尚正气与美德、抵制低俗、摒弃邪恶。在这样一种自然熏染、正常浸渍的环境中，儿童的眼睛才不会被诱骗和遮蔽，儿童的心灵才不会被污染和蛊惑，儿童的情意才不会被误导和篡改，儿童的人格才不会被矮化和畸变。正如法国思想家卢梭所指出的那样："天性只是人类发展的潜能，它在合理的环境中，可以向善的方向发展而成为善；反之，在不合理的环境中，也可以向恶的方向发展而陷于恶。"①教育不是一个简单的体力劳动，靠着一股蛮劲和热心，苦干加上实干就可以搞好的，教育需要一种清明睿朗的智慧。所谓"过犹不及"，教育对儿童的过度、过快、过早的所谓"开发"，只能提早耗尽个体的心智潜能与情趣，对于一个人一生的成长实际上是弊大于利。在时间维度上，浸还体现为一种闲暇。因为闲暇能充分地敞开生命的自由，让人受到良好的陶冶。当教育被一味地物化、实在化、技术化时，教育就早已不是滋润的艺术，而是应试的技术。同时，我们还要清醒地认识到，同自然环境一样，教育环境也是十分的脆弱。一旦我们忽视了教育环境品质的维护与提升，甚至为了一己私利而任意地污染或毁坏，要想恢复原貌将是一个漫长而艰巨的路程。

从途径上看，润的教育艺术应表现为一种柔。一场暴风骤雨所导致的是山体滑坡、道路毁坏、农田淹渍，一场战争所带来的无疑是妻离子散、

① [法]卢梭：《爱弥尔——论教育》(上卷)，李平沤译，12页，北京，人民教育出版社，2005。

家园不存、哀鸿遍野。同样道理，一次冷嘲热讽或粗暴专横的惩罚，带给学生的只能是信心挫败、心理创伤、尊严失落。这不仅直接影响学生当下的精神状态，而且还有可能在其人格历程发展中形成种种隐患。由于不同家庭儿童有着不同的性情和不同的成长特征，由于儿童天生贪玩好动和喜欢从众模仿，由于儿童行事准则和行为表现是以自我需求来判断和实施的，由于儿童的自我调控、自我管理意识尚不成熟，因此，对于儿童一些“惊人”的差异，一些“出格”的行为，一些“屡教不改”的表现，教育者一定要以持久的耐心、温和的态度、柔婉的话语、体贴的心理来帮助、引导和劝告。有时也许这种温和、柔婉的言语方式直接效果不很理想，从而导致一些教师弃柔取暴而图一时之功效。但殊不知，我们在放弃了柔和、柔婉、柔美的途径时，也就将教育放弃了。“对待任何事情都不应采用专横或粗暴的方式。儿童所有的过失都应采用温和的手段去改正；和蔼勉励的言语能够更好地做工作、更卓有成效地影响一个俯就的心灵。”①由于教育艺术润的本质要求，我个人以为：一些为人性情暴躁、处事偏执极端而又不思反省、不善改进的人不适合做教师，而为人品行温和端正、行事耐心细致而又能时时以善报恶、以德报怨的人，天生具备做好一名教师的优良资质。

从进程上看，润的教育艺术应呈现为一种慢。教育是一个悄无声息、缓慢渐进的过程，它需要的是渐渐地熏陶、缓缓地感染、细细地启发和款款地养成。“慢”这个词用在教育中最恰当不过了，教育最好的特征就是“慢”。在慢的当中，文化知识的内涵才有可能被学生深深地理解与掌握，优良健康的品质才有可能在学生身上缓缓生成，文明高雅的举止才能在学生的身上牢牢地固化，教师的良苦用心才有可能被学生渐渐领悟与接受。从这个角度上来讲，教育不需要改革与变革，因为改革与变革的形态往往是大刀阔斧式的、急风暴雨式的、洗头革面式的，这对教育只能带来扭曲、摧残和损害。教育的发展和进步应当是改良与改进，从教育的基点与

① [美]约翰·洛克：《教育漫话》，杨汉麟译，158页，北京，人民教育出版社，2006。

原有的基础上，进行渐进地一处一处地反思反省，缓慢地一点一滴地盘点改良。这是一种教育内部的自我调整与完善的进程，不应受任何外在某种意识形态、某种势力或集团既得利益的干预和控制。但是目前左右教育事务的外在因素太多，没有给教育留足“养成”的时间和空间，伤了教育的元气。真正的学问不是激励出来的。从古希腊开始，导师穿着宽大的袍子在学校里散步，高谈阔论，这就不会有文化的割裂感，让教育融入生活，生活成为教育。真正的教育生成是一个缓慢的过程，不要激进，不要折腾，不要颠覆，要慢慢地熏和慢慢地养。

从效果上看，润的教育艺术应展现为一种透。教育固然离不开词语的认知与运用、公式的理解与操作、定理的习得与领悟、技能的把握与熟悉等课目知识，但完整的教育还含有健康文明的生活习惯、勤奋自主的学习习惯、理性有序的行为习惯的培养，还具备公正、诚实、自由、民主人类核心价值的积极引导激励与充满自信、积极乐观、不懈进步的自我人格精神构建的滋养培植，还包括教育过程始终应当充满礼貌、尊严、秩序、宽容、温暖和热情，教育目的是为了人生的教育，而不是为了任何外在目的的教育——不管这个目标如何动听、崇高和神圣，因为每一个人首先是目的。目前我们教育的重心基本上还是停留在知识层面的认知与掌握上，因为它易于操作、易于实现、易于看到。而学生的价值形成、心理滋润、人格陶冶、精神培植等，因为不易于操作、不易于获取、不易于见到而往往被冷漠随意地丢弃在了一旁。殊不知，这才恰恰是教育的根本出发点与终极关怀，这才是教育的最大利益与最终效果，这才是把人引向卓越与高贵的根本所在。也正是基于上述现象与缘由，我们才认定教育如若完整、完好、完善和完美，一定离不开透，一定离不开由言到行、由形到神、由身到心的通体透彻地滋润和熏染。深刻完整地意识到并持之不懈地实践着透的理念，是将人视为教育的根本目的，这是一种真正的尊重人、崇尚人、解放人的表现。反之，只注重学生知识技能习惯与成绩分数获得，是将人蜕变矮化为工具的行为，这不仅是对教育的误读和肢解，而且也是对人性的扭曲和异化。“我们能够、也确实正在使教育成为纯外部的事业，强迫学生记忆和重复一些知识，却从来不诉求于学生内在的真谛——结果可想而知：学生们一旦离开学校，就再也不想读发人深省的书，再也不提出有独创性的见解。如果我们忽视了学生内心世界的导师，就根本不会有改变人的优秀教学。”①

二、课程

说起课程，教师都不陌生，但全面地了解其内涵与严格地确定其定义概念，却又是一个非常棘手的问题。因为关于它的说法众说纷纭、无以数计。比如澳大利亚教育学者科林·马什曾发出这样的感慨：“当我们关注学校的‘课程’时，我们仍可能会遇到各种不同的解读。下面列出的只是一小部分对课程的定义：

- 课程即学校所教的东西。
- 课程即科目。
- 课程即内容。
- 课程即教学材料。
- 课程即操作性目标。
- 课程即由学校指导、在学校内外所教的一切。
- 课程即学习者个体的教育经历。
- 课程即由学校人员所规划的一切。”②

由此不难看出，人们对于课程的关注程度之高以及对于课程的理解角度之多。

对于一个复杂现象的理解认识，当出现意见不一、说法众多的时候，经验告诉我们：不要狭隘地、片面地执于一词或囿于一端，而不妨将视野与思路扩大一些，将合理的元素尽可能地吸收容纳进来，这样，我们可能

① [美]帕克·帕尔默：《教学勇气——漫步教师心灵》，吴国珍等译，32页，上海，华东师范大学出版社，2005。

② [澳]科林·马什：《初任教师手册》，吴刚平、何立群译，钟启泉、张华主编，70页，教育科学出版社，2005。

会失之宽泛，但决不会将重要的成分忽视或丢弃。从这样的考虑出发，我们认为学校课程大体应当包括如下三个主要元素：课程是学校教育中特有的教育现象，这种现象不是随意的、盲目的，它应当有一个依循、遵守的基本准则，也就是说，它应当包含教学大纲(课程标准)，一切课程的开展必须在教学大纲(课程标准)的框架内有序地进行，因此，教学大纲具有规定性、准则性；课程是教师对学生施教的基本过程，它应当包括教师指南，教师指南不同于教学大纲，它是用于指导教学行为的支持性文件。教师指南是咨询性质的，通常它努力提供的是建议而不是规定，试图帮助教师解决向学生传递学科内容时所遇到的实际问题；课程是学校教育的主要内容，因此，它的主要组成部分还包括教科书，教科书的目的在于按照年龄和发展水平，以适当的方式呈现学习内容，教科书主要阐述那些被认为是成为一个受过教育的人所必需的知识和技能，同时还将一整套的价值观和预设加以符号化地表现出来。上述三者从不同角度有机圆满地构成了学校课程体系，且层次分明地展示了学校课程文化。“所有的课程都应包括三个方面：可供吸收的知识、可供掌握的技能以及可满足个人和社会本性的物质、情感、精神和美学之需要的手段。”①

因为教育不仅是文化传播与知识传授的事业，也是思想观念、行为准则熏陶、滋养、培植的事业，因此，教师对课程应当持有一套鲜明的价值意识、价值判断、价值倾向的基本态度。其具体表现在两个层面上：一是教师在课程设计和课程实施过程中，不仅考虑知识与技能等科学元素的传授、培训的过程与结果，而且还要特别注意课程中蕴涵的人类公德、社会价值、良好情操等人文精神的挖掘呈现、弘扬彰显；二是努力创设有利环境与场合，通过丰富多彩的形式与途径，尽量让学生感知、了解、认识人类的基本准则、主流价值、美好品格。教师的课程理念的真正意图是，让教师透彻清楚地知晓教育工作的目的：不能让学生成为一个只晓得生存的

---

① 赵中建：《国际教育大会60年建议书》，197～198页，北京，教育科学出版社，1999。

工具人、只晓得享受的物质人、只晓得妆扮的空心人，要使学生成为真正知晓存在、知晓精神、知晓价值的意义人、精神人，使学生成为知识与思想俱有、技能与精神兼备、体魄与心灵皆佳的一代新人。

如果从学习者的角度来观察，课程也是学校教育中为学生发展创设的真正的教育空间。这个空间是课程编制者们在明确教育目标之后，通过课程计划(即课程的主要类型如地方课程、学校课程、选修课程等)及科目(如历史、科学等)、课程标准以及相应的课程制度(如课程评价制度、教材制度、课程管理制度等)等体现。这个空间被称为是“真正的教育空间”，这主要是与物理的空间相对应的。在实际生活中，我们见过一些学校，面积很大，一百多亩地，有山有水，但学生大多数时间是坐在教室里应付考试的，很少出来，他们发展的空间实际上很小。而有的学校，面积虽很小，但学校安排的各种活动却非常丰富，学生实际的发展空间一点儿也不小。所以，学校的空间到底有多大，应该从两个角度去看，即一个是物理的，一个是教育的，也就是课程的。突出“学生发展的空间”，目的是希望通过课程改革能够为学生的发展提供不同的发展道路。强调“通过课程计划、课程标准和相应的制度体现”，是感到有必要将课程研究和课程编制等与课程做出区分。课程研究、课程编制等属于课程论的研究范围，即研究课程的形成过程，而不属于课程。课程应该是在学校教育中的。正如教育学者肖川先生所言：“课程不仅是学习内容的供给系统，也不仅是学生学习领域与学习主题的规划与设计，还是学生学习的情境、氛围以及师生获得的各种体验，因而进一步成为保证个性全面发展的系统。课程不是那些预设的、静态的凝聚物，而是包括教学活动在内的师生共同活动的过程和成果。”①

学校课程的实施与发展的关键在教师素质的提高。没有优秀的教师，什么理念、教材、教法、评价都可能会被扭曲、变形、异化。课程实施的主力军是教师，教学研究的生力军也是教师，从这个意义上说，课改的成

① 肖川：《教育的智慧与真情》，68～69页，长沙，岳麓书社，2005。

败在于教师。而真正有思想、有素养的教师，则必须具有科学、全面、透彻、有效的课程意识和课程理念。对课程的知识与原理缺乏了解与认识，对课程的精神与价值缺乏思考与领会，对课程的实施与操作缺乏灵活与变通，就难以履行其教育的职责，这也正是学者们担忧的所在："基础教育课程改革的重要价值之一就在于促使教师确立课程意识，即首先需要考虑的还不是如何有效地教学，而是应该带给学生什么样的教育经验，包括什么样的知识最有价值，什么样的主题最值得探索。而这首先需要思考的是：我们究竟要培养什么样的人？受过教育的人该是怎样的？教育承担着怎样的职责和使命？"①

人天生是多样的，这是不可否定的事实。一个人有别于另一个人，这就意味着他们必然是多样的。人的多样性构成了人的存在本身的真实。"要求这样一本一成不变的包罗万象的教科书是根本办不到的，这种要求未免无知，也是不公正的。事实上再好的教科书也代替不了教师本人的思想和卓识。因此，每一位教育学作家都要求读者根据自己的思考灵活使用教科书，根据实际情况哪些内容需要删掉，哪些要集中，哪些要扩展，并且经过深思熟虑找出师生教与学的个人关系。"②因此，教师心中要始终明确两个概念："课程因人"、"人定课程"。"课程因人"的意思是：先学哪些课程，后学哪些课程，哪些人学哪些课程，教师心中一定要明白，千万不能以一种课程、以一种标准来齐刷刷地针对所有的学生。"人定课程"的意思是：人是第一位的，课程是第二位的，课程是为人服务的，聪明的人，课程不妨快一些和多一点，反应迟钝的人，课程就须慢一些和少一点，千万不要让人围着课程转、跟着课程跑。以往传统的课程体系是一种竞争式的、淘汰式的，通过考试来选择适合课程的学生，这种课程观无论是从多元智能理论的角度审视，或是从学生的个性发展的层面来考察，都是不尽完善、缺乏人性的。

---

① 肖川：《教育的智慧与真情》，139 页，长沙，岳麓书社，2005。

② [德]第斯多惠：《德国教师培养指南》，袁一安译，57 页，北京，人民教育出版社，2001。

同时教师应当明白，教师自身也是一个重要的课程资源。学校的每一位教师都是一本书，都有鲜明的个性，但几十名教师同教一个班，又是不可能的，而在同一个学年内则有可能实现。如一个学年有四个班级，就可以根据四个班教师的个性、特长、爱好、兴趣开设课程。A 班教师喜欢诗词歌赋，可让唐诗、宋词、儿歌、对联进入各班课堂；B 班教师喜欢收集、编写童话故事，可组织各班开展“童话故事集锦”活动，组织学生讲童话故事，续编童话故事；C 班教师喜欢格言，则可搞一次“格言赏析”活动课，课前让学生收集古今中外有关读书及励志的格言，上课时讲格言、互赠格言、给格言分类，课后办“格言手抄报”；D 班的教师善于开发“说”的课程资源，他不但可做朗读、讲解、辩论等方面的表率，还可引领学生进行学习、欣赏、评论、效仿。四位教师在同学年班级讲自己的拿手好课，个性特长得以展示，更容易带出有个性的学生。正如德国教育家第斯多惠所言：“教师最不该照本宣科，要开动脑筋灵活教课，学生的真正课本就是教师的灵活的思想，教师独立地掌握了教材，然后因材施教，就是说，根据学生的不同需要把牛奶和饭食送给每一个学生。”①

社会虽说是在不断地发展变化，但其中还是有一些基本的要素没有改变，如一日三餐的饮食形态、构室建屋的居住形态、织布穿衣的服饰形态等。教育虽说也是在不断地发展变化，但其中也有一些基本的要素没有改变，如学校独立建制、教师专职教学、课堂教学模式等。同理，课程虽说也是在不断地发展变化，但其中也有一些基本的要素是不会改变的，如人类的基本精神、文化的基本内涵、社会的主要价值等。人类社会之所以能够传承至今，除了不断地求知、探索、完善自身之外，一个重要的因素，就是看护着、恪守着、发扬着公正、平等、民主、自由、博爱、科学、探索、勤奋等人类文明的永恒精神。正是这些高贵、伟大的精神，才使人类一步步地告别野蛮、愚昧、盲目、懒惰、无知的世界，走向富裕、健康、

① ［德］第斯多惠：《德国教师培养指南》，袁一安译，57 页，北京，人民教育出版社，2001。

光明的世界。在课程的本质认识方面，教师要有这样一个信念：凡古老的未必不好。古老的东西能够流传到今天，其中必有深刻的道理和原因；同时，由于古老的东西毕竟缺乏现实鲜活的元素，其将面临着被改造、被充实、被完善的需要。千万不能因其古老而将其抛弃。因此，我们在不断地探索完善、充实发展学校课程的时候，一定还要有永恒的课程意识：要珍惜、坚持那些体现人类文明品格与科学精神的基本元素。

孔子是东方教师的始祖，苏格拉底是西方智者的先师。虽然两位素不相识，但他们在教育教学上却都不大重视“教材”。孔子的教育教学提倡“论而不著”，这意味着教育内容在人的思想之中而不在文字之上；苏格拉底的“产婆术”就更是强调在“一问一答”中揭示教育内容，这意味着教育内容是在教学过程中生成的，而不是事先策划并建构好的。不管课程拥有什么样的地位，课程始终改变不了自己作为“佣人”或“长工”的出身。对于教师来说，课程不可能替代自己对学科知识的思考，更不可能替代自己的教学智慧。一个课堂，只有有了教师这个鲜活的思考者，才可能为学生提供灵动的课堂教学；如果教师心甘情愿地做课程的奴隶，那真正做奴隶的远不只是教师个人，还包括那些对知识充满渴望、但却不得不跟随教师行动的学生。当学生感知到教师只是课程的代言人时，学生就会蔑视教师在课堂教学中的奴性，并因此直接挑战课程的权威性，但这种挑战往往会因为失去教师的帮助，甚至因为教师主动帮助课程而以失败告终。于是学生不仅抛弃课程，还会因此而抛弃教师，从而远离课堂。这就不难解释为什么今天的学生什么书都读，可就是不读课程了。

三、学生

学生是构成学校的一个基本元素，教师实施教育的基本对象，也是教师和学校存在的必然前提。完整深刻地理解和认识学生，当从“人”是自然的存在、社会的存在和精神的存在三个层面来解读：学生学习——掌握生存的常识和技能，以便独立地面对世界；学生学习——遵从生活规则与规范，以便和谐地与人相处；学生学习——探索生命的价值与意义，以便有尊严地立于天地之间。

回溯历史，从早期的奴化教育、神化教育到今天的物化教育，它们有一个一脉相传的逻辑、准则、思维方式与理念，即都呈现出了否定与压抑人性、个性、自主性、主动性的特征，都暴露出了非人化的、反教育的品质。这一点从有史以来教育的运行机制、方法及形式上便可得到充分的说明与解释。纵观中外教育实践，工具主义的教育机制、方法与形式主要表现为以下三个方面，并形成三种较为典型的教育模式。

其一，注入式模式。这种模式将学生视为“容器”，教师将筛选好的知识、观念、道德规范向学生进行强制灌输，只要求学生掌握、服从，并尽可能地等量输出或“照章办事”。

其二，训练式模式。这种模式将人的教育与动物驯化等同起来，视人的成长完全是由外在环境所决定。教育的任务就在于训练学生，使其形成与社会要求完全一致的行为习惯。

其三，加工式模式。这种模式将学生视为机械“加工”的材料，并以物化的方式实施教育活动。它以工程学原理为基础，设计教育过程，选择教育方法，使教育运作工艺化、流程化，从而实现精密、精确的教育“加工”与“生产”，并通过标准化考试验收、检测教育“加工”的效率与质量。这样，学校变成了工厂，教师变成了工匠，学生变成了原材料。

显然，教育重建已刻不容缓、迫在眉睫。然而，教育的重建决不只是内容、方法、措施、形式等方面的改革，更为重要的是关于教育的“轴心思想”，即教育品质的重新定位。它意味着关于教育问题的本体论、认识论、价值论意义上的根本性变革。彼得·科斯洛夫斯基曾说：“本体的贫乏不可能由工具的扩展来替代。”①不从本体上追问问题的症结所在、寻求根本性的解决办法，不仅原有的问题不能得到解决，还会引发种种新的问题。因此，教育的内在品质的转换，是当代教育重建的根本。

---

① [苏]彼得·科斯洛夫斯基：《后现代文化——技术发展的社会文化后果》，203页，北京，中央编译出版社，1999。

人源于教育，人生成于教育，人提升于教育。教育的内在品质就在于“生成人”。漠视“生成人”的品质，教育便走向其自身的悖论。而“生成人”的品质，首先要求教育理解人的存在方式。从根本上讲，人作为人而能称之为人，主要依赖于以下三种存在方式。

人是精神性的存在，要求教育帮助人超越其生物性存在，形成内在的精神价值导向，明确人的生存与生活的意义所在，使人从现实的物质利益及功利主义价值观的束缚中解放出来，从工具化的存在状态中解放出来。因而，如同人要成为其所是一样，教育也必须成为其所是。否则，它就不能称之为真正意义上的教育。而走进人的精神世界、关注人的精神世界、营造人的精神世界，这是教育成为其所是的决定性因素。因而，从本质上讲，精神性是教育的根本属性。

人是自由性的存在，要求教育为社会培养具有自主性、自律意识、责任意识及精神的自由公民，而不是消极被动的适应者、服从者或盲目愚蠢的辩护者，更不应是自私自利的投机者。自由的教育就是培养人的内在品质与精神的教育，它要使人具有人性、成为人，使人具有正义、和平、民主、公平意识与精神，使人具有自觉、自律、自为的自由性品质。

人是创造性的存在，决定了教育过程是人的一种自觉、自为、自我创造的过程，而不是教育者像雕塑那样，机械地按照社会的“模型”、“模具”进行的模塑过程、加工过程。教育活动是教育者与受教育者的一种交互作用的活动，一种协商活动，是受教育者在教育者的组织、引导、启发下的自我生成、自我建构的活动。教育作为人的自我生成与建构活动，使个体不断地超越已有的东西，创造出新的人性内涵、价值与意义。

作为一名教师，要在心目中给学生安排一个恰当合理的地位，要自始至终地理解、信任、尊重学生的情感与人格。不管学生年龄的大小，也不管年级的高低，学生都是独立的人，一个有着自己思想的人，一个拥有自我情感的人。三毛是一位了不起的作家，但是，大家知道她上学时候的情况怎样吗？上学的时候，她是公认的笨孩子，特别是数学，考零分简直是家常便饭。她的数学老师实在忍受不了这么笨的学生，就常常在同学们面前讽刺她、挖苦她，甚至体罚她。有几次，老师竟然用毛笔在她的眼睛周围画了两个黑眼圈，然后罚她到操场上跑步，让全校的师生都看见这个笨学生的黑眼圈。“许多有天赋的学生在学校里经常表现得很糟糕，得不到老师们的青睐，只有成人以后，他们的天赋才被大家发现——历史上有许多众所周知的例子，比如爱迪生、爱因斯坦、莫扎特和甘地。”①

夏丏尊在《〈爱的教育〉译者序言》(1924)中这样写道：“学校教育到了现在，真空虚极了。单从外形的制度上、方法上，走马灯似地更变迎合，而于教育的生命的某物，从未闻有人培养顾及。好像掘池，有人说四方形好，有人又说圆形好，朝三暮四地改个不休，而于池的所以为池的要素的水，反无人注意。教育上的水是什么？就是情，就是爱。教育没有了情爱就成了无水的池，任你四方形也罢，圆形也罢，总逃不了一个空虚。”

如何看待学生的学业，如何对待那些学习困难的学生，如何对待那些问题学生，最能体现展示出一个教师的态度、学养与水平。教育之道，道在心灵，而不是被动的知识传递和技能训练。过去几十年的教育从未把孩子看做教育的主体，只是把孩子当做知识的接收器。毫不客气地说，如果他们的心灵没有被教育者感应到，一切的教育是没有用的，教育本真将离我们越来越远。真正的教育是一种潜教育，在于“于无声处响惊雷”。社会教育、学校教育、家庭教育，最终都要通过自我教育这一终极环节来实现。孩子学会任何东西，最终都要通过自己的内化，无为而无所不为，不教而教。

长期以来，我们存在一个误解：以为基础就是知识，后来又加上能力和技能，其实这是不全面的。学习的基础非常重要的一个部分，就是学习的情感、态度和价值观，更有学生的学习方法、体验和问题意识，这些是学生学习、终身发展的重要基础。没有这些基础，学生对学习厌倦，没有积极向上的学习情感，就不能保证持久地学习；而且学生的思维水平太

① [美]理查德·I·阿兰兹：《学会教学》(第6版)，丛立新等译，58页，上海，华东师范大学出版社，2007。

低，简单的知识记得再牢，也不利于终身学习和发展。

教育的目的是促进人的发展，学生的发展是教育的根本目标，而学生的发展既包括智力因素，也包括非智力因素。学业情绪作为一种与教学和学习过程密切相关的非智力因素，在学生的成长与发展中发挥着重要作用。学业情绪是指在教学或学习过程中，与学生的学业相关的各种情绪体验，包括高兴、厌倦、失望、气愤等。值得注意的是，学业情绪不仅仅指学生在获悉学业成功或失败后所体验的各种情绪，同样也包括学生在课堂学习中的情绪体验，在日常做作业过程中的情绪体验以及在考试期间的情绪体验等。“这对教师来讲有个重要的启示：学生如果得到帮助，从而超越自己的‘最近发展区’的话，他们就可能高水平地完成任务。教师提供的指导应恰好稍高于其独立处事能力。但不要太高，否则，这种指导反而会成为完成任务的障碍。慢慢地，经过师生间的交互作用这一过程，学生的认知水平就会急速发展。”①

一个明智的教师十分清楚：如若有效推动学生的学业进步，离开家庭理解、支持、配合、帮助，是断然行不通的。我们今天的孩子在成长中受两个经验系统的影响，一个是家长所带给他的日常生活经验系统，一个就是学校教育带给他的这种精英文化的经验系统。家长的素质会影响到他对什么问题感兴趣，怎么去思考问题，用什么样的语言表达，待人接物是一种什么样的态度。下面一位家长的亲身所为证明了这一道理：“没有不断的文化存款，就没有个体生命的持续成长。对于自己的女儿，我也特别强调文化存款。我对两个女儿说，谁把《论语》20 篇背诵完，就给家庭奖学金 1 万元；每背诵一篇，即支付奖金 500 元。有的老师说，是不是因为你的钱多？不是，两个女儿结婚，我都分文未给。之所以背诵《论语》给钱，是因为背诵之后，她们的整个人生会产生积极变化。这绝不是一万两万元的价值所能比的。现在，我又让她们背诵老子的《道德经》，背诵完毕，奖金

---

① ［澳］科林·马什：《初任教师手册》，吴刚平、何立群译，钟启泉、张华主编，29 页，北京，教育科学出版社，2005。

4500元。为什么是这样一个钱数呢？因为《道德经》共81章，每背诵9章，即支付现金500元。"[①]在20世纪60年代，英国的学者就提出了一个克劳顿报告。这个报告得出的非常重要的结论就是，影响学生学业成绩有三个因素，其中第一个因素就是家长的文化素质，第二个因素才是教师的素质，第三个因素是学校的课程设置和硬件设施。这个结论得到了后来其他学者研究的支持和证实。

教师对学生抱有较高的期望，对学生具有激励、鞭策的作用；而教师对学生抱有较高的期望，需要教师对人类潜能有一种科学认识和对教育的信心。人本主义心理学家亚伯拉罕·马斯洛就经常鼓励他的研究生们把目标定得高点："假如你不渴望写出伟大的新的第一流作品来，那么谁来写呢？假如你故意想偷懒，少花点力气，那么，我警告你，你今后的一生都会不幸。你将总是避开力所能及的事，避开自己有可能做到的事。"[②]比如同样的40分，可以解释成学生智商太低，也可以解释成能力太差的学生通过充分努力所得到的结果，因此能力差并不可怕，可怕的是因为能力差而放弃努力。因此，学习结果并不等同于学习成绩，它等同于对学生生活与情感世界有影响的他人对学生自己学习成绩的解释。"据我的经验，学生也是害怕的：害怕失败，害怕不懂，害怕被拖进他们想回避的问题中，害怕暴露了他们的无知或者他们的偏见受到挑战，害怕在同学面前显得自己愚蠢。当学生的恐惧和我的恐惧混合在一起时，恐惧就以几何级数递增——这样教育就瘫痪了。"[③]

师生关系是学校中最主要、最基本的人际关系，它体现在教育教学过程的各个环节，贯穿于教育教学过程的始终。毫无疑问，和谐、健康、融洽的师生关系，不仅会给学生带来愉悦快乐的心情，而且还直接促进学习

---

① 陶继新：《做一个幸福的教师》，141页，上海，华东师范大学出版社，2008。

② [美]弗兰克·戈布尔：《第三思潮：马斯洛心理学》，吕明、陈红雯译，60页，上海，上海译文出版社，2006。

③ [美]帕克·帕尔默：《教学勇气——漫步教师心灵》，吴国珍等译，38页，上海，华东师范大学出版社，2005。

活动的顺利进展。作为一个富有人道和人性的教师，对于不同境况、不同类型、不同表现的学生，应当抱有一种没有偏见、没有歧视的负责任的深度关心。对那些你最爱的学生，尤其不要缩短这个关心的距离；对那些你最不爱的学生，尤其不要拉长这个关心的距离。关心本是伦理学术语，既指人们所具有的同情或怜悯的态度和情感，也指人们对自己做事方式的严肃思考。德国哲学家海德格尔认为关心是人类的一种存在形式，是人类最深切的渴望。但与一般伦理意义上的关心内涵不同，教育中的关心突出的是互动双方在理解与被理解、接收与被接受、认同与被认同中形成的一种关心关系。关心是人类应具备的重要品质和能力，可以把激情、态度、责任感、忧患意识等人类生命中最值得珍视的东西连接起来。因而，关心既是教育的方式，又是教育的内容。

提升教师的关心能力要求在关心给予上，教师要依据不同学生的实际需要给予不同侧重点的关心。在关心方式上，要依据不同情境、不同问题及学生不同个性特点而选择不同的方式；在关心程度上，以促进学生健康、快乐成长为边界，既要给予足够的关爱与鼓励，又要避免家长式的溺爱与纵容；在关心技巧上，要善于捕捉每一个传递关爱的机会，要善于利用每一个关心教育的机会，让学生在接受关心、回应关心中学会关心。奠基于一种理想的师生关系内核，应当是彼此“喜欢”，而非“爱”。“喜欢”与“爱”是两种不同的感情和感觉。“喜欢”内涵是性情相同、观点认同、相互来往、相互接纳的感情，而“爱”则似乎不需要一样的性情与观点、但自然悦纳的天伦亲情的感情。“真正激发学生学习的动机的原因，正是学生对教师的爱。这种情景在‘追星族’中得到了最为完美的印证，尽管明星们根本不认识他的粉丝，可粉丝们仍然因为喜欢他而拥戴他。”①

最有价值的教育和最有智慧的教师，是以彻底唤醒学生的自我学习与自我教育的自觉意识为最终使命和最高境界。倘若教师费尽一番周折与心血，学生只是将教师所言说传授的知识领会和掌握了，但依旧没有自主

① 周彬：《叩问课堂》，65页，上海，华东师范大学出版社，2007。

地、主动地、积极地去探索、去求知、去尝试，这仍不能视为教育的成功。正如诺贝尔奖获得者日本学者福井谦一所言："总体上说，'教育'这个词不容易讲清楚。施教也好，受教也好，这都不是'教育'的根本含义。我想，人们要发展自己的个性并且找到适应外界的生活方式，因此需要'自我学习'，而老师会帮助你提高这种'自我学习'的效率，这大概就是教育的根本了。"①《六祖坛经》记载，五祖传法给六祖以后，要六祖速离他去，并且亲自护送，当师徒二人走到河边，五祖说："我来撑篙渡你过去。"六祖答说："迷时师渡，悟时自渡。"

人的判断和决策过程是由人格中的"自我"部分在综合了个人需要和环境限制之后做出的。这种决定和判断就是"主见"，一个自我意识比较发达、健康的人，通常就是我们所说的有主见、有自我的人。但是，人不是神，没有万能的自我，更没有完美的自我，这样一来，"自我"并不是任何时候都是对的，也并不总是有主见的。自我的不完美，就给外来影响留出了空间、给别人的影响提供了机会。我们发现，人们会不自觉地接受自己喜欢、钦佩、信任和崇拜的人的影响和暗示。这使人们能够接受智者的指导，作为不完善的自我的补充，这就为教育提供了可能性。其实，当教育者把孩子的自觉唤醒后，他就完成了作为教育者最重要的工作，因为人在自觉意识产生后，就获得了主动发展的永不枯竭的动力与热情。

四、学校

从传统意义上来看，学校是学生学习的场所；从现代意义上来看，21世纪的学校是一个"学习共同体"的场所。何谓"学习共同体"？即学校不仅是儿童们相互学习、共同生活的场所，而且也是教育工作者、教育管理者、教育研究者相互学习、相互探讨、相互研究的场所，同时还意味着家长、普通市民、教育行政人员一道参与学校教育、建构相互学习的场所。

---

① ［日］福井谦一：《直言教育》，戚戈平、李晓武译，25页，北京，教育科学出版社，2008。

既是一个“学习共同体”，学校就应当具有自身的一些鲜明独到、内涵充实的基本特质：学校应当有一套目的明确具体、反映实际的价值理念，具体表现为校训、校风、学风、教风等，它能充分体现出一所学校的文化传统与教育使命；学校应当是一个互相交流、互相学习的场所，人与人之间能够相互尊重和信任地倾诉与倾听；学校应当是一个透明、公正、民主的场所，每一个人都有充分表达自己主张的权利，每一个人都能得到平等的对待；学校应当是一个风气端正、纪律严明的场所，在明确合理的规章制度引导与约束下，具备一个宽松和谐、秩序井然的生活、学习与教育环境；学校应当是一个彼此互相关心、互相关照的场所，师生有一种舒心感和安全感；学校应当是一个欢庆聚会的场所，通过各种文体、庆典、竞赛等活动把学校里的所有人聚集在一起，共同分享快乐，感受幸福。

“一所学校可能什么都齐全，但如果没有为了人的全面发展和丰富精神生活而必备的书，或者如果大家都不喜爱书籍，对书籍冷淡，那么，就不能称其为学校。一所学校也可能缺少很多东西，可能在许多方面都很简陋贫乏，但只要有书，有能为我们经常敞开世界之窗的书，这就足以称得上是学校了。”①理想的学校应该是书的世界和读书的乐园。学校是传播、分享人类精神文化遗产、建构个体精神世界、培养文化创造者的场所，而书籍则是人类精神文化的最重要的载体。目前一些学校的一个最大弊病，正在于师生精神生活中缺乏书籍，在图书馆的书架上，缺乏教师阅读的书籍，缺乏学生阅读的书籍，尤其匮缺有品位、有格调的科学、文化、哲学、历史、艺术类的经典书籍。我们提倡阅读，并不单单是为了让儿童找点儿可做的事情，而是为了让他生活在书籍的世界里。从书的角度来讲，学校——这个“学习共同体”，应当是书香校园——即书籍遍布校园、书香弥漫校园、书声响彻校园。在富有思想与远见的校长的带领推动下，全校上下积极主动创设浓郁的读书环境与氛围，筛选确定优秀的阅读书目，开展形式多样的阅读活动，培养师生强烈的阅读兴趣和阅读习惯，使阅读成

① [苏]苏霍姆林斯基：《帕夫雷什中学》，28页，北京，教育科学出版社，1983。

为人终生的生活方式，从而为建设书香社会奠定坚实的基础。

美国著名的IBM电脑公司的创始人老沃森，曾经与儿子小沃森有过一段这样的对话：

小沃森："爸爸，你明知道我不是一块读书的料，学习成绩那么糟糕，你为什么还一直都不让我离开学校呢？"

老沃森："知子莫若父，我怎么能不知道你在学校里的一切呢？但是，我决不能让你在年纪轻轻的时候，心灵还没有完全经过学校环境的熏陶和洗练，就放任自流地把你放飞到毫无约束力可言的社会上去闯荡。我要的不是你的成绩，而是你那颗充满活力、激情和进取精神的心；只有这样，你才能在未来的岁月里成为一个有价值、能经得住各种挑战和渴望创业的人！"

学校是学校人生活的地方，是学校人"文化"地生活的地方，在那里，一批又一批、一代又一代的师生，凭借他们的情感和智慧，使一草一木，一砖一瓦，一张黑白照片，一本日记，一个破损的笔记本，一本发黄的备课本，都成为学校人真实而丰富的心智生活的见证，透露出学校丰富的历史文化信息，使作为物的形式存在的学校成为活生生的学校人之生命活动的场域，使学校超越单面的物的存在而成为立体的、丰富的文化生活的存在。正如学者肖川先生所说的那样："学校要给学生提供一种良好的校园生活，创造一个好的校园文化环境，做到宽松、宽厚、宽容；温情、温暖、温馨；自主、自由、自信；成长、成功、成人。学校不同于军营，更不同于监狱，也不同于医院，要让学生在这里感受到最美好的东西，给他们欣赏与鼓励、宽容与信任。"①

曾经很奇怪英国伊顿公学的招生办法，本来只是一所中学，孩子到13岁才能入学，可学校招生处却要求家长，孩子一生下来就必须报名，否则便不再受理。没到学校访问之前，总感到校方有些故弄玄虚，颇有些不以为然。到英国考察，来到这所国际名校访问才明白，学校打的是文化战略牌。伊顿文化靠着她"领袖摇篮"的品牌，轻而易举地在英国甚至全世界

---

① 肖川：《教育的智慧与真情》，35页，长沙，岳麓书社，2005。

“上市”。她的“股民”就是未来的学生家长。那些望子成龙的家长们从孩子一出世就开始“购买”伊顿文化的“股票”，并且用这种文化去“滋养”自己的孩子。

学校精神是一笔财富，但不是学校所有成员都可以从中分得一杯羹的公共产品，它需要全体成员以奉献精神共同参与，携手共建。世界著名的伊顿公学，那是让所有真正意义上的贵族学校顶礼膜拜的楷模，而它最让人称道的就是典型的欧洲贵族精神——勇猛、尚武、正直、负责、好学。这种精神不是一朝一夕能轻易形成的，它是历经了五百多年、由几十代人传承接续苦心经营而成的。

如果把学校精神比作我们生生息息永不分离的空气，那么这种空气的质量将决定我们的生存质量和状态。当浸没其中时，也许我们感觉不到它的存在，而实际上它每时每刻都在影响着我们的价值观，决定着我们的心态，调节着我们的行为方式。它是无痕的，然而它更是永存的；它是细腻的，然而它更是敏感的；它是微妙的，然而它更是深刻的。“我认为真正的学校应该是这样的学校：把孩子当做孩子来尊重，使他们在身体方面、精神方面都得到发展，具有将来能作为一个真正的大人、作为一个真正的人生存下去的素质。”①

欧洲的学生家长协会总干事在欧洲议会下设的文化与教育委员会举行的“中小学教育的质量与效率”意见听取会上，提出了一所好的小学应符合的标准是：(1)一所现代小学是使校内每个儿童都感到自己是没有被忽视的小学。(2)一所现代小学必定参与最终以提高教学质量为目标的教学革新。(3)一所好的小学在幼儿园与小学之间、小学与中学之间、学校与家庭之间不存在“令人恼火的门槛”。(4)一所好的小学必定关注学生之间的个体差异，既对学生采取尽可能个别的教学方法，又对困难学生提供特殊帮助。(5)一所好的小学必定关心属于其他文化的儿童。(6)一所好的小学

---

① ［日］小原国芳：《小原国芳教育论著选》(下卷)，刘剑乔、由其民、吴光威译，吴光威、由其民校，316页，北京，人民教育出版社，1993。

必定为儿童提供得以充分发展的机会。不应当仅仅关心儿童的脑，还要关心他们的手和心，即问题不仅仅在于智育，还在于情感教育、社会教育、生理运动教育、艺术教育……(7)一所好的小学必定是“门窗敞开”的，因为发现始于对周围事物的探究。(8)一所好的小学不是一个“孤岛”，它必定通过自己建立起一个合作网络。这一网络应由名副其实的教学小组进行的教学。更广泛地说，教学小组应与家长、心理、医疗、社会小组、教学辅助人员、学区督导等和谐地进行合作。一所好的小学必定根据本校活动计划自己，规划其行动。“优质的学校是人才的摇篮，劣质的学校则是智能的坟墓。优质的学校是孩子们的天堂，他们在这里常欢乐，常惊奇，主动地探索，健康地成长；劣质的学校则是孩子们的‘地狱’，他们在这里常悲哀，常恐惧，被动地接受，人格在萎缩。”①

如今，很多学校的宏伟目标是：创办名校，争当一流。但从学校的气象氛围上来看，俗气、浮气、匠气的问题还相当普遍，缺乏精神，缺乏志向，缺乏某些价值，缺乏信念，缺乏理念，缺乏品质的现象还相当普遍；从教师的品位学养来看，有思想、有风格、有境界的名师太少太少，今天的学校有许多过去没有的东西，可是遥远的年代已经永久地把背影留给思想者。名校之所以成为名校，主要是因为有一群名师；名校的教师应当有学术背景，名校需要学者型、思想型的教师。名校的培养目标应当坚持“独立之思想，自由之精神，高贵之气质，平等之意识”。要想真正地实现创办名校的梦想，应该承认、宽容、鼓励教育个性，应该包括尊重教育者的办学个性，即应该给教育者提供教育实验的条件，容许教育者有尝试自己教育思想的实验学校。没有伊弗东学院就没有裴斯泰洛齐，没有芝加哥实验学校就没有杜威，没有帕夫雷什中学就没有苏霍姆林斯基，没有晓庄师范就没有陶行知，没有北京大学就没有蔡元培……完全可以这样说，几乎所有的教育家的名字都是与一所具体的著名学校连在一起的。昆明国立西南联合大学旧址保留着一间铁皮为顶、有窗无玻璃的平房，这种低矮颓废的平房就是当年西南联大的教

---

① 朱永新：《我的教育理想》，3页，南京，南京师范大学出版社，2000。

室。林徽因说，当初建这些房子时，甚至“最后不得不为争取每一块木板、每一块砖、乃至每根钉子而奋斗”。今天的人们似乎很难理解，从这些不能遮蔽风雨的平房中，怎么会走出那么多卓有建树的英才？答案只有一个，因为这里荟萃着像陈寅恪、朱自清、冯友兰、闻一多、钱钟书、梁思成、王竹溪、钱伟长、周培源这样的一大批学术大师。

学校越修越豪华，一个学校为什么一定要有水磨石地面？为什么一定要有瓷砖贴在墙上？为什么一定要有音乐喷泉呢？这些看起来好像很重视教育，其实钱没有用在该用的地方，一个学校是不是现代化，不能光看这些。“学校的目标始终应当是：青年人在离开学校时，是作为一个和谐的人，而不是作为一个专家。照我的见解，在某种意义上，即使对技术学校来说，这也是正确的，尽管技术学校的学生将要从事的是一种完全确定的专门职业。发展独立思考和独立判断的一般能力，应当始终放在首位，而不应当把获得专业知识放在首位。”①

五、内容

如何周到深刻地认识教育内容，不仅折射出教师的教育素养与专业水准，而且还直接影响着学生是否能够健康合理、全面和谐地成长与发展。对此，日本教育家小原国芳的观点很值得我们思考：“教育的内容必须包含人类的全部文化，因此，教育必须是绝对的‘全人教育’。所说的全人教育，是指完全人格亦即和谐人格而言，人在文化上欠缺了多少，作为人就欠缺了多少。”②

2008年诺贝尔化学奖获得者下村修谈及自己为何走上科学之路时，说：“我做研究不是为了应用或其他任何利益，只是想弄明白水母为什么会发光。”应该说，对大自然和周围世界保持一颗好奇心，是引领诺贝

---

① ［美］爱因斯坦：《规格统一的个人所组成的是不幸的社会》，载《现代教师读本〈科学卷〉》，许良英译，135页，南宁，广西教育出版社，2006。

② ［日］小原国芳：《小原国芳教育论著选》（下卷），刘剑乔、由其民、吴光威译，吴光威、由其民校，1页，北京，人民教育出版社，1993。

尔奖获得者走进科研世界的直接原因。1973 年诺贝尔物理奖获得者江崎玲于奈有此感悟：一个人在幼年时通过接触大自然，萌生出最初的、天真的探究兴趣和欲望，这是非常重要的科学启蒙教育，是通往产生一代科学巨匠的路，理应无比珍视、精心培育、不断激励和呵护。因此可见，成功的教育内容第一要素，就是教师想方设法地探寻、激发、引导和培养学生的学习兴趣。很多时候，学生对一门新的学科的兴趣取决于该学科的授课老师。因为学生刚接触新的学科，并不知道这门学科到底是什么样子的，只能通过老师的讲课方式来判断。比如讲物理的老师特别风趣幽默，那物理就应该是一门有趣的课。可以说，老师就是课程的形象代言人，决定了学生是否喜欢某一门课。兴趣爱好的特殊性，在于其本身就是一种精神力量，一种思想寄托，也是一种生活方式，它不以外力回应和最终效益为条件，最具个人特殊性，最具时间持久性。强烈的兴趣爱好与崇高的真理追求相结合，足以使人抵御清贫和寂寞的侵袭，甚至能不为逆境和苦难所屈，所以人们说兴趣是最好的老师。“儿童的好奇心，只是一种追求知识的欲望，所以应该加以鼓励，不独因为它是一种好现象，而且因为这是自然给他们预备的一个好工具，他们可用以除去生来的无知的。他们如果不是好问，无知就会使他们变成一种愚蠢无用的动物。”①

在文化的传授方面，教师的基本任务该当是：培养学生对知识的需要，培养学生对加深和扩充知识的不断增强的志向。人对知识的需要的最复杂最重要的表现形式，就是有一种自我发展的内心需要，这就是说，从内心强烈地希望更深入、更精确地认识周围世界，更多地研究、理解和合乎逻辑地发展现有的知识、观念和经验。在教师面前，一向有着两种不同的选择：一种是由知识走向学生，一种是由学生走向知识。前者表现为在细致地“加工”知识的前提下，在课堂上再现知识，将单位时间内完成知识

① ［英］洛克：《教育漫话》，载单中惠、朱镜人主编：《外国教育经典解读》，85 页，上海，上海教育出版社，2004。

的传递作为头等重要的事情；后者表现为在仔细分析学生状况的基础上，引导学生去探求知识，使学生最终成为知识的真正占有者。同时，教师还必须关注知识的“安置”方式：它使儿童越来越热爱学习还是越来越厌倦学习？是越来越提高自我学习能力，还是越来越依赖教师、懒于思考？是在获得知识的同时体验到自尊、自信，还是变得自卑、消极？是变得越来越热爱生活，不断增长对社会的爱心和责任，还是变得越来越悲观、萎缩、感情冷淡？如果答案是后者的话，无论我们教了什么知识、教了多少知识，都是失败的，因为脱离了生命意义的知识，对主体来说只是假知识。教师的价值并不在于学科知识的丰富程度，而在于帮助学生掌握学科知识的效率高低。教学应该是一个偏正词组，但究竟是偏“教”还是偏“学”，代表了两种教学理念。在理论上，大家都认可教学偏“学”，因为学生的主体地位是教师无法替代的。但在教育日常生活中，教师们不自觉地偏“教”而轻“学”。将教学定位为偏“教”，这使教师更容易体现个人价值。当教师在课堂上展现个人才华时，无疑这时的教师是幸福的。但问题在于教师应该追求什么样的幸福，是一位教育者的幸福还是一位演员的幸福？当教师把自己看做演员时，与学生的距离就越来越远了。“我绝不质疑，教学的根本是学习的学生，而非教学的教师：学得好的学生未必就是教得好的教师最美好的成果。我也毫不质疑，学生通过各种途径，以绝妙的方式方法学习，包括有的学生另辟蹊径、越过上课的教师，既不靠上课也不靠教师，一样学得不错！”①

反思我们当下的教育，如果说还存在有重大缺陷、不足和问题的话，那就是在重视知识学习的同时，忽视了学生精神的陶冶、滋润和发展。如果我们丢掉放弃了学生的精神方面的关心与培育，他们就可能无法建立独立内在的精神王国，即便在事业中再成功也难抵达人生的大安详。

精神教育是心理教育和情感教育。人的心理健康是精神生活最基本的

---

① ［美］帕克·帕尔默：《教学勇气——漫步教师心灵》，吴国珍等译，7页，上海，华东师范大学出版社，2005。

表现，也是人的精神世界发展最基础的内容，更是人们从事一切活动的内在驱动力。人的心理状态作为意识，不仅影响了人的认知，而且包含着广泛的文化内容与生活密切相关的情感、动机、人格等因素……健康心理教育，就是指帮助受教育者正确认识自我、排除心理困扰、预防心理疾病、维护心理健康，达到形成坚韧的意志品质和完整人格。情感教育能使人调适自己的精神状态，从而以积极、乐观、向上的情感态度去参与社会生活，也用适度的情感宣泄和表达来证明自我。能否把握这其中的"度"，是人的"情商"因素决定的。一个缺乏情感的人，不可能赢得别人的了解和信任；一个只顾发泄自己情感的人，已经被孤立而自己还不知道。情感是精神的门户，人与人之间精神的交往是以情感为媒介的。

精神教育是道德教育和生活教育。美国教育家莫菲认为：精神的概念是与道德、心灵和本质有关。道德既是一种社会现象，也是个社会性概念。个人不与他人发生联系，不存在道德的。只有社会行为规范在个体身上得到反应并制约着个人行为价值取向的时候，才构成个体道德品质……精神教育是指向生活，旨在引导人们过一种积极向上、平静安宁、和睦相处、情趣丰足的健全人的生活，所以它是提高人的生活质量的教育。而我们今天学校的道德教育，往往大而不当，远离了人们的日常生活，因此收效甚微。从人的精神生活需要的角度重新给我国中小学德育进行解释和定位，应是当下学校德育研究的首要内容。

精神教育旨在确定并坚守人的精神信念。这是精神教育的更高层次。"精神信念"是在超越意义上的精神追求，它既指向人的精神归宿，又指导人的现实精神生活，是人们选择生活类型的根本价值标准。同时，它又是人的精神的内核，表现为世界观、人生观等根本理念，并辐射到人的生活的各个方面，使人的整个精神生活染上一种鲜明的个人色彩，体现出人的个性品质和人格精神。正如爱因斯坦所言："用专业知识教育人是不够的。通过专业教育，他可以成为一种有用的机器，但是不能成为一个和谐发展的个人。要使学生对价值有所理解并且产生热烈的感情，那是最基本的。他必须获得对美和道德上的善有鲜明的辨别力。否则，他——连同他的专业知识——就更像一只受过很好训练的狗，而不像一个和谐发展的人。”①

关于艺术对于圆满人生、提升智能、滋润品格、领略幸福的功能意义，科学巨匠达尔文是这样描述的：“我一定要制订一条守则：至少在每个星期内，要阅读某几首诗和倾听某几曲音乐。大概采取这种使用脑筋的办法，会因此把我现在已经衰退的那些脑区恢复经常的灵敏度。这些兴趣的丧失，也就等于幸福的丧失，可能会对智力发生损害，而且很可能也对品德有害，因为这种情形会削弱我们天性中的情感部分。”②艺术和教育是孪生的兄弟，谁也离不开谁。中国古代最伟大的教育家孔子，在洙泗之间教学，弦歌一堂。他和学生即使被困于陈蔡之间，生命受到威胁，也“弦歌不绝”。为什么？“乐也者，圣人之所乐也，而可以善民心，其感人深，其移风易俗，故先王著其教焉。”古希腊的教育家柏拉图，在他的《理想国》中，规定小孩子一进入学校就要学习音乐，因为音乐能使灵魂“和谐”。可见不论中外，教育中必有艺术，艺术中必有教育，两者水乳交融，难舍难分。美国一位早期政治家曾留下这样一段话：我们这辈人骑在马背上征战，为的是我们儿子一代能够从事科学和哲学，为的是我们孙子一代人能够从事音乐和舞蹈。为此，苏霍姆林斯基谆谆告诫我们：“学校，是美的永久发源地。在每一个青年的回忆中，学校作为童年的美、世界的美、聪明才智的美、认识美、高尚情操的美保存下来。如果每一个人没有感到学校是美的，也没有体验到因此而产生的高尚情感，学校就不能成为人民教育的发源地。”③因此，完备良好的教育，一定不能缺少通过丰富的艺术途径，渐次地启发和培养学生对美的钟爱、需求、享受。

在设计和实施教育活动中，教师一定要给学生留下游戏的时间与场

① [美]爱因斯坦：《负担过重必然导致肤浅》，载《现代教师读本〈科学卷〉》，许良英译，142页，南宁，广西教育出版社，2006。

② [英]达尔文：《对我的智力的自我评估》，载《现代教师读本〈科学卷〉》，毕黎译，65页，南宁，广西教育出版社，2006。

③ [苏]苏霍姆林斯基：《怎样培养真正的人》，137页，北京，教育科学出版社，1992。

所，并真正从思想上充分认识到，学生的游戏活动是教育内容的一个不可缺少的组成部分。在课堂上让孩子们玩游戏非常重要，因为人的德性，不是从学校中学的，不是从课程中学的，而是在玩中、在游戏中、在家庭中养成的。把玩进行到底，不是哗众取宠，而是最切合小学生心智发展水平的语文学习的一种选择。当然，我们这里说的"玩"，已经不是一般意义上儿童的玩耍，它来自儿童的玩耍，又高于儿童生活状态的玩耍。这是一种儿童"玩"的精心研制的放大和移植。玩创造了无意学习的境界，它让孩子们尽情体验学习的快乐，在精心设计的游戏活动中，价值在渗透，知识在运用，能力在提高。假如我们确认休闲是人正常的权利和生活方式，儿童就是人生最该玩的阶段。好多电脑高手、赛车冠军、模特、航模等的获奖者都是"玩"出来的。儿童文化的核心是一种游戏精神。它追求一种自由创造的精神、平等的精神、非功利的合作精神；追求一种快乐的学习和生活过程。它成为儿童快乐的来源和本质；它启迪儿童智慧，释放活力，发展自由创造的努力；它照看的是儿童内心的自由、愉悦和本真。德国诗人和剧作家席勒认为，游戏状态是一种克服了人的片面和异化的最高的人性状态，是自由与解放的体现。他的名言是："只有当人是完全意义上的人，他才游戏；只有当人游戏时，他才完全是人。"挪威教育家布约克沃尔德高度评价美国作家伊迪丝·科波认为，人和自然之间、思想和身体之间的这种生态文化的平衡，正是想象的源泉，正是儿童未来文化飞速发展的动态跳板。"游戏可以说是人类的天性，尤其是儿童生活的大部分，对于身体的发育有密切的关系。无论家庭、学校对于儿童游戏，务须鼓励引导。"①

六、方法

在比较清楚地领悟、理解和把握了教育理念、内容与对象的意蕴内涵之后，教育方法、策略、措施的掌握与运用就成为教师彰显教育品质的一

---

① 陈鹤琴：《儿童教育的根本问题》，载刘铁芳主编：《新教育的精神》，187页，上海，华东师范大学出版社，2007。

个重要体现。实践经验表明：灵活有序、富有成效地使用教育方法，应当认识和遵循如下两个基本前提：一是要自觉遵循教育教学原则。教育教学原则是千百年来人类在教育实践活动中不断总结、提炼、概括出来的认识精华与智慧结晶，它集中体现出教育规律与教学宗旨，它充分反映出学生认知发展、心理情感、人格行为成长发展的总体框架与基本进程，是促进教育教学活动有条不紊地进行且取得良好效果的基本保障。因此，教师若要正常顺利、自然合理地实施教育教学活动，必须理解与遵循因材施教、教学相长、循序渐进、由博返约等教育教学原则。二是要完整系统地看待方法内涵。教育所涉及的方法不是个别、具体、单一的方法，而是一个较为完整的方法体系。这个方法体系结构的第一个层次为哲学方法，核心是思维方式，思维方式不同于分析、综合、抽象等具体思维方法，而是指已经形成的一种认识框架与思维路线，用以认识事物共同规律、一般特性。第二层次为研究范式，是研究需要综合运用的思维工具、技术工具和符号工具的顺序与规范的特定结构性组合，是为了保证研究有效开展。第三层次为技术层面的一些具体的手段和工具，由学科研究的任务、对象的特性决定。对实践中长期存在的、用已有理论无法解释和解决的问题，对已有结论的根本性怀疑，带来对得出结论的思维方式与研究范式的怀疑，对已有的方法所依据的理论基础以及方法核心的合理性反思，使人们产生改变观念的需要，就会导致寻找新的方法体系，这就是方法论转变。所以方法论研究是为满足人类认识发展后对新的认识方式的需要而产生的。

教师最为熟悉且最经常使用的方法即是讲授法，又称讲演法、讲诵法，是最悠久的教育教学方法之一，也是教师向学生传授知识最重要、最经济的手段之一。在讲授式教学中，教师借助口头言语呈现教材，阐明知识的联系，促进知识的理解。教师的职能是详细指定学生将要学习什么，向学生提供学习材料，分析和讲解材料，并力图使这些材料在速度和内容上适合于每一个学生。同时，教师还要负责诊断学习者的困难，为他们提供适当的补救。讲授法通过教师向学生讲解和诵读教材，以达到传授和学习知识的目的。曹魏名儒董遇在教授弟子习经时，就让学生“先读百遍”，强调“读书百遍，其义自见”，然后再亲行教授。讲诵法主要是教师讲解，学生诵读。此方法在当时较为流行。萧梁名儒伏曼容在自己家中设立学堂，自己高坐讲台，为诸生讲解经义，来听课者多达千人。无论是生徒的熟读成诵，还是教师的授文讲义，都要求学生熟记和背诵经文，因此，史书中常有诵书的记载。东晋儒士范宣10岁时就能诵《诗》《书》(《晋书·儒林·范宣传》)。讲授法可能是有效的，它的好处列举如下：一是可以快速直接地传递信息；二是介绍新的话题的有用的方法；三是可以成功地传播信息(如果主要目的是传播而不是发展技能或价值观)；四是如果材料在别处不能得到，讲授是十分有价值的；五是适合短时注意；六是能激发学生的动机和热情。

在教育实践与教学反思过程中，讲授法受到了诸多质疑与批评。对讲授法最多的指责是说它导致了学生机械的、被动的学习，是“填鸭式”的学习。如布鲁纳也曾指责讲授教学中的方式、步调与作风主要是由作为讲解者的教师决定，学生只是被动的听者。上述批评显然是片面的。因为根据奥苏伯尔的有意义言语学习理论，学习是有意义的还是机械的，并不决定于教学或学习的方式，而决定于是否满足有意义学习的心理过程和条件。此外，接受学习并不一定是被动的。因此，讲授法的许多“缺陷”并非该方法本身所固有的，而往往是由于人们应用不当或由于材料本身等问题造成的。可以说，只要教师正确运用这种方法，它确实是一种传授知识的有效方法。

启发式教育是中国最古老、最传统的教育方法之一。所谓启发，即引导受教育者有所领悟的意思。孔子在《述而》中指出：“不愤不启，不悱不发。举一隅，不以三隅反，则不复也。”“启，谓开其意；发，谓达其辞”。孔子关于“启”“发”的经典阐述成为我们今天“启发”一词的渊源。以孔子为代表的中国传统启发式教育的基本理念就是：以学生为主体，以教师主导为前提，以举一反三、触类旁通为动力，以获得最大限量的知识为目的。学生学会学习，教师学会教育。可见，启发式教育法是一种弘扬人的主体性、开发人的潜能、发展人的创造性、培养人的健全人格的教育方法，也是教师经常使用的一种行之有效的教学方法，依据不同教学需要，大体有如下几种启发方式：一是问题启发，这种方式是通过提问、设疑、质疑、启发学生动脑思考，让学生在分析问题和解决问题中发展智力；二是比喻启发，这种方式是用具体形象的事物作比喻启发学生联想，让学生触类旁通；三是情境启发，教师运用体态语，使教学形象化，或借助具体情境，把学生带进与教学内容相应的气氛中，拨动学生的心弦，唤起学生的想象，激发学生的思维；四是活动启发，通过组织多种教学活动，开阔学生视野，活跃学生思维。

但任何方法都不能简单地搬用，而需要根据实际情况创造性地运用。否则，任何好的方法，都可能变成照猫画虎、鹦鹉学舌、邯郸学步的笑柄。同时需要特别注意的是，我们的教育实践工作者更关注方法，而存在着忽视方向的倾向。老师们更多地关注学生对于学科知识的掌握，而忽视学生学习策略和思考策略的发展，更谈不上对于学生作为完整的人的成长的关照；老师们对具体的方法更感兴趣，对于理论的学习比较轻视，这在很大程度上局限了我们教师的发展。如果我们只顾埋头赶路，我们怎么可以欣赏到天空的广袤和美丽？正如学者肖川所言："更多的中小学教师对实际操作的方法更感兴趣，但操作的方法背后一定有一套关于'良好教育'和'有效教学'的思想。剥离了思想根基的操作方法就像折断的树枝，很快就会干枯和断裂，它绝不会变得更强健和更茁壮。"①

在开展能力培养与测验、促进知识转化与迁移的教学活动时，应当使用训练法。合理实施训练法应当注意如下几点：一是练习时间不要过长，一般保持在10～15分钟之间；二是根据学生的需要改变练习的数量和种类；三是鼓励学生记下他们训练中的进步；四是间断地使用训练，同时点缀其他活动；五是用游戏形式练习；六是保证学生理解为什么必须掌握专门的概念或技能。"我无论担任哪一门功课，决不专作讲解工作，从跑进教室始，直到下课铃响，只是念一句讲一句。"②角色表演和模拟游戏的运

① 肖川：《教育的智慧与真情》，158页，长沙，岳麓书社，2005。
② 叶圣陶：《叶圣陶教育名篇》，44页，北京，教育科学出版社，2007。

用是探究价值和个人问题的有力的教育方式，目前已经发现的好处包括如下一些：一是使学生全心投入学习；二是鼓励学生自我发展；三是使学生更自信地与人交流；四是使学生以成倍的速度看到事件的发生；五是使概念更容易理解；六是给学生提供及时的强化；七是纪律较少成为问题；八是使学生更清楚自身的价值。

讨论法是在教师的指导下，学生以全班或小组为单位，围绕教材的中心问题或学习中的某个问题，各抒己见，通过讨论或辩论活动，获得知识或巩固知识的一种教学方法。优点在于，由于全体学生都参加活动，可以培养合作精神，激发学生的学习兴趣，提高学生学习的独立性。讨论法作为一种经常使用的教学方式，其主要用途是：一是鼓励学生批判地思考并表达他们的观点；二是发展学生的听说技能；三是培养学生对其他观点的耐心和与其他人产生共鸣；四是发展道德推理水平；五是使学生参与民主的生活。教师运用讨论法时应当注意如下几点：一是讨论的问题要具有吸引力。讨论前教师应提出讨论题和讨论的具体要求，指导学生收集阅读有关资料或进行调查研究，认真写好发言提纲；二是要善于启发引导学生自由发表意见。讨论要围绕中心，联系实际，让每个学生都有发言机会；三是讨论结束时，教师应进行小结，概括讨论的情况，使学生获得正确的观点和系统的知识。

匮乏不足、狭隘片面的教育，会造成学生营养不良与精神矮化，但过度殷切关爱、小心照看的教育，则可能会剥夺学生独立探索、自主磨炼的成长机会。一些过度的教育方法正如我们驯养飞鸟成为笼中“玩物”的方法。十几年寒窗被“锁”，等到大学毕业再放飞蓝天，这时大多数的学生内心已经有了一个“鸟笼子”。正如著名画家陈丹青所说：这种教育培养了大批“有知识没文化”、“有技能没常识”、“有专业没思想”的纸上谈兵分子、温室里的花朵以及书呆子。对此，哲学家罗素早就有过告诫：“过度教育的问题既是大事又是难事。所以说它是大事，是因为一个聪明人，本来能成为一个有用的人，由于过度教育，丧失了自发性、自信心和健康，从而使他成为一个无用的社会成员。所以说它是难事，是因为现有的知识总量不断增多，要了解有关的一切知识：比较复杂的实际问题和科学发展，已变得愈来愈费力。”①

当学生基本课程的学习完成之后，教师还应当特别注意培养学生逐渐养成一种兴致所致、自由欣赏地浏览式、翻阅式的学习方法。因为这种“不求甚解”的泛泛阅读，对于拓展眼界、培养兴趣、陶冶情操有着不可忽视的作用。对此，学者早有隐隐地忧虑：陶渊明式的“每读书不求甚解”的审美式的读书方式，早已经被现代应试教育的功利取代，儿童们也早已经失去了快乐读书的美好回忆，就连鲁迅时代所回忆的阅读《山海经》的快感，在现代孩子们的心灵中也早已荡然无存。传统文化的教育从“感性”始，从感性的一般性学习，而渐次走向理性的归纳和结论，而现代的应试教育，则从开蒙伊始，就要从理性的结论开始学习和背诵；古人所背诵的是什么？是经过千百年淘汰出来的经典文化，从《诗三百》《论语》到优秀的诗词文赋。大量背诵的结果是什么？首先是对这个世界的审美人生态度，让孩子们从小就懂得夕阳芳草的美好，懂得一片落叶的凄美，同时，也在见贤思齐、人皆可以为尧舜的理念中，不自觉地培育了士大夫做人的品格、气节；而我们这个时代的孩子们背诵什么？背诵的是做不完的一道道考试题的标准答案，背诵的是许多无用甚至有害的枯燥结论。一代代学子，失去的何止是快乐的童年、富有憧憬未来精神的少年、富于创新精神的青年时代，更失去了以审美眼光看待世界、看待人生的人生境界和对从小背诵的标准答案进行颠覆和创新的精神和能力。

在方法的改进与优化过程中，教师一定要高度重视学生学习策略的指导与培养。所谓学习策略，就是学习者获取、储存、提取和处理信息的观念、方法和步骤。观念即学习者对学习内容的认识，方法即学习者在学习过程中所采取的行动和做法。影响学生学习效果的因素很多，其中学习策略是最基本的因素。现代教育理论认为，正确的学习策略是提高学习效率

① ［英］罗素：《教育上的竞争》，载瞿保奎主编：《教育学文集·英国教育改革》，70页，北京，人民教育出版社，1993。

的根本条件，科学的学习方法是通向学习成功的桥梁。而传统教育只重知识传授，忽视素质培养；重智育分数，轻品德形成；强调教师的“教”忽视学生的“学”；注意了教法研究，不讲学习策略，致使学生被动学习，效果不佳。要提高学习效率，教育者和学习者应转变观念，重视对学习者和学习策略的研究。要认识到研究学生自身特点和适用学生的学习策略，使之能根据学习的要求和内容，结合自身的特点进行高效成功的学习；重视对学生心理素质特别是非智力因素的培养，是顺利完成学习活动的基本条件，也是学习策略的重要方面。因此，教师在教学过程中不仅要传道、授业、解惑，还要培养学生的素质；不仅要研究教法，还要重视学习策略的研究；不仅要发挥自己在教学中的主导作用，更应重视发挥学生的主体作用。要让学生善求知、会探索，使其有正确的学习目的、强烈的学习动机、探求知识的兴趣热情、实事求是的态度及学风和科学的人文精神，能举一反三地学习。“教给他一切的知识，却就是不教他认识自己，不教他利用自己的长处，不教他如何生活和谋求自己的幸福。最后，当这个既是奴隶又是暴君的儿童，这个充满学问但身心都脆弱的儿童投入社会，暴露其愚昧、骄傲和种种恶习的时候，大家就对人类的苦痛和邪恶感到悲哀。”①

教育研究表明，学生有三种学习方式：表层式学习方式、深层式学习方式和成就式学习方式。其中表层式学习方式是基于外部动机的。学生学习是为了实现其他目的，而不是出于认知兴趣，通常与量化的学习观相联系。当学生面临其他任务时，他们就可能将学习任务当做必须执行的一项命令。深层式学习方式则是基于内部动机的，其动机指向最大限度地满足学习者的好奇心与探究兴趣。学习者会将个人对文本意义的理解联系起来，将任务理论化、系统化并形成假设，它往往包含或者导致复杂的、情意的满足。成就式学习方式是基于成就动机的，它以强烈的竞争意识和获得好成绩为动机，采用最有利于取得成就的方法学习，以考试或其他可测

---

① [法]卢梭：《爱弥尔——论教育》(上卷)，李平沤译，22页，北京，人民教育出版社，2005。

量的表现作为学习的结果。

伴随着时代发展趋势、教育持续发展与教师探索需求，一些具有自觉意识、自为行动的教师在一定教育理念的引导下，结合本土本校的实际情况，有针对、有目标地就课程探索、课堂实践、教育策略、学习模式等方面进行一番认真细致、持久系统地改良与实验活动，不仅取得了可喜的实际成效，而且还总结出了一些特色鲜明、行之有效的经验、策略与行为。在现代媒体的及时报道下，这些经验、策略与行为便很快成为业内同行了解关注的热点，学习借鉴上述成功经验与方法也就成为顺理成章的事了。他山之石，可以攻玉。借鉴他人的经验，做好自己的事情，本无可厚非，但在学习借鉴他人方法之时，一定不要缺少如下一番冷静地思考：他人的观念、经验、方法是在什么背景下产生的，其有效性需要具备何种因素与条件？自己学校的现实条件、学生基础、教育环境、教师学养是否具备实施这些方法与措施？他人的优点与长处是否真正就是自己的缺点与短处？自己如将他人的经验与策略拿来之后，自己将会获得什么收获，同时也可能会导致什么损失，权衡利弊、斟酌得失之后，还有多少必要呢？自己究竟是想深刻感知、理解、领悟他人的进步理念与教育精神呢，还是感觉将他人现成的思路、既成的方法直接套用拿来省时、省力、省心呢？橘生江南为橘，橘生江北为枳。很多事实表明，在一种生态环境中有效的方法与手段，无论怎样小心翼翼、原汁原味地提取出来，可一旦到了陌生的环境中，往往就失效了，不灵了。这就充分说明，一个有效方法或一种成功策略，其成功所在，往往是与原生态、原气候、原背景的特色水乳交融、密不可分的。如果不考虑原有的生态系统与生存环境，只想简单方便地将其方法与策略硬抽出来，机械地、片面地植入另外的系统与环境，其结果则难免事与愿违。正如叶圣陶先生所言：“学习别人的成功的教法当然是必要，但是不宜生搬硬套，要结合自己的具体情况和学生的具体情况作适当的变通。”①

---

① 叶圣陶：《叶圣陶教育名篇》，130页，北京，教育科学出版社，2007。

七、过程

教育过程是教师根据教育目的、任务和学生身心发展的特点，通过指导学生有目的、有计划地掌握系统的文化科学知识和基本技能，发展学生智力和体力，形成健康和谐情感及培养道德品质、发展个性的基本历程。这一历程包含两个基本层面：一是教师的教育活动，一是学生的学习活动。教师的教育活动是围绕着、服务于学生的学习活动而展开的。在这个过程中，教师对学生而言，就是春风化雨，就是浸润心田，就是循循善诱，就是用充满真挚情感的语言描述、解释和预言我们生活于其中的世界；就是耐心地等待，就是对学生毫不吝啬我们充满鼓励的语言和信任的目光，永远不表现出失望和嫌恶。

透视整个教育过程，凸显出的基本问题主要有三个：即学生“愿不愿学”“会不会学”和“能不能学”。针对这三个问题，课堂学习研究形成了三种不同的研究取向，即聚焦于学习兴趣与动机研究的“动力中心”取向、聚焦于学习方式的“策略中心”取向和聚焦于学习对象研究的“内容中心”取向。

一是动力中心取向。学习的动力来自学习动机。动机具有激发、指向和维持与调节行为的功能。人的一切学习行为都是由动机引起的。聚焦于学习兴趣与动机研究的“动力中心”取向，就是要唤起、激发并维持学生学习的动力。

“动力中心”取向的理论基础来自心理学关于学习动机的研究，其中影响较大的有行为主义动机理论、认知主义动机理论和人本主义动机理论。行为主义动机理论提出，人的学习的发生与整个过程是刺激与反应的联结，学习者的行为是他们对环境刺激所做出的反应。因此，在教学方面，教师的职责就是要创设好学校与课堂的学习环境，尽可能在最大程度上强化学生的合适的学习行为。

在学校与课堂教学中，除了要重视利用学习环境诱因来调节学习者由动机驱使的学习行为指向外，还应该关注学习内容对学生学习行为的影响。“动力中心”的研究取向认为，学习动机是学生个体内部所固有的，它可以通过创设学习环境来唤起并强化，可以通过学习环境因素和学习过程中的认知因素来激发。动机是在需要的基础上产生的，当某种需求没有得到满足时，它会推动人们去寻找满足需求的对象，从而产生行为的动力。

二是策略中心取向。在教育领域，“策略”主要指教育教学活动的顺序安排和师生间连续的有实在内容的交流。教学策略的运用是一个动态过程，它包括对教学方式的选择和使用、对学生的学习活动以及对教学过程的合理组织、调控和管理。这里的“策略中心”取向，就是指聚焦于教学过程的有效教学方式的研究取向。

教学过程存在多种模式，教学策略是教学模式的实现条件，教学模式需要相应的教学策略来加以实现，教学策略的制定也要选择合适的教学模式。聚焦于学习过程的有效教与学方式的研究取向，实质上就是要开发和创新可操作的有效教学策略和学习策略。

每个人生来就有学习的动力，并能确定自己的学习需求，教师的任务不是教学生知识，而是要为学生提供各种学习的资源，提供一种促进学习的气氛；教师应由传统的知识传授者转变为学生学习的指导者、合作者和咨询者；教师和学生的关系应是双向参与、双向沟通、平等互助的关系，体现人本主义尊崇的人的尊严、民主、自由、平等的价值观。“策略中心”取向面对的根本问题是学生“会不会学”。其中主要的问题有“如何教学生学”、“如何教会学生学习”以及“如何引导和组织学生的有效学习”等。这几个问题有一个逐步深化和发展的关系。“如何教学生学”，是教师在实施教学过程时一般都会首先考虑的问题，它着眼于教师的“教”，涉及的是教的方式。“如何教会学生学习”，这是处理“教”与“学”相互关系的问题，把教师教的方式和学生的学习方式联系起来，着眼于教学过程的归宿——使学生学会学习，这是对前一问题的发展。

三是内容中心取向。学习内容是指教师希望学生能掌握的一种能力，不单是了解一个概念或理论，还可以是掌握某种技能、态度或价值。学生是不能独立于学习内容来发展学习能力和掌握学习方法的。聚焦于学习对象研究的“内容中心”取向，就是指根据教育学和学习心理学的规律，对学生学习对象开展研究，包括对教材内容二次开发的研究，以及预测学生的认知结构和对所学内容的前科学概念研究，确定学习内容及其关键属性，以便设计适当的学习经验来帮助学生掌握学习内容的课堂学习研究。

课堂学习内容可分为三种：预期的学习内容、实践出来的学习内容和体验到的学习内容。学生“能不能学”的问题，实质上就是能不能体验到学习内容特征的变异，能不能确认事物关键属性的问题。“内容中心”的课堂学习研究取向，就是要设计有助于学生辨识学习内容关键属性的教学方式，帮助学生消解学习困难，让学生可以顺利掌握所学的内容和技能，维持良好的学习动机，不断得到发展。

学生在学校与课堂学习过程中凸显的“愿学”、“会学”和“能学”这三个问题是互为前提的，由此而形成的三种课堂学习研究的主要取向也是相互关联、互为前提、相互促进的。我们应该确立“整合”的理念，把这三种研究取向很好地整合起来，不再仅仅单方面地关注学习动机、学习方式或学习内容，而要把它们纳入校本学习的整体视角之下进行研究，使之达到协调一致，以发挥其整体性功效。开展学校与课堂学习研究还需要在深化和完善现有三种取向的基础上，开辟多种新的取向，比如针对“乐不乐学”问题开展学习投入和学习效能研究、针对“学得好不好”问题开展学习结果和学习成就研究。

教学环境的优化，在“自我经验”的方向上，就可以有三种基本策略：首先是依据注意的规律，使教学环境的因素及其结构，在声色光以及形状上能够“长久”地“引人注目”；其次是依据兴趣心理学，使教学环境里的各种因素闪烁着激发、维护和滋养学习兴趣的“亮光”；三是依据想象心理学，使教学环境里既充满刺激人的想象的各种因素又具有放飞人的想象的各种“空间”。这样，教学环境就成了人在活动中自我感觉、自我估计和自我判断的“人的学习世界”，成为人实现“自我经验”的场所，从而成为“使人成人”的真正的教育环境。

教育过程是个体心理遭遇人类文化的历程，是在人类文化的背景中展开个体心理活动的过程。价值取向、思维方式、审美趣味，三者构成一个民族文化心理结构的主要因素。这既是教育要着力去引导的，也是教育过程必然会影响产生的。教育的过程是学生内在品质、外显行为养成的过程，必须要大处着眼，细微处着手。在这一历程中，环境的熏陶、策略的探寻、方法的确定、行为的训练与雕琢，来不得半点儿急躁与粗放。在这一点上，教育家杜威的判断很值得我们思考："我认为一切教育都是通过个人参与人类的社会意识而进行的。这个过程几乎是在出生时就在无意识中开始了。它不断地发展个人的能力，熏染他的意识，形成他的习惯，锻炼他的思想，并激发他的感情和情绪。由于这种不知不觉的教育，个人便渐渐地分享人类曾经积累下来的智慧和道德的财富。他就成为一个固有文化资本的继承者。"①

教育的对象和实施者都是人，教育内容也是由人来创造和规定的，因此，无论是教师、学生还是教育内容、教育方法也就有了一定的自由性和可变性，这使得任何教育活动从一开始就面临着各种复杂的因素影响。具体体现为以下几方面：一是非线性特征。众所周知，教育是一个庞大的系统，教育活动的进展情况与质量效果，并不单单取决于教育者单方向的主观愿望，它同时还受环境、政策、经济、制度、文化各方面的影响，形象地来讲，"线性"是指坐标系上描绘方程式，其图像呈现一条直线，"非线性"是指若用同样的方法来描述一个复杂系统，其图像会是一条曲线。在复杂系统中，由于各因素相互联系，彼此影响，任何微小的变化都可能对整个系统产生影响。也就是说，复杂系统的发展具有太多的不确定性。二是不可还原性特征。所谓不可还原性特征是指客观事物某种运动或性态跨越层次后整合的不可还原的新性态和相互关系。在教育活动中，这类例证比比皆是，如"读读、议议、练练、讲讲"这一教学模式就不能还原为"读书指导法""讨论法""练习法""讲授法"。心理教育不可能还原为"心理过

---

① ［美］约翰·杜威：《学校与社会·明日之学校》，赵祥麟等译，3页，北京，人民教育出版社，2005。

程教育”加“个性心理教育”或者把心理教育等同于智力因素教育加上非智力因素教育。对学生“德、智、体、美等诸方面素质”的评价也不能代替对学生“综合素质”的评价。唯有承认和明确不可还原性，才有希望避免“先拆解”“后加减”之类的简单线性思维模式。三是自组织性特征。自组织是开放系统在大量子系统合作下出现的宏观的新结构。系统随着时间而变化，经过系统内部和系统与环境的相互作用，不断适应、调节，通过自组织作用，经过不同阶段和不同的过程，向更高级的有序化发展，涌现出独特的整体行为与特征。我们今天所面对的层次分明、类型多样的学校体系，科目齐全、逻辑严密的课程及教材体系，还有各方人士参与，虽出于各自不同的动机却又配合得相当默契的应试教育体系，都是以自组织趋向有序的方式，经长期实践系统演化的结果。系统中的个体为适应竞争与合作需要而经常性发生组织和自组织，就使得系统的结构和层次越来越丰富。为什么应试教育愈演愈烈？为什么课程内容越来越庞杂？为什么教育结构日趋复杂？可以说都是系统演化的结果。四是偶然性特征。在传统哲学中，偶然性是由“外在的，非本质的原因”引起的，而复杂性科学研究表明：即使系统在演化过程中不受外在原因影响，偶然性也可以在一个确定的发展过程中作为内在的必然的行为而发生。五是开放性特征。复杂系统是开放的，开放系统与环境有密切的联系，能与环境相互作用，并能不断地向更好适应环境的方向发展变化。教育作为社会的一个子系统，与政治、经济、文化、科技、宗教、艺术等诸方面活动都具有密切的联系，它们相互作用、相互影响，使教育活动系统表现出巨大的开放。开放的系统，是无法控制的系统，不仅系统内部表现出复杂性，而且系统外部也表现出复杂的关系，任何一个因素的变化，甚至一个偶然的事件都可能造成对教育的影响。

上述情况充分表明：如果指望找到一种教育思维、改革策略、管理措施、教育模式、教学方法，就可以超越时空地、一劳永逸地、机械地解决所有的教育问题，既是天真的，也是残酷的——因为它消解了教育活动中的生命活力，把人为的教育活动视为简单的自然系统（连复杂的自然系统也算不上)。一项理论或改革措施的生命力不是体现在其逻辑演绎的严密性和理想化的简洁性，而是体现在它能应对更为复杂的情景，并促成更有生命力的教育效果。因此，教师在有计划地安排适当自由度的同时，还必须用心感受活动进程中展现出来的各种可能性并做出合理的判断、选择，从而使新目标、新计划不断地生成，提升教育活动的质量。从这个角度说，在教育过程中，没有最好，只有更好，因为它没有固定的终极目的，而只有不断生成的更高水平的发展需要、更高质量的发展状态——因为，生活本来就是这样。

八、课堂

课堂是传承和发扬人类文明、国家文化、民族精神、教育宗旨的第一场所，是教师履行教育职责、展示人格修养、精神风貌、专业才华的主要场所，是学生习得文化知识、增长见识学问、掌握本领技能、陶冶性情品格的基本场所。从社会学角度看，课堂呈现的是人际交往包括师生交往、生生交往的画面；从文化学的角度看，课堂呈现的是以教师为代表的成人文化与以学生为代表的儿童文化相互沟通、整合的画面；从心理学角度看，课堂呈现的又是教师与学生心理不断调适、冲突的画面。课堂的价值意义不仅体现在学生的身心得以健康成长、文化教养得以周到培育，也体现在教师的专业态度日渐成熟、文化底蕴渐次丰满。

优质的课堂应当是公平的。首先，课堂的公平体现为公平的课堂评价。在课堂教学过程中，公平的课堂评价主要有以下几个方面：一是公平的课堂评价理念。课堂评价是以促进学生的发展为理念，评价最重要的意图不是为了证明，而是为了改进。二是公平的课堂评价内容。公平的课堂评价主要围绕“三维目标”，即知识与技能、过程与方法、情感态度与价值观三个方面进行评价。课堂评价不能仅局限于知识中心的评价，特别在多元智能理论倡导下，更要重视学生多方面智能的评价。三是公平的课堂评价方法。公平的评价方法要求教师要使用量化评价和质的评价方法，不仅重视学生学习的结果，更要关注学生的学习过程与主观体验。四是公平的课堂评价主体。公平的课堂评价主体不仅是指学校领导和教师，也指学生自己以及同学和家长。其次，课堂公平体现为公平的课堂提问。在课堂教学活动中，公平的课堂提问主要有以下几种：一是课堂提问的对象是全体学生，课堂提问的主体与客体是统一的。教师设计问题要面向所有学生，教师要允许学生向自己提问，允许学生参与提问。二是改变传统的课堂提问模式，建立公平的课堂提问模式。在提问的过程中不仅要引导学生参与，还要使学生给出这种答案的理由。当教师向学生提问时，不论学生的回答怎么样，教师需要继续追问：你以什么证据、理由或逻辑推理来支撑你的答案。再次，课堂公平体现为公平的课堂管理。公平的课堂管理主要表现在：一是公平的课堂管理理念。公平的课堂管理理念离不开人性化的管理，即以学生为本位。不把学生看做是学习的机器与工具，而要把学生看成是一个发展的、未成熟的、完整的、大写的“人”。人与人之间是平等的，教师要公平地对待每个学生。二是公平的课堂管理制度。在建立课堂管理制度的时候，教师需要将每个学生都定位在制度、原则范围内，不能有特殊的、不公平的现象。三是公平的课堂管理行为。在具体的课堂教学行为过程中，对待每一个学生，教师都要坚持公平的奖赏或惩罚。

优质的课堂应当是准备充足的。众所周知，教师备好课是上课的首要前提与根本基础。教师在备课伊始，头脑中似乎应当对课堂教学的空间有一个无限边界、无比美好的设想与假定：在这个空间里，师生学习、探索自然、社会与科学世界的意识、观点应当是没有禁忌的；教师在阐述文化价值与传统的过程中，自然要允许、欢迎、鼓励学生的各种质疑；面对学习态度、水平、层次存在着差异的教育对象，教师既应当鼓励先进，也应当允许落后，等等。教师在思考设计准备课程时应当参照四个主要指标：一是备自己。教师应当考察反省自己，对教育精神、教育思想、教育目的是否完整、充分地理解了？对学科性质、学科功能、学科内涵是否准确把握了？对教学大纲(课程标准)、学科内涵、课程内容、教学方法的钻研、检视、思考是否到位了？对学生的性情与爱好、知识基础与学习能力、品格素养与潜在品质是否都进行了一番系统深入了解与梳理了？教师对自己的专业素养、通识知识的积淀广度、专业知识的储备深度、教育教学知识的掌握程度是否做到储备丰厚且使用起来游刃有余了？等等。上述这些问题，都是教师备课过程中应当思考、关注和解决的。二是备学生。所谓备学生，就是要对学生有全面周到的了解，这里的"了解"有双重含义：一是对学生学习与生活现状的熟悉，二是对学生与学习的发展规律的熟悉。课堂教学的目的并不仅仅是教会学生适应现状，更重要的任务是让学生在学科知识与社会生活中有所发展。真正地"备学生"，远不只是知道学生的学习状况与生活状况，更重要的是要知道班里大多数学生都处于哪种认知发展的水平，学生在学科学习上有多大的发展潜力，也就要知道自己学生应该有的一般思维水平与学习发展阶段，并据此给学生提供相应的学习内容与学习方案。三是备教材。教科书是教师备课的凭借之一，但不是唯一的凭借；教科书只是范例，是一张"寻宝图"，是一张精神漫游的"导游图"，它是火种，而不是燃料，不是终极目的。我们只是通过教科书这个通道来使学生感知世界、了解人生、认识科学、陶冶情操。千万不能让教科书束缚了教师的教学思维与教学内涵，桎梏了学生的学习视野与学习激情。"一本好的教科书只能提供指导，或者较好地适合师生的关系和情况，但教科书本身决不会代替教师本人的思想，更谈不上别的了。"①四是备资源。为了使自己的课堂教学真正做到"真诚、丰富和深刻"，让学生从中感受到思想的博大、文化的醇厚、知识的宝贵和艺术的高雅，教师必须努力做到广泛寻找、搜集、积累大量的资源，包括古今中外政治经济的、思想文化的、文学艺术的、科学自然的、历史地理的、贤哲名人的等各方面的资料信息。范围宽广、种类齐全、内涵丰富的资源，为教师备好课、讲好课不仅提供了丰厚扎实的文化知识根基，有利于促进学生对知识的完整理解、迅速掌握和灵活运用，而且还营造了一种新颖别致、情趣盎然的课堂氛围。

① ［德］第斯多惠：《德国教师培养指南》，袁一安译，58页，北京，人民教育出版社，2001。

在日常备课过程中，教师最容易出现的一种行为：即在全力思考、斟酌知识传授与能力培养的同时，忽视了情感态度、意志品质、行为习惯等教学内容。这一倾向在年轻教师的身上表现得尤为突出。导致这种重视文本知识的积累与呈现，轻视人文修养、习惯培养、品格发展、意志磨炼的原因比较复杂，既有历史的因素，也有现实的因素，细究起来，既有实际的、功利的思想在里面，又有简单的、直接的思维在里面。教育的目的是促进人的全面发展，教学大纲规定了不仅要有知的发展，而且还要有情、意、行的发展。因此，教师在备课过程中，一定要将教育的全面性、教学内容的丰富性牢记在心，一定要将学生的知、情、意、行的培养放到同等地位、同等意义上去考虑、去安排。不能偏爱一些，放弃一些。如果有意地或无意地轻视、淡漠、忽视了不该轻视、淡漠、忽视的话，那将不仅影响到学生一生的健康成长，而且也影响到自己未来的专业发展。

优质的课堂应当是充满活动的。活动课堂是自主课堂的必然要求，没有学生的活动，就没有自主可言。学生在活动中去经历、去探索、去发现，在活动中体验成功的喜悦和创造的欢乐。有经验的教师从不陶醉于个人的表演，而是一环扣一环地引导学生说一说、写一写、听一听、议一议、试一试、练一练、想一想、演一演……根据课堂需要和学生水平不断变换活动内容和活动方式，用活动贯穿整个课堂，使学生兴趣盎然，乐在其中。但在今天，我们课堂在很大程度上仍是教师的“讲堂”。造成这一现象的原因很多，其中“传统习惯”所塑造的我们的性格是重要原因。我们的个性普遍缺乏表现力，我们大多过于内敛，过于拘谨，而缺乏奔放的、洋溢的生命活力。为了真正促进学生在课堂上主动思维、积极讨论、踊跃发言，形成良性的“课堂互动”氛围，我们教师要将课堂的时空尽量地还给学生，要懂得“退出”。只有有了教师“退”出来的时间与空间，才有学生“前进”的时间与空间。如果教师利用自己学科知识优势而占据这个时间与空间，那学生永远都只能仰视自己的教师，将自己教师当做一名自己无法企及的演员，从而让自己在学习这条道路上不思“进”取。

优质的课堂应当是情感丰富而真诚的。成功的课堂里不仅仅只有读书声，而且不乏掌声和笑声。在成功的课堂里，师生之间不再是控制与被控制的关系，取而代之的是师生间的平等对话和协商，友爱的交流与合作；在成功的课堂里，师生之间心相印、情相通。听过窦桂梅课的人都有共同的感受：整个课堂教学都是在充满真情的氛围中进行的。无论是听她的家常课，还是听她的公开课，这种艺术感染力也会分外鲜明地体现出来。她全身心地投入，讲到激动处，激情飞扬；讲到愤怒时，扼腕长叹。可以说，每次课堂教学就是她和学生进行的一次心灵的共振。在窦桂梅看来，“课始”的情能否激发是一节课成败与否的关键。因此每次备课时，她都格外注重对学生的情的调动。在课堂教学的过程中，她想办法通过多种教学手段，充分激发学生的感情，深刻感悟文章的内涵。课终的时候，精心设计作业题，帮助学生抓住并回味情感的余韵，从而达到以真善美感染人、影响人、教育人的目标。这就是窦桂梅追求的教学特色“三情共振”——课始激情情始生，课中悟情情更浓，课终谙情情未了。“每个教室都有一个个固有的风景。我每周去各地的学校访问，在各个教室里观摩，近20年来一直如此。幼儿园、小学、初中、高中、养护学校等，我看过数不清的教室，可以说没有哪一个教室和其他教室飘溢着完全相同的气息，有着完全相同的问题。”①一句话，洋溢着生命温暖的课堂，是飘扬着“人”的旗帜的课堂。对生命的遗忘是教育最大的悲哀，对生命的漠视是教育最大的失职和不幸。生命教育尽管不能解决教育的所有问题，但它能大踏步地提升教育的品质。

优质的课堂应当贴近生活。成功的课堂从不屑于干巴巴的知识罗列，而总是力求以学生的现实生活为背景。对于中小学生而言，其抽象思维能力尚处于不断的发展之中，理性思维往往需要感性材料作为支撑。丰富多彩的现实生活是学生学习的兴趣之源。所以，成功的课堂总是力求贴近生活，从生活中挖掘丰富的课程资源，让生活材料为课堂教学服务。有的老师上课，心里想的是教学流程、步骤、环节，先干什么，再干什么，后干

① ［日］佐藤学：《静悄悄的革命》，李季湄译，12页，长春，长春出版社，2003。

什么，甚至几分几秒都有“科学”的设定。我觉得这样做就缺失了教学的灵气，教学的本真。上课心里应该有路数，全力关注的是学生的学习状态。学生一举手一投足、一颦一笑、一仰一俯、一眨眼一皱眉，都是他们心声的反映。根据学生当时的状态因势利导，教为学服务，而不是师生被教案牵着走。“不把孩子们当成从自己的内心来发问的教育的主人公，不从孩子们自身的角度来考虑问题，一味地只从外部向孩子们的身上反复地粘贴各种知识，这样做不管是如何要求有最好的教材，如何在授课时间的增减上做文章，要求加强补习，其结果仍同样不过是‘剥落’的再生产而已。”①从人生历程来看，课堂无疑是体现教师和学生真实的生命存在的一个阶段或一种形态，因此，课堂中不仅要传承知识，更要激扬和体现人的生命价值，就是指师生把课堂生活作为自己人生生命的一段重要的构成部分，师生在课堂的教与学过程中，既学习与生成知识，又获得与提高技能，最根本的还是师生生命价值得到体现，使课堂生活成为师生共同学习与探究知识、智慧展示与能力发展、情意交融与人性养育的殿堂，成为师生生命价值、人生意义得到充分体现与提升的快乐场所。

优质的课堂应当是充满趣味的。教育心理学告诉我们，引起学生学习的最直接动力既非远大的理想，也非美好的未来，而是知识的趣味性和学生的好奇心。在成功的课堂里，人们听不到枯燥的说教和布道，看不见刚性的威逼与强制，而洋溢其中的则是动人之情和引人之趣。教师善于挖掘材料本身的趣味性，将知识用趣味化的语言和方式呈现出来，使一节课生机盎然、情趣无穷。“我的梦中常常出现上课的情景。我梦中的课堂，学生小脸通红、小眼发光；学生小手直举、小嘴常开；学生兴趣盎然、兴致勃勃；学生思接千载、浮想联翩；学生如沐春风、如痴如醉。学生沉浸在美的画面、诗的境界、爱的怀抱之中。”②

优质的课堂应当是艺术的天地。在成功的课堂里总是处处闪耀着艺术

① ［日］大田尧：《把自然还给孩子》，朱浩东等译，69页，北京，商务印书馆，2006。
② 雷玲主编：《故事里有你的梦想：18位名师的精神档案》，216～217页，上海，华东师范大学出版社，2007。

的火花——引人入胜的开头、渐至佳境的层次、贯穿全课的主线、跌宕起伏的情节、余音袅袅的结尾……在成功的课堂里，老师娓娓道来的讲解、亲切从容的教态、恰到好处的点拨，无不给人以艺术的享受。成功的课堂基于教材却不为之所困，而是对教材进行适当的改造与创新。艺术和教育是孪生的兄弟，谁也离不开谁。

好课不能量化，但好课应当有标准。学者肖川认为好课要有三个一级指标：真诚、深刻和丰富。所谓“真诚”，意味着师生之间坦诚率直，彼此都尽情地表露瞬间的感情和态度；意味着教师的一言一行都是出自内心真实的感受，所表达的一切都是从心灵深处流溢出来，没有矫揉造作、故作姿态，没有“为赋新词强说愁”的无奈与空洞，有着自然、真切与和谐之美。师生之间这种以诚相待，彼此不断地进行多方面、深层次的沟通和交流，是建立良好师生关系的基础，从而也是使教学生机勃勃地开展的前提。只有充满真诚的教学，才能给人以温暖的感觉，才能有感染力与亲和力。所谓“深刻”，意味着能够给予学生匠心独运之感，能够唤起学生的惊异感和想象力，能够使学生茅塞顿开。当然，所谓“深刻”，总是相对的。这首先需要教师对教学对象有充分的了解，设定的教学目标是学生通过努力可以达到的，引领学生探索和思考的问题是处于学生的“最近发展区”的。而所谓“丰富”，就是能够让学生的心灵荡漾在博大、温暖、充实的精神氛围之中，对问题理解的多元与彻底，言说的厚重和表达的多样。①

有人把公开课比喻为T型台上的时装秀，很是贴切。我们不能将时装表演的服饰带到日常生活、现实社会中来，但时装表演中服饰的款式、面料、色彩却可以引领时尚。T型台上的时装秀是服饰时尚的体现者、制造者、引领者和推动者。理想总是高于而且先于现实(即日常的课堂)而存在，公开课总是要体现理想追求，上公开课的教师总是要把自己最美好的一面展示出来。只是由于有的上公开课的教师自我修养还没有达到应有的

---

① 肖川：《好课的“一级”指标》，载《中国教育报》，2006-11-01。

境界，有时就难免让人感觉不那么对劲。公开课可以起到示范观摩的作用，可以为教师培训提供鲜活的教学案例，可以发现和培养教学新秀，可以展示教学探索的成果，可以为上公开课的教师的自我反思提供借鉴和契机。很多的公开课，几乎把每一句话、每一个环节都设计得十分精巧，而且大都是漂亮的女教师执教。其实，我们所能设计的只能是修饰的、表层的教学艺术。真正的教育艺术是预先设计不出来的，只能是当下的、即时性的，而且是不可重复的。“举办公开研讨会，是为了让大家看到日常授课的情况，也是为了改善日常授课，所以我觉得上公开课时保持平时上课的风格才是最好的。”①

高品质的课堂教学蕴涵着自然、和谐的人际关系和学习环境，在教师的精心组织和智慧引领下，学生表现出强烈的学习愿望、主动探究的学习品质和协作互助的学习精神，课堂中有知识的建构、能力的培养、习惯的形成，也有情感和精神的升华。因此，创造高品质的课堂教学对教师有着很高的期望，需要教师有高度的爱心和责任感，需要教师的不断创新，需要教师永不停息的努力。而理想和责任感是一个教师在教育教学中不断超越自我、追求卓越最强劲的动力源。所以，我们要感应时代的发展，聆听教育的弦音，自觉开展理想教育，促使自己做一个有理想、有追求、有责任感、有关怀之心的教育人，唤起教师的自我期待，为培育教师对高品质课堂教学的自觉追求打下最坚实的基础。

从某种意义上来说，教师能否上好课，不是听出来、学出来、做出来的，而是品出来、悟出来、磨出来的。一个善于学习的老师，如果坚持经常去品悟不同类型、不同科目、不同阶段和不同优秀教师的课，就有可能独具慧眼地变被动听课为主动“品”课，就有可能较快成为一名优秀的教师。事实上，地球上的每间教室都是英雄的诞生地，因为，正如哲人康德所说，教育是世间最难的事。教室里有什么样的教师，就有什么样的教育。有什么样的教育就有什么样的国民。课堂说白了，就是教师自身生命

---

① ［日］佐藤学：《静悄悄的革命》，李季湄译，86页，长春，长春出版社，2003。

的舞台，什么样的生命品质就显现出何种教育实践品质。你的实践的品质来源于你存在的品质、生命的品质，课堂的高度就是人性的高度。

九、作业

学生作业设计与安排是学校教育内容的一个有机组成部分，是教学活动的一项重要环节，是学生理解与运用知识、激发智慧与探索热情、培养思维与动手能力、锻炼品格与意志的必需过程与有效方法。判断学生是否真正懂得了人生道理与科学精神，是否理解掌握了所学的文化知识，是否熟练习得了分析与解决问题的能力，教师的课堂教学目标与任务是否真正达到完成了，还有哪些环节、步骤存在着问题，等等，这些都需要通过学生完成作业的过程与质量来检验与判断。倘若学生通过紧张的智力活动基本上独立或在彼此商讨中有效地完成了有质量、有难度系数的作业，这就足以表明学习是有质量和效益的，反之，则说明在一些教学环节上还存在着有待弥补、完善、提高的缺陷。因此，从某种意义上讲，没有作业，就没有质量，就没有教育。学生的作业品类与形态应当丰富多样，既有口头作业也有书面作业，既有复述性作业也有创造性作业，既有课内作业也有课外作业，既有集体作业也有个体作业，既有长期作业也有短期作业，等等。总之，教师在备课过程中应当适宜地、合理地、有效地认真考虑、精心设计学生的各项作业。

作业设计中首先要关注的四个要素就是“数量”、“时间”、“难易”、“差异”。要实现最佳的教学效果，就必须协调好四者的关系，将四要素控制在一定合理的水平上。

一是数量要素。学校要从宏观上严格控制学生的作业总量。如果一味追求数量，不讲质量，学生整天趴在作业堆里，很容易使学生丧失对作业原有的良好情绪，学习兴趣就会衰退，甚至产生厌学心理。反之，作业量过少，如蜻蜓点水般一带而过，则达不到巩固和掌握知识的目的，而有些学生觉得无事可做，就会滋生出自由散漫等不良思想倾向。因此学校规定，按中等水平学生完成的时间为标准，学校每月在学生中进行问卷调查，检查老师执行的情况。

二是时间要素。时间要素包括两个方面：第一是作业要有兼容性，既有刚学到的“新知识”，也要有已学会而需要进一步巩固的“旧知识”，两者要兼顾。第二是对学生完成作业要有时限要求，既不要急于求成，给学生充足的思考和完成作业的时间，也不能把作业时间拉得太长，影响休息，影响效率。所以学生作业由年级主任统一控制，每天三科作业，时间不得超过一个半小时。

三是难易要素。作业难度太大，学生无从下手，很容易导致学习积极性下降，自信心丧失。反之，作业太容易，不仅会降低教学要求，也会影响学生对知识的掌握。因此，作业由备课组统一研究设计，既要考虑广度，又要考虑梯度和弹性。

四是差异要素。学生个体的差异性是客观存在的，尤其在高年级阶段，因此教师应该针对每个学生不同的接受能力，合理地设计作业，增加作业的可选择性。我们可以把作业设计成“套餐”型，让学生根据自己的需要和能力去选择。如 A 套餐的题型灵活多样，偏重于理解、想象、运用；B 套餐的题型较 A 套餐要低一层次；而 C 套餐多为比较简单的巩固性作业。这样的作业布置能满足不同层次学生的要求，能力强的可选择较难的做，能力稍弱的，可以做简单的。让学生根据自己的情况选择，使不同层次、不同水平的学生都能体会到成功的乐趣。同时，学生又具有好强的心理，有的学生往往会知难而进，又有一部分学生会在自己的“最近发展区”去跳一跳，摘到“果子”。所以我们要求每个学科老师都要根据本学科特点来设计作业。

对于求知欲旺盛、好奇心浓郁的学生来讲，种类繁多、形式各异、充满情趣的作业形态更能刺激和引发学生去思考和完成。一位数学特级教师是这样安排学生假期作业的：“他把传统的假期作业改成 8 类可供选择的作业：(1)阅读一本科普读物，写一篇书评；(2)找出数学学习参考书中的 3 处非印刷性错误，并予以更正；(3)利用立体几何展开图形的知识，用纸制作模型或工艺品；(4)采集生活中的数学问题并试着解决它，如游戏中的数学、体育中的数学、玩具设计中的数学、商业服务中的数学……

(5)写一篇数学小论文，可以是小发现、小研究、小成果、小窍门儿；(6)利用掌握的数学知识，自编三个数学小综合题(要求运用几何、代数、三角甚至物理、计算机等两到三科知识)；(7)用计算机自编一个程序，解决某学科的一个问题；(8)以计算机为工具进行‘微科研’。”①这种灵活多样、生动有趣、覆盖面广、可供学生自由选择的假期作业设计，贴近学生日常生活，符合认知规律，鼓励学生充分运用数学知识与现代手段去探索数学奥秘，既促进了学生数学知识的有效迁移，也利于培养学生的数学精神与数学思维。由此可见，无论是什么课程，都必须高度重视学生的作业练习。“因为如果不做练习、不解答典型应用题和试题、不复述和记诵，就不能发展记忆，不能形成智力操作技巧，而没有这些技巧也就不可能有问题性教学。人如果没有事实的知识，他就不可能进行推论：没有记忆就不可能有思维。”②

一般来讲，作业都是有题目、有运算规则、有过程步骤、有确切答案的。学生在一定的框架和范围内，遵循着特定的原则程序去思考完成作业。然而，这并不意味着所有的作业都是如此。一些没有题目、没有具体内容、甚至没有确切答案的作业，更能体现出教师匠心独运、别出心裁的教育智慧，更能激发学生的创造欲望和探索精神。

2004 年第 7 期《教师博览》刊载了这样一则美国中学生修改国旗图案的故事：1958 年的 3 月，少年罗伯特刚满 14 岁，正在美国兰开斯特市一所中学读初二。一天放学时，历史老师布置作业：每人独立完成一项没有目标的历史作业，内容、形式不拘，要表达出自己的愿望，时间是一个星期。

罗伯特在回家的路上，看到市政府门前高高飘扬的美国国旗，看到国旗图案上的星，想起报纸上正在沸沸扬扬地宣传报道阿拉斯加和夏威夷将很快成为美国第 49 个和第 50 个州，不禁想到：国旗图案中才 48 颗星，表

---

① 张彦春、朱寅年主编：《16 位教育家的智慧档案》，87 页，上海，华东师范大学出版社，2006。

② [苏]斯卡特金、列尔涅尔：《现代的课》，载瞿保奎主编：《教育学文集·教学》中册，诸惠芳译，306 页，北京，人民教育出版社，1988。

示不了美国50个州，怎么办？于是他决定把修改国旗图案当做自己的历史作业，将国旗图案上的48颗星增加到50颗，并且把它们重新排列。

罗伯特回家后立即用纸剪了50颗五角星，并开始排列。经过多次调整，他终于排出了自己满意的图案：单数的一、三、五、七、九，每行6颗星，双数的二、四、六、八、十，每行4颗星。他把50颗星端端正正地贴好后，于规定时间郑重地交给了历史老师。

罗伯特这么贸然地修改国旗图案，历史老师先是摇头，继而点头。他认为一个14岁的小娃娃修改国旗图案，虽然显得狂妄幼稚，但其心情真诚可贵，于是给他评了最高成绩"A"。随后，在总评课上，历史老师又对罗伯特这项作业大加赞扬，并半认真半开玩笑地建议他把这国旗图案寄给美国总统。

见老师如此赞扬支持，罗伯特当天就兴致勃勃地将图案寄给了美国当时的总统艾森豪威尔。

1959年5月的一天，已经读初三的罗伯特收到了美国国会寄来的一封信，打开一看，原来是一张贺信，祝贺他修改的国旗图案获得通过。信中说：美国总统艾森豪威尔签署了法令，把罗伯特修改后的国旗图案作为美国国旗图案。

一个没有特定题目的历史作业，最终导致产生了一位初中学生修改国旗图案竟被采纳的今古奇观。由此可见，作业对于培养、激励人探索精神与创新意识的重大意义。美国教育学者约翰·杜威这样告诫我们："我们应当注意关于学校采用各种不同形式的主动作业这一重大的事情，通过它们，学校的整个精神得到新生。它使学校有可能与生活联系，成为儿童生长的地方；在那里，儿童通过直接生活进行学习，它不只是学习课文的地方，这些课文对于将来可能从事的生活来说，乃是抽象的和间接的东西。"①

---

① [美]约翰·杜威：《学校与社会·明日之学校》，赵祥麟等译，30页，北京，人民教育出版社，2005。

结合上述事例自省反思我们的行为，有两种现象值得我们深思与改进：一种现象是重复性、单纯性、体力性的作业太多。一个汉字要写几十遍，一种题型要演练几十次，书面作业、复述性作业、短期作业过多，而实践作业、探索性作业、长期作业过少，甚至有些教师将作业作为惩罚学生的一种手段，等等。上述现象，表明我们教师还是未能真正理解作业的本质精神，还未能有效发挥作业的基本功能。严格意义上讲，作业不是一项单纯的体力劳动，它应是一种心智劳作。好的作业应当包含丰厚的知识底蕴，蕴藏着重重玄机和未知变数，具有激励人、启发人的情趣诱惑，学生在思考、解读、攻克它的过程中既有困惑与疑难，更有喜悦与激动，随着难题一道道地被解开，学生的理解力、概括力、分析力和综合力也在一步步地得以提升，自豪感与满足感也同时油然而生，如果真能达到这种境界，作业的使命与价值也就真正实现了。一种现象是呼吁取消小学生的家庭作业。毫无疑问，这种倾向是浅薄的、无知的和愚昧的。持有这种观点的人根本不懂得家庭作业是作业的不可或缺的部分，而作业又是教育和学习不可或缺的部分。真正的症结不在于小学生的家庭作业本身，而在于我们究竟怎样合理适宜地安排小学生家庭作业。对此观点，苏霍姆林斯基早就有过精辟的论述："有一种议论说：由于课堂教学方法的改善，可以完全取消家庭作业，对这种议论是不值得认真对待的。这种议论没有反映出教学的真正目的和规律性，因为不可能把儿童的全部脑力劳动都集中在 3、4 小时的上课时间内进行完毕。"①

作业是学生的学习产品。产品是否合格，表明学生的学习质量，也反映教师的教学质量。我们目前所要思考的，不是要不要作业的问题，而是究竟给我们学生设计、安排什么样的作业。其实，许多教师已经意识到，要给更多的孩子创造成功的机会，最好的办法就是使家庭作业贴近生活。它的原理很简单：当鼓励孩子们在实际生活中运用课堂上所学的知识时，

---

① [苏]苏霍姆林斯基：《给教师的建议》，杜殿坤译，383 页，北京，教育科学出版社，1984。

他们对这些知识的理解就特别深；当孩子们意识到所学的知识会马上运用到现实生活中去时，那么，课堂上所学的知识就越发有意义。家庭作业不再是简单的抄写和计算练习，它包括了发生在学校之外的有助于身心成长的经验。作业的形式千姿百态，可以是读书、听广播、看电影，或听邻居长者讲故事，或是假日旅游，以及去田野乡下作调查。又如看电视也是一门家庭作业。教师可鼓励孩子有选择性地看电视，从中找到有价值的东西，同样能发展学生的语言表达能力和思维能力。如学生爱看动画片，要求学生对比国产动画片和日本动画片的异同，分析他们喜欢看日本动画片的原因，编写自己设计的动画片故事梗概。学生看晚会，可以让他们谈谈对晚会设计的看法，写写自己喜爱某个演员的原因。学生看《百家讲坛》，可以让孩子在班级模拟易中天、于丹或王立群等人说上一段……类似这样的作业不仅没有抄抄写写，反而给了孩子很多闲暇时间，在闲暇中训练了思考能力、演讲能力、动手能力。另外，我们教师还应当特别重视给学生安排布置这样一些作业：时间比较宽松、内容比较宽泛、方式比较灵活，能够充分调动学生运用综合知识、综合能力的作业题目。正如罗伯特·斯腾伯格、托德·卢巴特所言的那样："一种有助于学生发展宽容的好方法就是给他们布置更多长期限的作业，并鼓励他们尽早地开始思考他们的作业，以便能反复考虑他们所面临的问题。"①

十、家庭

从古到今，中国人历来都非常重视家庭教育。希望孩子做一个有教养的人，做一个光前裕后的人，是每个家庭乃至整个家族的期许与荣耀，因此有了"孟母三迁"的经典故事，有了"岳母刺字"的感人场面，有了"颜氏家训""曾国藩家书"直至"傅雷家书"等的前赴后继。中国传统家庭教育的核心理念就是一要积德行善、孝行天下；二要读书明理、立己达人，即

① [美]罗伯特·斯腾伯格、托德·卢巴特：《培养创造的心智》，载阿伦·奥恩斯坦等著：《当代课程问题》，234页，杭州，浙江教育出版社，2004。

所谓“忠厚传家久，诗书继世长”。“一个做父亲的，当他生养了孩子的时候，还只不过是完成了他的任务的三分之一。他对人类有生育人的义务；他对社会有培养合群的人的义务；他对国家有造就公民的义务。凡是能够偿付这三种债务而不偿付的人，就是有罪的。”①一个对社会有贡献的人，一个为社会创造价值的人必具备德才兼备的品格，在这一完善品格养成的过程中，在家庭教育中作为人生第一任老师的父母起着极大的作用。

撬动地球的手，就是推动摇篮的手。好的家庭往往伴随着父母与孩子的共同成长，坏的家庭往往给孩子负面影响。从生活本身开始来看待教育，不难发现做教师与做父母之间有很多共同之处。首先，抚养孩子和教学都担负着同样的人类职责：保护和教导年轻一代如何生活，学会为自己、为他人、为世界的延续和幸福承担责任。其次，坐在课堂上学习的孩子与走在大街上或在家里的孩子是同一个孩子，他们在学校中的学习与他们在家中以及在其他地方的生活一起构成了孩子整体的生活。再次，从词源上看，教育就是成年教师或父母与年幼儿童或学生之间的交往生活过程。教育学实际上就是一门成人(包括教师、父母和其他与儿童成长相关的人)与儿童如何相处的学问。无论是作为父母还是作为教师，都要时刻对孩子的成长、学习和发展的整个生活世界保持关注。

鲁迅在1919年写的《我们现在怎样做父亲》一文中提出的三大原则，实际上我们今天还远远没有做到：第一是“理解”。理解意味着首先要认识他们，要把他们当小孩子，当儿童来看待，要理解儿童身上的儿童性本身。第二是“指导”。指导意味着不能放任，儿童世界是需要引导的。第三是“解放”。所谓解放，就是放手，让他们成为独立的自我，去“幸福的度日，合理的做人”。这三个原则是不能够颠倒的，理解是基础，指导是条件，解放是目标。至今还有些家长糊涂的认为：病要大夫看，孩子要老师管。因此，他们往往把教育子女的责任完全推给了学校，寄希望于学校。

---

① [法]卢梭：《爱弥尔——论教育》(上卷)，李平沤译，23页，北京，人民教育出版社，2005。

他们只负责从经济上、生活上满足子女的需要。孩子的教育，学校固然负有主要责任，但家长也不能撒手不管，双方应该各尽其责，相互协调与合作，共同做好他们的教育工作。

作为教师，应当透彻知晓家庭在学生成长过程中所起的不可忽视、不可替代的重要地位，应当清楚明白学生父母在学生认知学习、人格教养、情感陶冶等方面的影响、引导、示范、培育等作用，应当科学领悟家庭教育与学校教育的目标方向的一致性与内涵方式的侧重性，应当非常明确只有家庭与学校形成合力才能有效激励促进学生健康发展的基本道理，应当客观理性地坚持这样一个主张：只有当自己的孩子与所教的学生在人品与学业方面都取得了令人欣慰的进步，自己才称得上是一个富有成效、富有人性的教师。因此，每一个教师，既要合理有序、称职尽心地履行好自己的工作，不能将分内之责、分内之事推给他人；也要和蔼清晰地提醒家长承担起自己的教养职责，不能将学生家长应尽的义务职责包揽到自己身上。“我一直坚持认为，一个孩子的成才，主要功劳不是学校而是家庭。这个道理很简单，家长是孩子的第一教师，家庭是孩子的第一课堂。家庭氛围如何，家庭教养如何，家长的素质如何，都将决定您孩子的未来！”①因此，他对学生家长不断地阐述这样的观点：我也是一个女儿的父亲，我完全可以理解，当您把孩子送进我校的那天，就对学校的老师寄予了厚望，希望您的孩子能够在老师的教育培养下成为一个有用的人才。但是，您是否想到过，其实，孩子是否能够成为一个有用的人才，首先不在于老师，而是取决于您这位家长！

身为父母，必须应当清楚：家庭是培养人才的天然而永久的学校，父母是孩子的首任且终身的教师。家庭教育则是人生最漫长的教育，它与儿童身心健康、性格形成、智力开发等有密切联系。特别是今天的孩子将是新世纪的建设人才，为孩子提供更为广阔的生活空间进行自我体现、自我发现，使其独立性、创造性得以充分发展，已成为摆在我们每一位家长面

① 李镇西：《用心灵赢得心灵》，134页，上海，华东师范大学出版社，2008。

前亟待解决的重要课题。因此，做父母的一定要把好家庭教育这一关。李镇西是著名的语文教师，同时他也是一位女儿的父亲。他认为，培养孩子坚韧的品格就是要从细节做起。他女儿“读中学时，她上学骑自行车大概要骑15分钟。有一天早上下瓢泼大雨，女儿当时就提出个要求，说今天能不能让我打的。我说：‘不行，不行！把雨披穿上，骑自行车去。’她母亲就心疼，说我太狠心了，那么大的雨，雨披是根本不管用的，万一在路上出了危险怎么办。我当时只叫我的女儿小心些，但是必须骑自行车去，绝不许打的。结果她硬是穿上雨披，冒着瓢泼大雨去上学了。这种事情太多太多，久而久之她也就习惯了。”①

作为学校教育工作者，教师有义务、有责任向家长就开展家庭教育方面不断地提出合理的建议和中肯的意见。如英国学者戴维·刘易斯的《做好家长的四十条建议》是家长与孩子快乐相处并从教育自己有天赋的孩子获得快乐的宝典，教师不妨向家长朋友积极推荐，这里摘录如下：

1. 对孩子提出的所有问题，都要耐心和老实地做出回答。

2. 认真对待孩子提出的正经问题和看法。

3. 安放一个陈列架，孩子可以在上面显示自己制作的东西。

4. 不因为孩子房间里或桌面上很乱而责备，只要这与他的创作活动有关。

5. 给孩子一个房间或者房间的一部分，主要供他玩耍。

6. 向孩子说明，他本身已经很可爱了，用不着再表现自己。

7. 让孩子做他力所能及的事情。

8. 帮助孩子制订他的个人计划和完成计划的方法。

9. 带孩子到他感兴趣的地方去玩。

10. 帮助孩子完善他的作业。

11. 帮助孩子与来自不同社会文化阶层的孩子正常交往。

12. 自己遵循合理的行为标准并留心使孩子照着做。

---

① 李镇西：《用心灵赢得心灵》，199页，上海，华东师范大学出版社，2008。

13. 从来不对孩子说，他比别的孩子差。

14. 从来不用辱骂来惩罚孩子。

15. 向孩子提供书籍和材料，以便使他能干自己喜欢的事情。

16. 让孩子独立思考问题。

17. 定期为孩子读点东西。

18. 让孩子从小养成读书的习惯。

19. 激励孩子去编故事，去幻想。

20. 认真对待孩子的个人要求。

21. 每天都抽出时间与孩子单独在一起。

22. 允许孩子参加计划家务和外出旅行的事情。

23. 从来不因孩子犯错误而戏弄他。

24. 表扬孩子背诗、讲故事和唱歌曲。

25. 教给孩子与各种年龄的成年人自由交往。

26. 详细拟订试验计划，帮助孩子了解更多的事情。

27. 允许孩子玩各种废弃物。

28. 鼓励孩子发现问题，随后解决这些问题。

29. 在孩子干的事情中，不断寻找值得赞许的东西。

30. 从不空洞地和不真诚地表扬孩子。

31. 诚实地评价自己对孩子的感情。

32. 不存在完全不能与孩子讨论的问题。

33. 让孩子有机会真正自己作决定。

34. 帮助孩子成为有个性的人。

35. 帮助孩子寻找值得注意的电视节目。

36. 发挥孩子具有积极认识自己才干的能力。

37. 从来不对孩子的失败表示瞧不起。

38. 勉励孩子尽量不依赖成年人。

39. 相信孩子的理智并信任他。

40. 让孩子独立完成他所从事的工作的基本部分，哪怕不相信会有积极的最后结果也好。

“教师不信任家长，家长也不信任教师，只要这种状况继续下去，要全面地推进学生的学习就没有可能，教学改革的深入开展也没有可能。”①完美合理的教育，应当是教师与家长的密切沟通、学校与家庭的积极合作。作为教师职责，家访是一项分内之事与分内之责。为了全面了解掌握学生情况，协调家校态度与信任，调查分析问题源头，制定应对策略方法，教师应有计划、有目的、有针对性地开展家访工作。家访工作的目的主要是为了互通有无、取得信任、达成共识，共同帮助学生健康成长。为了有效开展好家访工作，以下的几种情况应当避免。

不盲目。家访要目的明确，准备充分。对家长谈什么，怎样谈，学生在场时又怎么谈，都要考虑周到。若对学生、家长已有了解，还可设想出谈话的细节。谈话要有的放矢，针对性强，有根有据，讲求实效。也可考虑把家访的目的、内容、时间事先告诉家长，使其有所准备。

不告状。家访的目的，是使家长与学校密切合作共同教育其子女，而不是告状诉苦，揭人之短。访谈时不要专讲其子女的缺点错误，使家长灰心丧气；也不要造成学生对教师的对立情绪，使学生对教师家访耿耿于怀。对调皮捣蛋屡教不改的学生，教师同家长交谈时要控制情绪，不要声色俱厉、语言尖刻，以免引起家长反感和难堪。若学生的错误确因家庭教育不当造成的，家访时既不迁就也切忌埋怨叱责，谈话要动之以情，晓之以理，使学生和家长深感教师的诚心、热心、爱心、关心、决心。

不作假。教师和家长都要诚心交谈。教师既不隐瞒学生的缺点、问题，也不虚报学生的优点、成绩，否则会造成家长对子女的偏爱错爱，给学生的健康成长留下隐患，以后教师说真话，家长也不容易相信了。如今有些家长一味骄纵、袒护自己的孩子，明知孩子不对也曲意护短，甚至颠倒是非，倒打一耙。对此，教师更应该严肃诚恳地用事实说明真相，点明利害关系，以使家长幡然醒悟。

---

① [日]佐藤学：《静悄悄的革命》，李季湄译，91页，长春，长春出版社，2003。

不摆架子。教师要尊重家长，不要有职业轻视和人格歧视，以免话不投机。家长一般是希望、欢迎教师来访的。望子成龙，对教师寄予厚望，教师亲自登门，家长求之不得。但也有的家长态度冷淡、不太友好，教师要沉着应对，不卑不亢，不要也摆起架势以牙还牙，使家访失败。要知道有时家长心情不佳非因教师来访，教师要区别对待，运用恰当的语言、表情，以严谨、友善的态度，营造有利于交谈的气氛，使家访顺利进行。逢受访家庭成员忙得不可开交时，教师应把自己当成家庭亲密无间的一员，很自然地帮忙，这样，谈话的气氛就会更加温馨愉快，特别是会给性格孤僻、对教师敬而远之的儿童产生意想不到的效果。

不误言。尤其是学生在场时，不要信口开河。对家长的话语要有自己的主见，不随声附和。对情况不明之处，不要轻信妄说，教师不对家长做实现不了的许诺。向家长提的要求，也要切实可行。有的家长可能会指责学校和某一教师，可能提出不合理的要求，或出言不逊，发泄胸中的不满。对此，教师不要轻易表态，可作适当的说明或缄默不语，把话题巧妙地引到家访目标上来。

不拉关系。家访是联系家庭和学校教育的纽带，也是教师展示自己的社会形象的重要一环。因此，家访要有相应的道德要求。不能借此搞不正之风，同有权势的家长拉关系，套近乎，以谋取私利。这样的家访，往往是阿谀奉承、吹牛拍马、说话投人所好，失去家访的意义，丧失人民教师应有的人格，极不利于对学生的教育，也损害学校的声誉，应坚决杜绝。

后 记

教师发展：毕生割舍不下的殷殷心缘

教育世界大千万态，色彩斑斓，为何单单圈定教师发展作为自己毕生割舍不下的殷殷心缘呢?

一是切身的体会。在教师高度决定学生高度的认识前提下，时下的教育行政管理部门、教育培训机构都加大了教师的培养培训力度，这自有其积极促进、专业引领的作用，但更为关键的是：培养与培训，只是教师专业发展的外生力量，而教师自身的修养则是一种最具活力的内生源泉。修养的根本目的在于修心、修情、修性、修行。教师的修养在于确立教育理想，萌生教育信念；陶冶教育情操，养成教育德性；锤炼教育行动，提升教育能力；反思教育生活，感悟教育人生。

二是目睹的感悟。倡导教师爱业、敬业、乐业，要求教师关怀学生、帮助学生、培养学生，这些都是应当且必须的。但同时还应给教师自己留下反省思考、借鉴学习、交流合作的发展时间与空间。没有教师的发展，何来学生的发展?没有教师"读书育己"的过程，何来"教书育人"的效果?当教师们的每分每秒都用到学生身上的时候，教师就丧失了自己，丧失了个人的价值追求，丧失了追求幸福的权利。诚如德国教育家第斯多惠所指出的那样："只有不断进步的教师，才有教人的权利。"

三是规律的尊重。学校是学生成长的场所，也应是教师发展的场所；

教师在给学生奉献优质教育资源的同时，也要给自己寻找到生生不息的学习源泉；教师在成全着学生的同时，也应同时成就着自己。这不应是一种理想预设与美好期待，而应是圆满体现教育规律的现实本相。学生终有毕业的那一天，但教师的修心、修情、修性、修行似乎是一条没有尽头的航线，没有码头、没有对岸。正如教育家杜威所指出的那样："如果有人设想成为人生活选择的工作在某一特定日期发现之后就可以一劳永逸，这是一种传统的、武断的见解。"

日本教育家小原国芳指出："作为理想，希望达到康德的境界，必须全力以赴。以此作为我们的理想，但不能急于求成，需用很长很长的时间，要有坚强精神，要孜孜以求以便接近那个境界。不能性急，每天高喊知律、自律，就会扭曲自律，有损它本来作用的发挥，因而也就不能成为真正的自律。"教师品质修养、专业发展既是一项意义重大、影响深远的神圣使命，同时也是一项浩繁复杂、持久不懈的长期工程。无论是教育行政部门、社会各界人士乃至教师本人，都须有清醒的思想认识与充分的心理准备。任何企图倾匹夫之勇、毕一时之功的速成想法与行为，都是徒劳的、无知的。

书稿完成之后，有人提议说：请个业内名家写个序，以便提高声誉、扩大影响。思忖再三，没有成行。原因有五：一是本人向来清净寡居，无心出入名利场中，自然无缘相识攀附学界泰斗。二是平生最不喜亏欠人情，尤其是亏欠名家的。常人的人情大抵可以找机会偿还，但名家的人情账恐怕是一生都还不起的。三是名家自有名家的生活内容与日程安排，如果世人有事都来找名家出面的话，名家可能会累吐血的。四是凡事都要靠自身品格与质量行走于世上。书有内涵，不用名家宣扬介绍，读者自会喜欢；书没有内涵，任凭名家说破了嘴，怕是也没有多大用。五是本人一直有这样一个想法：这个世界本来很简单，各自料理好各自的事情就行了，做一点自己的事情非要牵扯上他人，结果将简单的事情搞复杂了，于己于人，都是一种麻烦和纷扰。鉴于上述考虑，私下里给自己立了一条规矩：自己的事情自己做，尽量不给人增加麻烦。

当下书稿不请人写序。将来如果还著书，同样不请人写序。自己清闲，别人安逸。

草于 2010 年初春